燃書系

金城出版社 · 燃体育书系

最催泪的青春记忆，最燃的球星故事。
巨星自述，体育名家说球，俱乐部官方授权作品。
做书，我们做最好的那部分。

篮球书系 BASKETBALL

《曼巴精神：科比自传》
作者：［美］科比·布莱恩特 译者：黄祎

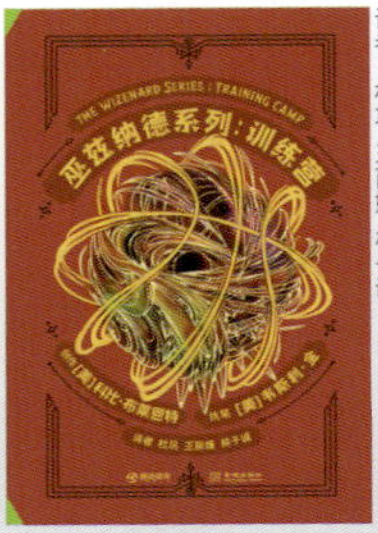

《巫兹纳德系列：训练营》
作者：［美］科比·布莱恩特［美］韦斯利·金
译者：杜巩 王丽媛 林子诚

《科比：黄金年代》
作者：张佳玮

《加内特自传：铁血信条》
作者：［美］凯文·加内特［美］大卫·瑞兹 译者：三猎

《一生热爱：韦德自传》
作者：［美］德维恩·韦德 译者：三猎

《硬核第六人：伊戈达拉自传》
作者：［美］安德烈·伊戈达拉 译者：林子诚

《剑道：雷·阿伦自传》
作者：［美］雷·阿伦 译者：虎扑篮球 三猎

《侠道：韦德传》
作者：张佳玮

《永不退场：蒂姆·邓肯传（告别版）》
作者：张佳玮

《那个被叫做『皇帝』的男人：勒布朗·詹姆斯传》
作者：张佳玮

《THE ANSWER：阿伦·艾弗森传》
作者：张佳玮

《梦之队》
作者：［美］杰克·麦卡勒姆 译者：于嘉

《休斯顿火箭队官方传记》
作者：休斯顿火箭队 译者：腾讯体育

足球系列
FOOTBALL

《那些年，我们一起追的球星Ⅰ》
作者：《天下足球》

《那些年，我们一起追的球星Ⅱ》
作者：《天下足球》

《那些年，我们一起追的球星Ⅲ》
作者：《天下足球》

《足球圣殿：世界杯图文全史（典藏版）》
作者：《体坛周报》

《足球圣殿：世界杯图文全史》
作者：《体坛周报》

《冠绝欧洲：欧冠图文全史》
作者：《体坛周报》

《皇家荣耀：皇家马德里120周年功勋志》
作者：《体坛周报》

《红黑荣耀：AC米兰传奇功勋志》
作者：《体坛周报》

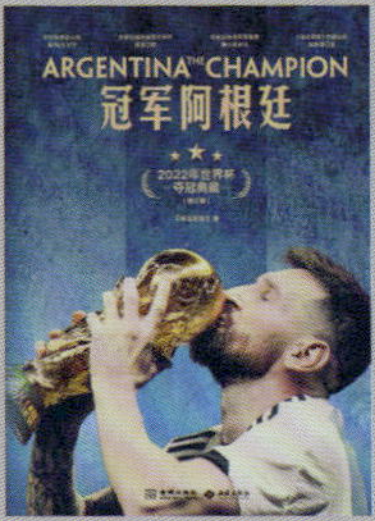

《冠军阿根廷：2022年世界杯夺冠典藏》
作者：《体坛周报》

《BARÇA：巴塞罗那俱乐部官方传记》
作者：[西]吉列姆·巴拉格 译者：虎扑翻译团

《C罗列传》
作者：苗霖

《曼城俱乐部官方传记》
作者：英国曼彻斯特城足球俱乐部 译者：何小毕

《我的成长，我的热爱：孙兴慜自传》

作者：[韩]孙兴慜 译者：宋青云

《狼王：托蒂自传》

作者：[意]弗朗切斯科·托蒂 [意]保罗·孔多

译者：朱晓雨 陈坚

《硝烟之子：莫德里奇传》

作者：[西]文森特·阿兹塔特 [西]何塞·曼努埃尔·普尔塔斯

译者：汪天艾

《追风年代：欧文自传》

作者：[英]迈克尔·欧文 [英]马克·埃格林顿

译者：搜达足球 陈丁睿

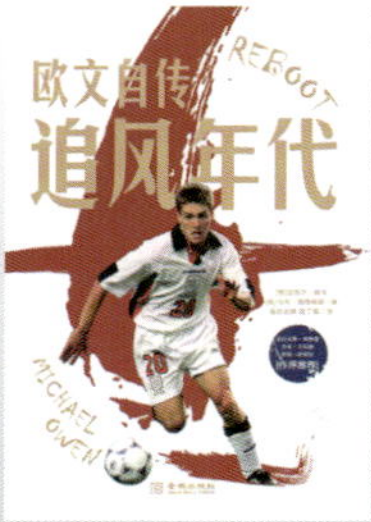

《亚历克斯·弗格森：我的自传》

作者：[英]亚历克斯·弗格森 译者：颜强 田地

《亚历克斯·弗格森：我的自传》（精装版）

作者：[英]亚历克斯·弗格森 译者：颜强 田地

《真相：若泽·穆里尼奥传》

作者：[英]罗伯特·比斯利 译者：搜达足球 陈丁睿

《我的红白人生：温格自传》

作者：[法]阿尔塞纳·温格 译者：颜强

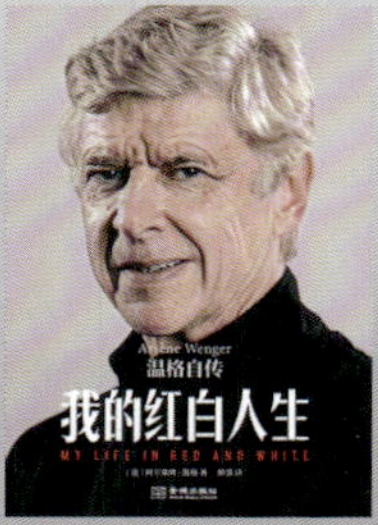

《天选之子：卡卡传》

作者：《天下足球》

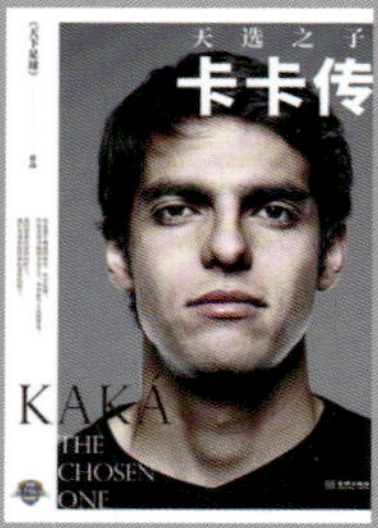

《艺术大师：伊涅斯塔自传》

作者：[西]安德烈斯·伊涅斯塔 译者：葛云 贾永华

《生为红魔：卡里克自传》

作者：[英]迈克尔·卡里克

译者：夏熙明 张敏铧 容文礼

《我的职业足球之路：穆勒自传》

作者：[德]托马斯·穆勒 [德]尤利安·沃尔夫

译者：吕楠

《我的转身：克鲁伊夫自传》

作者：[荷]约翰·克鲁伊夫 译者：陈文江

《杰拉德自传：永不独行，我的利物浦岁月》

作者：[英]史蒂文·杰拉德 译者：陈文江

《赢家：齐达内传》

作者：[荷]帕特里克·福特 译者：何小毕

《我，就是足球：伊布自传》

作者：[瑞典]兹拉坦·伊布拉西莫维奇 译者：《天下足球》

1995 年，我在多伦多参加选秀

我被森林狼队选中后，与大卫·斯特恩合影

1998年西部全明星队

我获得2003年全明星赛MVP

2006年全明星周末，从左至右为邓肯、姚明、我、诺维茨基与加索尔

2003/2004 赛季，我荣膺常规赛 MVP

2007/2008 赛季，我当选最佳防守球员

我与麦克黑尔庆祝胜利

我永远怀念菲利普·桑德斯教练

我与森林狼队老板格伦·泰勒

卡塞尔重回森林狼队主场，我和老朋友寒暄几句

加盟凯尔特人队，开启了全新时代

皮尔斯、我、雷·阿伦（从左至右）在罗马

我终于夺得了梦寐以求的 NBA 总冠军

比尔 · 拉塞尔、雷 · 阿伦、里弗斯教练、我、皮尔斯（从左至右）与总冠军奖杯

1998 年全明星赛，
我和科比是队友

2007/2008 赛季总决赛，我防守科比

我与皮尔斯夹击科比

场下是朋友，场上我丝毫不会退让

撒镁粉是我回应媒体的一种方式

2000 年我入选美国男篮，并获得奥运会冠军

2008 年加盟凯尔特人队后，我首次回到森林狼队

皮尔斯、我、特里（从左至右）亮相篮网队发布会

职业生涯最后时刻，我重回森林狼队

2021 年，我入选 NBA 名人堂，这是令人激动的时刻

帕里什、皮尔斯、塔图姆、麦克黑尔和我

2022 年 3 月，我的 5 号球衣正式被凯尔特人队退役

感谢皮尔斯、雷 · 阿伦出席我的球衣退役仪式

我和孩子们一起画画

我为 MLB 明尼苏达双城队比赛开球

KEVIN GARNETT

加内特自传

铁血信条

KG: A TO Z

[美]凯文·加内特 [美]大卫·瑞兹 著
三猎 译

金城出版社
GOLD WALL PRESS

图书在版编目(CIP)数据
加内特自传：铁血信条 / （美）凯文·加内特，（美）大卫·瑞兹著；
三猎译. — 北京 ：金城出版社有限公司，2024.3
书名原文：KG：A TO Z
ISBN 978-7-5155-2541-9

Ⅰ. ①加… Ⅱ. ①凯… ②大… ③三… Ⅲ. ①凯文·加内特-自传 Ⅳ. ①K837.125.47

中国版本图书馆CIP数据核字(2023)第222584号

加内特自传：铁血信条
JIANEITE ZIZHUAN:TIEXUE XINTIAO

作　　者 [美]凯文·加内特 [美]大卫·瑞兹
译　　者 三　猎
责任编辑 王思硕
责任校对 岳　伟
责任印制 李仕杰
开　　本 710毫米×1000毫米　1/16
印　　张 22
字　　数 306千字
版　　次 2024年3月第1版
印　　次 2024年3月第1次印刷
印　　刷 鑫艺佳利（天津）印刷有限公司
书　　号 ISBN 978-7-5155-2541-9
定　　价 69.80元

出版发行 金城出版社有限公司 北京市朝阳区利泽东二路3号　邮编：100102
发 行 部 （010）84254364
编 辑 部 （010）64391966
总 编 室 （010）64228516
网　　址 http://www.jccb.com.cn
电子邮箱 jinchengchuban@163.com
法律顾问 北京植德律师事务所　18911105819

A

“Anything Is Possible!”
“一切皆有可能！”

2008年，在13个赛季之后，我终于赢下了该死的总决赛，为凯尔特人队赢得了20多年来的第一个总冠军。

我陷入狂喜中。人们紧紧抓着我，拥抱、亲吻、哭泣。我看着老婆、孩子、家人、朋友、球迷。然后，就像电影那样，在大脑开始倒带回放，一幕幕场景浮现：凌晨5点的卡罗来纳，我在比利家的车道上打球，那时我甚至还不会投篮，只知道运个不停，把邻居们都吵醒；从一个乡村小孩，到一个试图征服芝加哥街头的少年；胜利、失败、磕碰、挫伤…… 无数的回忆，无数小时的枯燥练习，摸爬滚打，为了到达我梦想的彼岸；终于，我到达了。记者米歇尔·塔福亚握着麦克风。波士顿的球迷像疯了一样，她得扯着嗓子大喊才能让我听见。

“常规赛MVP、最佳防守球员。现在你的成就上又加上了一项——NBA总冠军。这听上去感觉如何？”

我把手放在新缝制的总冠军帽子上。

“老兄，我现在太激动了。”

我花一点时间平复心情，整理一下思绪。

又一波画面在我眼前闪过：全家人在茹丝葵（Ruth’s Chris）餐厅聚餐；看韦德和比卢普斯在东部决赛鏖战；格林维尔的奋斗时光、AAU锦标赛、在无数社区公园打得无数场比赛；一路前进，一路成长，不断学习，从不停歇，燃烧着一年又一年越来越强烈的能量。我渴望夺冠，在明尼阿波利斯的12年里一直渴望夺冠，为了森林狼队球迷，为了凯尔特人队球迷，为了这终极的胜利，我要夺得总冠军，比一切都更渴望——名望，还有金钱。此刻，现实冲击着我的大脑子，顺着脊椎，注入灵魂。我摘下帽子，脑袋后仰，像疯子一样大叫。

“一切皆有可能！”

过一会儿，我又补充说：“世界之巅！世界之巅！我证明了自己！证明了自己！”

我喊得那么响，声音大到可以穿过球馆上空悬挂着的16面总冠军旗帜和即将挂上的第17面，直达天堂，马利克·西利、埃尔德里克·利蒙……那些我失去的至亲至爱，以及所有帮助我走到了今天的人，都可以听见。

在疯狂的人群中，我看见了科比。我叫他“科比豆”（Kobean）或“阿豆”，因为他爸爸的绰号是“豆豆软糖”（Jellybean）。“阿豆”知道我经历过什么。我一直在追赶他，追赶沙克，追赶蒂米，追赶一切伟大传奇。现在，这一刻属于我。

“恭喜你，兄弟。”“阿豆”说，“好好享受，以后没什么机会了，我们明年再见。”

我必须回以狠话：“我们已经开始准备了，这儿可不是明尼苏达那鬼地方。”

“走着瞧吧。”

“向瓦妮莎和孩子们问好。”我说，“兄弟，我爱你。”

“我也爱你，兄弟。”

然后我像大猩猩一样搂着他的脖子，问：“‘阿豆’，你们今晚就离开吗？”

“当然啦”，科比说，“我们要尽快离开这个鬼地方。”

这感觉太美妙了，因为我知道他有多不爽，“阿豆”比任何人更讨厌失败，但我知道他肯定也为老朋友感到高兴。

科比和我一样，相信人类的精神不可阻挡，正是这种精神让一切皆有可能。这些话发自我的内心、我的脏腑、我的生命历程。这些话适用于这一刻，这一秒，因为我现在就在这里。我，一个因患 ADD（注意力缺陷障碍）和 ADHD（注意力缺陷与多动障碍）而没能读多少书的人，现在正坐下来，撰写我的自传。这是一段怎样的旅途啊！

ADD 和 ADHD，两种症状我都有，我还有阅读障碍症，阅读时总是从后向前。我能看到幻象，很长一段时间，我都以为自己是智障者，直到好朋友托里·奥斯汀对我说："嘿，哥们儿，你可能有超能力。"托里的话犹如雪中送炭，请向他致意。在那之前，我非常自卑，因为老师总骂我，说我不会读书。直到成年之后，我才得到正式诊断。作为生活在南卡罗来纳的乡下孩子，小时候我没机会接触专业人士，帮我找出哪里出了问题。

我搞不定书页上的字词，而现在，我可以在书页上写下字词。

这也是本书结构如此安排的原因，像一本百科全书，都是很短的条目。我有阅读障碍，注意力也无法集中很久。所以，我不是能够坐在沙发上看一两个小时书的人。我会拿起一本书，读一两页，然后放下。所以，我希望写一本我能够阅读的书。我想有点变化，换种方式。我从来不是循规蹈矩的人，我高中毕业，没有上大学，直接参加选秀，没有照着规矩来。我谈下了当时整个职业体育界最大的合同，没有照着规矩来。我不像其他大个子球员扎在低位，而是带球过半场，在侧翼活动，还是没有照着规矩来。所以，我的自传肯定也不会照着规矩来。

我知道"ADD"和"ADHD"的字母顺序都排在"一切皆有可能"（Anything Is Possible）之前。我的人生中，有很多重要的东西都是"A"打头，比如"AAU 联盟""老大"（Alpha Dog），以及"AI"。相信我，这些内容后面都会提到。但我必须得从"一切皆有可能"开始，因为这是最重要的。后面所有的内容，都是建立在这个基础上。还有一个关键词："计划表"（Agenda）。直白地说，我的计划就是告诉你，消极的事情将如何变成积极的事情，积极的事情又将如何改善你的人生。而想达到这个目的，我的唯一方式就是对待消极的事情做到完全坦诚。

我犯过的错，吃过的苦，那些疼痛让我明白，坦诚有时候不会那么舒服。这是我第一次把自己的阅读障碍说出来，此前，我甚至从来没有与“阿豆”提过（他也有阅读障碍）。既然我要做到完全坦诚，那么，我必须告诉你，我现在有点犹豫这是不是个好主意，我开始有点怀疑自己了。

疑虑会绊倒你，拉你回头，让你放弃。唯一阻碍我们迈入新领域的就是疑虑。你要学会了解疑虑。疑虑不是你希望它消失就能消失的，你必须得搞定它。我们都一样，必须得与这“混蛋玩意儿”谈谈：“‘疑虑先生’，我看着你呢，听着你呢。我知道你想阻止我做该做的事。我也知道，虽然你是我的一部分，但我不会让你成为我的全部。别无选择，所以我必须容忍你。我会试着了解你，因为这么做是对的。‘疑虑先生’，我越了解你，你越没话可说。我会把你从驾驶座上踢开，让你滚到后排座位去。我知道，你会在后座上指手画脚，说我走错了方向，永远也到不了目的地。所以，请你安静点。尽管，你可能永远不会闭嘴，但现在，我才是手握方向盘的人。我在驾驶车子，带自己去想去的地方。”

写下这些话，代表我战胜了疑虑。迎接挑战，是面对挑战并且战胜挑战的唯一方法。我会敞开心扉，谈论凯文·加内特，作为男人、作为球员、作为一个人，以及如何造就了这样一个人。成长过程中，我很难找到真爱。或许正是这种困难，造就出了一个狂野的人。这种狂野充斥在我的身体。有时，它似乎会令人自我毁灭。不过，感谢上帝。在很小的时候，我就看出来了，这种强烈的情感可以被运用，也必须作为工具去运用，必须进行战略性、充满智慧地加以部署。这是一种需要精炼和集中的能量，而正是这种能量震撼了这个世界，震撼了这本书。

警告：我的能量与众不同，难以自制，无法压抑，以无法预测的模式运行。我无处不在，这不仅因为多动症。比那更宏大、更深邃、更神圣。可谓我的本质、我的精神。我的精神如锯齿般曲折，这辈子我就是这么活的。所以，本书也将充满曲折，这是本书内容不按照线性排列的另一个原因。我不仅这样活着，我也这样记忆和反思人生。我看待事情不是单线性叙事，从开头到结尾。我看到的是闪光、迸裂、喷发、爆炸。就像我们夺冠的那个夜晚，所有回忆都一起浮现脑海。如果我的故事是一个球，就是一个不停运动的球。我运球、我传球、我虚晃、我吊传、我扣篮……前一刻，我还在回忆10年前发生的事，下一刻，我又在思考十秒前的事情。你若仔细阅读，就会发现，所有这些跳跃往复的点都是相连的。

那么，就让我们开始这趟旅程吧。我们将打破疑虑，越过阻碍，去他们认为我们无法企及的地方，做别人认为我们无法完成的事情，一起迸发我们的创造力。

Arm Wrestling
掰手腕

见“格伦·戴维斯”。

Arrival
登场

1976年5月19日，我出生在南卡罗来纳州格林维尔。我生下来就带着过多的能量，需要用最糟糕的方式去释放。

老妈是我与外部世界的主要联结。

雪莉·加内特，很聪明，能够随机应变。她不是那种喜欢拥抱的妈妈，不会经常牵着你的手，而是经常要你学着自己动手。纪律、决心、虔诚、井井有条、极致的勤奋。你得去教堂，需要做家务。“你要照我说的做，否则……”“否则”想想就吓人，所以我乖乖地照她说的做。

老妈是一头狮子，把我也培养成了狮子。

一些基本事实：我是乡村孩子，卡罗来纳是地道的乡村。我是生长在女性家庭的男孩，家庭成员有老妈、姐姐索尼娅、妹妹阿什莉，还有我。

5岁的时候，我已经继承了老妈的勤劳品格。割草、砍柴，没有自行车，我就步行，穿过树林，跳过小溪，寻找落脚点。每天打扫房子，非常干净。一切井井有条，整洁有序，以至于我不知不觉中有了强迫症。即使今天，到我家来，你也会看到每件东西都井然有序，一尘不染，水槽里绝对没有脏盘子。

我和姐姐、妹妹擦着地板，一点不觉得累，因为老妈用收音机播放斯蒂芬妮·米尔斯的歌——《全身心投入》《你能克服的》。泰迪·彭德格拉斯叫我们《快快起床》，麦克法登和怀特黑德高唱《没有什么能阻止我们》。老派灵魂乐推着我们劳动，让苦差事也变得快活。

老妈教我们礼仪，要说“好的，太太”“好的，先生”。

老妈什么活都干，星期一到星期五，她在3M工厂工作，周末为别人打扫房子。她还在酒店上夜班，从晚上6点工作到早上6点。回家后，她依然有足够的精力，为我们收拾上学的物品。我要好好感谢老妈，帮我们度过那些困难的日子。

老妈的爱是严厉的爱，因为她很强硬，所以把我们也培养得很强硬。举个例子，有一次，我卷入了一场冲突。几个大块头朝我冲了过来，我拼命逃跑。老妈看到我在逃跑，就把我抓住，在我头上折断了一根棍子。

“小伙子，”她命令我，“回去打他们。”我别无选择。我学会了拳打脚踢，学会了摔跤，学会了很多打架的方式。

老妈有8个兄弟姐妹，一辈子她都在努力奋斗，并且要求我也要如此。这种态度可能有点冷冰冰，但老妈是正确的。

有时候，老妈也会犯错。有一次，我翻过大门的时候，大腿内侧割了一个大口子。老妈给我清理伤口，然后恶狠狠地告诉我：“你不许再干这种事情了。”但我知道，这只是对跳跃高度的判断有误。第二天，我回到那里，做了点研究，修改跳跃动作。我轻松地翻过了大门，还有五厘米的余裕。这种事情我可以做到。

我们住在格林维尔一个又小又旧的社区，叫作尼科尔敦，全家挤在一间两居室的小房子里。

我有很多玩具，美国大兵、宇宙巨人希曼、变形金刚等。他们会和我说话，我会给他们讲故事。我总在公寓后面的树林中穿梭，在那里，虚构的冒险会化为现实。我想象召唤出各种人物，自娱自乐，我有着疯狂的想象力。

Atlanta
亚特兰大

周末，有时妈妈开两小时的车，带我们去亚特兰大，看看我们从没见过的东西。老妈就是这样。我们住在戴斯酒店，但她一样可以开车穿过巴克黑德。“我们去看房子。”她说。那儿的住宅区太高档了，草坪甚至有棒球场那么大，我们根本买不起。

“看到山上的那座房子了吗？”她问道。

“看到了。”

“看到他们种的那些漂亮的花，栽的那些高高的树，还有漂亮的风景了吗？”

“看到了。”

老妈喜欢在我们脑子里“作画”。不过，聊了那么多幻想的话之后，她又把话题转回到现实中。

“儿子，你觉得那要多少钱？”

“不知道。”

"至少一百万美元吧，可能还不止。只要足够努力，足够聪明，你们也可以拥有一座这样的房子。"

接着，她说很多黑人也住在这种房子里，舒适、奢侈的世界并非只对白人开放。老妈虽然很严厉，但也有梦想。她也让我开始拥有梦想。

Red Auerbach
"红衣主教"奥尔巴克

见"道克"。

B

Ball Boys
球童

他们现在叫“球童”，我刚进联盟时，我们叫他们“小孩儿”。跑这跑那，帮我们叠毛巾、倒水，干别人不愿意干的脏活。大多数人都特别开心，因为他们能够看到幕后的事情。

这些孩子令我着迷。我看到他们多么喜欢得到帽子和鞋子，喜欢帮球员抢篮板，又是多么有用，多么心甘情愿让球员的生活更轻松。

我会问他们无数问题。

“嘿，你从哪里来的？”“你多大了？”“你怎么找到这份工作的？”

答案通常是“我爸是球队老板”，要么是“我姑姑和球队总经理谈恋爱”。

在明尼阿波利斯，装备经理克莱顿经常看到我在更衣室里和球童们聊天，他好奇我为什么这么做。

“这些小朋友很可爱，”我说，“有很多有趣的故事。”

纽约、波特兰、盐湖城、休斯敦、达拉斯、迈阿密……无论到哪儿，我都喜欢问孩子们：“你们为什么不上学呢？”

“我们上学，我们读书很认真的。”

事实上，球童们能量无限，充满正能量。你总是寻找正能量，利用正能量。有时候，正能量来自意想不到的地方。这就是为什么你不能看不起任何人，不能觉得自己高人一等。否则，你会错过获得能量的机会。

开始，我见到的孩子都差不多，没什么多样性。随着时间推移，这点发生了改变。慢慢地，球队开始与本地学校合作，建立项目。出勤率高，成绩好的孩子就有机会成为球童。这可以促进孩子们乖乖上学，好好学习。很快，我看到了各种背景、各种肤色的球童。这令我开心，多样性总是能让我开心。

Charles Barkley
查尔斯·巴克利

我爱查克，他是全世界我最喜欢的人之一。这家伙超级聪明，还是一个了不起的导师。

我和查克的渊源在于他也是南方男孩，他来自阿拉巴马州的小镇利兹。小时候，我就喜欢看他穿着紧身短裤为76人队比赛。查克是一个全新风格的球员，可以带球全场一条龙快攻，可以命中三分球，还无惧身体对抗，可以在低位与对手肉搏。他似乎和我一样，有股能量在身体内，需要发泄出来。这种球员不多，我的意思是，这种明星球员不多。联盟里有不少超级强硬的家伙，但他们都是角色球员，比如莫里斯·卢卡斯、里克·马洪、比尔·兰比尔。他们被称为“执行者”，是冰球“打手”* 的篮球版本。我喜欢看他们打球，佩服他们天不怕地不怕的性格，但我也清楚他们的工作就是挑事儿，甚至把对方球员搞出场。大家对他们的期望也不高，如果他们犯满离场或被驱逐，那没问题。如果能搞得对方的球员也被驱逐，那就更好了。

查克是我见过的第一个既能这样挑事儿，又是球场上最强球员的家伙。有一次，76人队对阵活塞队，比赛快结束时，他和兰比尔之间爆发了一场惊天冲突。查克动完手，回到更衣室，把怒火发泄在厕所里，他把马桶圈砸坏了。对我来说，最疯狂的是，那场比赛查克得到了36分、15个篮板！

---

* 北美冰球中专门负责挑衅、回应挑衅和打架的球员，称为“执行者”或“打手”。——译者注

有一次，记者问及他强硬球风时，查克回答："只要你还没被捕，那就没事。"其他拥有这种心态的球员都不是简单的角色，而是被视为"恶棍"—— 球迷又爱又恨的球员。但查克不是，球迷爱他。他那么会打球，你不可能不爱他。我交手过的球员里，最会喷垃圾话的是他和加里·佩顿。但是，无论查克说了多少垃圾话，他保证能够用球场表现说话，我很敬仰他这一点。

查克、沙克和奥拉朱旺，大概是我交手过的球员里，在内线最有统治力的球员。对位卡尔·马龙和蒂姆·邓肯的时候，也不能有丝毫松懈。

但是，面对查克很不一样，就像下棋，有一种心理层面的较量。我从他那里学得越多，越被他的心态所影响。

我敬仰他的另一个原因是，他说我不应该敬仰他。在那个著名的耐克广告中，他说："我不是你们的榜样。"该死，真是太棒了！黑白画面，没有音乐，只有查克看着镜头，说出真相。这与快乐、充满欢笑的佳得乐广告"变得和乔丹一样"（Be Like Mike）形成了鲜明对比。佳得乐的广告不是我的现实情况，查克的现实情况和我一样。

这则广告是查克的创意，是他告诉耐克的，他的灵感来自在学校做演讲时。他去白人为主的学校，问谁想进 NBA 打球。只有少数人举手，大多数孩子想成为医生、律师或消防员。而他去以黑人为主的学校，问同样的问题，几乎所有的孩子都想进 NBA 打球。他对黑人孩子把体育或娱乐业视为唯一的职业选择而感到沮丧，他希望通过这则广告，能够开启一场关于如何改变现状的讨论。

当我与查克交手的时候，他根本不愿意和我说话，什么都不说。查克现在不承认，当我刚刚开始崭露头角时，他真的不喜欢我。他在菲尼克斯，在联盟待了十多年，他是 NBA 的全明星球员。而我就这么闯了进来，一个急于证明自己的年轻人。就像一只在家里养了很久的大狗，然后新来了一只小狗，冲着大狗汪汪叫，还要咬大狗的尾巴。那时候，很多刚进联盟的球员都是一副害羞、矜持、低调的样子。我可不是，我做好了准备，昂首阔步。我觉得查克那时候对此毫无兴趣，不过，他慢慢地喜欢上了我。

我在TNT电视台主持《21号区域》节目时，我们的关系变得更加紧密。我们不停地开玩笑，吹牛聊天。我嘲笑他在直播过程中睡着了，他笑话我的紧身牛仔裤，我现在还穿着呢，对此一点儿不难为情。

2016年，北卡罗来纳州通过了歧视变性者的“厕所法案”。当时，NBA全明星赛即将在夏洛特举行，查克公开表示，鉴于这项法案，全明星赛应该改到别的城市举办。他告诉TNT的老板，比赛不挪地儿，他就不解说。很大程度上，多亏了查克施压，比赛换了地方，改到新奥尔良。

Beauty
美

其实，驱车前往亚特兰大闲逛并没有那么必要。对于看不到的东西的渴望不是老妈教的，而是我早已经感受到的。我很早就看见了美，以一种奇怪的方式。我看见了美，它洗涤了我的思想和灵魂，改变了我的存在。我说的不是上帝的幻象，而是人类的幻象。我知道那就是美，因为它改变了我看待世界的方式。我很小的时候就明白了。

罗斯福公寓后面有一座巨大的山。在上山之前，需要穿过一排排晾衣绳，人们把洗好的衣服晾出来。袜子、内衣、胸罩在微风中飘动，太阳从蔚蓝的天空中直射下来。鸟儿在鸣叫，野花散发出令人陶醉的香味。狗在垃圾桶后面追赶着猫，松鼠在树上乱窜。公寓的收音机和唱盘里传出音乐声，可能是Kool & the Gang的*Celebration*，也可能是史蒂维·旺达的*Master Blaster*。

穿过晾衣绳，看着那座大概占地80英亩（约32公顷）的山。山脚下是小溪，溪旁有林子，仿佛一片森林，只是树顶都被砍掉了。看上去有人把它们打理得很好，以至于我可以从林子上方望过去。在那后面是一条高速公路，汽车从两个方向驶过。

晾衣绳、小溪、山丘、林子和公路上行驶的汽车，整个场景是我见过的最美景象。我也说不出原因，仿佛内心深处有些情愫在搅动。那是一幅画，一幅我永远铭记在心的画。现在回想起来，我才明白它意味着什么：世界的广阔。就算不谙世事的小屁孩，那时候的我也知道，我所居住的社区并不能定义我。我可以走到外面，去看看广阔、开放的空间。我看到人们开车前往各地。这意味着，我也可以去很多地方。当时，我总结不出来，既缺乏词汇，也还不能够理解，但今天我可以说："美意味着运动。"

美丽的景象吸引着我，我在那儿站了整整一小时，就这么盯着。终于，我移开视线，抬起头，看向太阳。那令人惊叹的黄色光芒，我感到自己被点燃了。

然后，我感受到老妈的巴掌。

"孩子，"她说，"你盯着太阳干什么？你不知道眼睛会被烧成灰的吗？"

"我喜欢看太阳，"我说，"它把其他颜色都变成绿色和黑色，我盯着太阳时，一切看起来都很美，感觉自己在梦里。"

"不如低下头，和上帝说说话。"

老妈一走，我又开始盯着太阳。不过这次，我在祈祷。

"上帝，请照看我，照看妈妈和姐妹们。请保护我们，请保佑我有一天能够离开这里，去更好的地方。"

我一直这么盯着太阳，不停地看见黄色、绿色和黑色，感受着温暖的光芒。凝视的时间到了，我眨了眨眼睛，移开视线，世界重新映入眼帘。那个场景还在，远处有汽车。我就在一辆车里，从一个地方前往另一个地方，那就是美。

Chauncey B–B–B–B–Billups
昌西·比–比–比–比卢普斯

活塞队播音员约翰·梅森在入场仪式上就是这么叫出我哥们儿名字的："比–比–比–比卢普斯！"

有人叫他"关键先生"（Big Shot），我简称他为"Shot"。在成长过程中，他是我经常听说的球员。那时候，没有社交媒体或YouTube上的集锦，不过，所有热门新人都听说过彼此。文斯·卡特、保罗·皮尔斯、沙里夫·阿卜杜勒–拉希姆、杰拉尼·麦考伊、罗伯特·特雷勒等，他们都颇负盛名。1995年4月，在圣路易斯举办的麦当劳高中生全明星赛上，我终于目睹了他们的实力，太疯狂了！正赛还没开始，扣篮大赛上，文斯技惊四座。第一轮扣篮完成后，比赛就可以结束了。文斯表演了一个超棒的360度转身扣篮，一个罚球线起跳扣篮（他落地时摆了一个李小龙的动作），最后是一个胯下换手扣篮，酷炫到我们所有人都冲进场去把他围住。

不过，在球场上，我没想和任何人交朋友。我去那里，为了与全美国最厉害的高中生球员交手，在对抗中证明自己。和参加的每场比赛一样，我上场就是为了赢球。但是，这并不容易。东部阵容的球员天赋满满：斯蒂芬·马布里、文斯、沙里夫，还有安托万·贾米森和罗恩·默瑟，后来，他俩在联盟里征战了很多年。西部阵容有我、保罗·皮尔斯、杰拉尼、"拖拉机"特雷勒，昌西也在，但他没有打，因为他的肩膀受伤了。

没关系。我和保罗·皮尔斯直接摧毁了比赛。此前在AAU打球的时候，我和皮尔斯就认识了，所以，在场上我俩早已有了化学反应。那场比赛是一个早期的兆头，预示着我俩联手能干出什么，12年后，终于梦想成真。西部126比115获胜，皮尔斯获得全场最高的28分，只比乔丹在1980年创造的纪录少2分。我拿下18分、11个篮板，荣获MVP。不过这份荣誉应该属于皮尔斯。

那个周末最惬意的时刻，大概是我和昌西在机场里聊天。看到我在比赛里那么兴奋，他觉得我肯定是个疯子。不过，我们的谈话变得更轻松了，也更深入了，我们一起憧憬未来。我们会去哪里上大学？我们会为哪支 NBA 球队效力？两个孩子在一起做梦。昌西是一个与众不同的孩子，那时已经相当成熟。他不是只想着自己，也想了解我的故事。

后来，我们的关系变得越来越亲密。我喜欢上了他：伟大的心、慷慨的灵魂、一个在乎家庭的人。昌西和太太派珀很早就有了孩子，我是他们女儿茜娅拉的教父。我们一起度假时，派珀会在酒店租一个大套间来容纳所有人。所以后来，我在明尼阿波利斯的房子也扩建了一个大房间，命名为“比卢普斯套房”。

昌西在职业生涯早期就明白了篮球是一门生意。1997 年选秀大会上，他被凯尔特人队在第三顺位选中。赛季过半，他就被交易到了多伦多。凯尔特人队主教练里克·皮蒂诺承受着必须打进季后赛的巨大压力，他认为如果控球后卫位置上是一名老将，晋级的机会更大。于是，昌西被送到了猛龙队，交换肯尼·安德森。我知道，这对昌西来说很艰难。他很受伤，觉得遭到了背叛。这也是珍贵的一课，篮球的生意场里没有忠诚。球员之间有且绝对有忠诚，但涉及老板和底线时，就不是一回事了。直到生涯后期，我才认识到这点，而大多数球员一辈子都没弄明白。所以，对昌西来说，早早认清现实不是一件坏事。

之后数年，昌西也过得不那么如意。他被交易到了丹佛，球队教练迈克·德安东尼要求他改打得分后卫。同样，塞翁失马，焉知祸福。一些媒体人认为这是让昌西交出球权，是对他的削弱。不过，这有助于他加强得分能力。最终，他练出了致命的投篮准星，赢得了“关键先生”的绰号。丹佛是他的家乡，他成长的地方。场上场下，昌西展现出对科罗拉多的爱，比如，去医院探望科伦拜恩中学枪击案的幸存者。不过，他在家乡待的时间并不长。不到两年，他就被交易到了奥兰多，然后因为肩伤而赛季报销。

当时，很多人说昌西是个“水货探花”，那纯粹是胡说八道。我和他说：“来明尼苏达森林狼队吧，让我们弥补当年在圣路易斯没能并肩作战的遗憾。唯一的问题是，你不会首发。我们有特雷尔·布兰登（TB），他是全联盟最聪明的控卫之一。和他一起打球，我学到了不少，你也会学到东西的。”

昌西不是那种自尊心过于强大的人，他将此视为机会，既能提升球技，又可以帮助我们球队。事实确实如此，TB 成了昌西的导师，而昌西出于蓝而胜于蓝，逐渐超越了 TB。当 TB 因为膝伤而赛季报销时，他对昌西说：“现在轮到你了。”没有多少 NBA 球员能够在这种处境下给予竞争对手鼓励，TB 全力支持昌西，希望他能成功，而不是把他视为威胁。我们必须要向 TB 致敬。

在森林狼队和昌西当队友是非常美妙的经历。他爸妈是真正的好人，他兄弟“Hot Rod”是真正的兄弟，他们接纳了我。我喜欢和他们待在一起，去他们家吃饭，邀请他们来我家吃饭。我和昌西形影不离，一起穿上圣诞老人的衣服，为慈善机构采购圣诞用品。

昌西说过一句话，我留下了深刻的印象。“一个球员不像 KG 那样带着怒火打球，并不意味着他很软，也不意味着他不在乎。”他说，“但是，在 KG 发了疯的脑子里，他就是这么看待问题的。如果他这么认为，他就真的这么相信。对一个领袖来说，这不一定是好事，但这就是他。”

我愿意接受昌西的批评，因为他对我了如指掌。

2002 年夏天，凯文·麦克黑尔告诉昌西，尽管可以提供一份长期合同，但不能保证让他先发。他还要继续给 TB 打替补。在昌西还在考虑时，底特律活塞队提供了一份令人无法拒绝的合同。他将成为活塞队的首发控卫，对他来说，这是又一座需要攀登的高峰。看到他离开，我的心都碎了，同时，也为他的新机遇感到高兴。

后来的事情全世界都知道了，他在底特律大放异彩，在 2004 年总决赛中以 4 比 1 的比分击败湖人队，赢得总冠军。昌西荣获总决赛 MVP，然后，他以一贯的态度说：“我希望能把奖杯切成 13 块，分给每个队友。”他改变了活塞队的文化，他把从特雷尔·布兰登学到的一切都交了出来，再乘以四。他的身体变得更强壮了，三分球进一步得到开发，后仰投篮很准，开始更多地杀入内线。我的兄弟提升了各个方面的球技。

在篮球之外，当奥巴马开启密歇根州总统竞选活动时，他邀请昌西做介绍人。人们对昌西就是如此的尊敬。在我幻想的生活中，当我成为亿万富翁，买下一支 NBA 球队时，我梦中的合伙人就是昌西·比卢普斯。

Larry Bird
拉里·伯德

见“单打”“*King Kunta*”“科比”。

Black and Proud
黑色与骄傲

老妈说过：“乌黑的肤色，是美丽的肤色。涂上乳液，油光发亮。不要搞得白白的出门。我的儿子，不许相信那些谎言，说肤色越浅越好看，就因为接近白色吗？没有比深黑色更好的了，你听到我的话了吗？”

我听着呢。她的骄傲也变成了我的骄傲。

Block
盖帽

职业生涯中，我送出两千多个盖帽。但是，同样重要的是那些不算盖帽的球。刚进联盟时，我发现球员会在裁判吹死球后继续投篮。这让我意识到，自己在跟世界上最好的球员打球。高中比赛中从来没有这种事，职业球员清楚，找到投篮节奏有多么重要。当然，你可以通过在比赛中投篮寻找节奏，不过，每次投篮不中都意味着对方有机会得分。如果你不能尽快找到投篮节奏，就会输掉比赛。所以对球员来说，在死球后投篮又能寻找手感，又没有风险。只要看到球穿网而过，球员就会获得信心，在接下来的时间里进入状态。

既然他们能练习投篮，那我也可以练习盖帽。每次看到有人练习投篮，我的态度都是："给老子滚……我不会让任何人占到便宜。"于是，我开始把死球后的投篮在空中拨开，像个混蛋一样干扰球。别想轻松进球，在我眼皮底下可没门儿。

我第一次这么做是在新秀赛季，当时我们主场对阵步行者队，计时器坏了，所以比赛不得不暂停几分钟。雷吉·米勒想趁大家在等待的时候投几个篮。他第一次投篮，我就把球用力拍到篮板上。他又投了几球，我也继续奉陪。直到裁判走过来，叫我们歇歇吧，然后把球拿走了。而我在乎的是让雷吉的手感保持冰凉，不让他的手感有热起来的机会。

从此之后，我一直这么做。很多球员非常不爽，好像我违背了一些不成文的规矩。我记得文斯·卡特说过，人们意识到我在干什么之后，开始疯狂地投一些根本进不了的球，只想看看我能跳多高。今天，联盟里的每个人都这么做了。

我的人生始终在挑战成规，而封盖死球就是一个例子。

Blue Chips
《火爆教头》

见“沙奎尔·奥尼尔”“《原钻》”。

The Bold and the Beautiful
《勇敢与美丽》

老妈的老妈是米尔外婆，她也不喜欢拥抱和亲吻。和老妈一样，她对烹饪不太感兴趣。她会在微波炉里加热剩菜剩饭，然后端上点心。她住在瓦茨大街，格林维尔最混乱的社区里最难混乱的一条街。

“我可不会搬到高档社区。”她说，“我不会去住大房子，我不会逃避任何人。”

米尔外婆是真正的女人。她母亲和姨妈都曾是黑奴，受过强暴。米尔外婆背负着沉重的历史负担，所以，她才带着皮带，她去杂货铺的时候都缚着皮带。这可不是游戏，她总是十分紧张不安。

看望米尔外婆时，是下午一点到四点，我必须保持安静。那是她看肥皂剧的时间，《我们的日子》《另一个世界》《圣芭芭拉》《勇敢与美丽》等。她非常专注，会和屏幕里的人物说话，“不要嫁给那个男人！”“孩子，你犯了个大错！”“如果你不想惹火上身，就离她远点！”她可以说话，但我不行。插播广告的时候，她可能迅速地做一个红肠三明治，切成两半，倒杯牛奶。然后，让我在猪肉和豆子上放上黄油，热一热。她教会了我做第一顿饭。

米尔外婆，和老妈妈一样，教会我坚持立场。

米尔外婆也教我历史，通过她，我认识了纳特·金·科尔。她说他是有史以来最好的歌手，他唱的歌黑人和白人都喜欢。但他打破了界限，于是受到了惩罚。他有自己的电视节目，结果被取消了，因为白人赞助商不喜欢白人女孩为他着迷。纳特·金·科尔万岁。

米尔外婆还聊到“猫王”是如何从查克·贝里身上偷师学艺，再加以转变。她还说“猫王”的源头是孟菲斯的放克音乐，他研究学习那些不为人所知的黑人音乐家。

通过老一辈人，我认识了詹姆斯·布朗。他的音乐与查克·贝里截然不同。他没有隐瞒自己的身份，不怕看起来油腻，听起来油腻，唱起来油腻。等我长大后，对鲍比·布朗也有同样的看法。他的音乐是纯正的黑人音乐。

老一辈人也帮助我克服恐惧。比如，在卡罗来纳，风暴可能非常吓人。你会看到电光闪烁，听到雷声轰鸣。你觉得这就是世界末日。

“回卧室吧，”米尔外婆说，“上床去。那些声音只不过是上帝在工作时发出来的，他正在给大地洒水，让植物生长，让我们继续生活。”

我会听外婆的话，躺在床上，安静下来，听着风暴声，思考大自然的力量，理解这并不是世界末日。世界正在得到补充。正是因为米尔外婆，我才学会与世界相处。

老妈也希望我知道自己来自哪个世界。

她花了不少时间，终于找到自己失散已久的父亲。他住在乔治亚州拉格朗日，位于亚特兰大南边，森林的深处。她带我和姐妹们去看他。这是泥地红红、沼泽深深的佐治亚，他们捕杀浣熊、松鼠、负鼠，以及森林里的一切动物，然后做成晚餐。我的鞋上全是泥巴，我脱掉鞋子，赤着脚到处逛，在水坑里游泳，小心有蛇。每隔一个夏天，我就会去那儿，和艾德外公一起玩。

The Book of Job
《约伯记》

妈妈对教会无比虔诚，我别无选择，只能参加。我并非生来就信教的，但对我们接受的教育提出质疑是不可能的。虽然自从离开卡罗来纳后，我就再也不去教堂了，但在那儿学到的一些东西，却一直影响着我。

那时候，我还不明白这一点。哪个孩子会呢？回顾过去，我发现我们每一次经历，都有值得学习吸收的东西，可以帮助你攻克难关。就像前面说过的，我花了很长时间才知道自己有阅读障碍和其他症状。直到我 NBA 生涯的最后几年，我才诊断出这毛病。小时候，我只知道阅读是很困难的事，集中注意力就更困难了。老妈无能为力，但神奇的是，教会帮到了我。以下是我的解释。

我的姐姐、妹妹都是优等生，只有我不是。我总是从后往前读句子，不知道为什么会这样。老妈拿我开玩笑，嘲笑我不能理解图书，不能正确地阅读。这令我感到羞愧，让我自信心受创。与此同时，我在数学方面有点儿天赋。妹妹索尼娅看见我用手指数数，说："不，把手放下来。看着数字，想象。"

我做到了！我学得很快。我可以计算，可以在脑子里看到数字。它们不会混成一团，但单词会。

然后，到了我不得不把单词正确地组合在一起的时候了。在教堂，每个孩子都要在全体成员面前演讲，内容必须与《圣经》有关。轮到我时，我吓得快灵魂出窍了，但我别无选择。老妈不会放过我，教会也不会放过我。于是，我只好硬着头皮去做。我研究了《圣经》，站在大家面前，解释起了令我永生难忘的东西：《约伯记》。

理解《圣经》这部分对于我人生的每个阶段都有帮助。不过，面对观众的行为也增加了我的自信心，我明白自己能做到。尽管我很害羞，但还是可以在一群人面前讲话。我没有逃避，没有逃跑，也没有吓晕过去。我就站在那里，说出自己想说的话。

重点呢？

耐心、坚韧、信念。

哪怕疼痛难以忍受。

耐心、坚韧、信念。

哪怕你知道自己被诓骗了。

耐心、坚韧、信念。

哪怕你的朋友或家人几乎背叛了你。

耐心、坚韧、信念。

哪怕你已经厌倦了承担责任。

耐心、坚韧、信念。

耐心让你坚持站立。坚韧让你有力量前行。信念让你相信，这个糟糕的世界上，除了我们目所履历之外，还存在更多。

有一种神圣的秩序在暗中运作。没有什么比精神更伟大，就像约伯一样，你可以尝试和朋友争论，说个没完，争到脸色发青。但是，这种精神，这种秩序，是无法解释的。它就在那里，要么接受，要么不接受。我相信，如果你接受，你就能克服艰难。如果你不接受，就会继续煎熬。

Booray
布瑞

联盟中最流行的扑克牌玩法，我在新秀年学会玩的。我学到的第一件事情是，不要因为玩扑克牌而伤了兄弟和气。你必须心里有数自己在干什么，玩的可是真金白银。有一种特殊玩法，赌注会一下子升得非常快。拉让·朗多是“布瑞之王”。他可以同时玩两盘，然后两边都能赢。他有个超级大脑，总能在别人之前算出来。所以，不要跟朗多玩扑克牌。

Breakdancing
霹雳舞

迈克尔·杰克逊说比利·简不是他的情人。我不知道迈克尔在说什么，我也不在乎。那种状态令我着迷，那些动作让我也跟着动了起来。我和姐姐、妹妹在电视上看这个MV。我们看了迈克尔所有的视频，从“杰克逊五兄弟”的老视频，到*Thriller*和*Bad*里的新视频。所有的动作我都能做，我很敏捷，很丝滑，很放松。我会律动，会跳机械舞，会滑步。我可以旋转、跳跃。我有自己的舞步，有相当厉害的编舞创意。在脚步方面，迈克尔是我的教练。

我迷上了霹雳舞。我会去垃圾箱那儿，把纸板盒翻出来，喷上漆，带去布莱思小学，铺在院子里开始跳霹雳舞，或是在白马大道上练习滑步。罗伯·贝斯和DJ E-Z Rock的*It Takes Two*是我的招牌乐曲。我会把自己的名字印在衬衫背面，“会员专卖”夹克上，“行空”高帮鞋上。“行空”是滑板鞋，我也喜欢玩滑板，那是我人生中很重要的一部分。我有一块“纳什牌”滑板，滑着它前往各种地方。滑板和跳舞有很多相似之处，都关乎脚步和平衡。“行空”的鞋底纹路设计出来是为了在滑板上不打滑，而那也有助于抓牢纸板。

我发现打篮球变得容易了，因为那些脚步和舞步很相似。我会模仿球员的脚步，就像模仿舞步一样。脚步一直是我的强项，很多球员不擅于脚步，特别是在低位。而我从来没有担心这个问题。

British Knights
英国骑士

见“鞋子”。

James Brown
詹姆斯·布朗

见“《勇敢与美丽》”“*King Kunta*”“WNBA”。

Brown Paper Bag
牛皮纸袋

“孩子，去找份活儿干，”老妈说，“挣点钱。”我已经有割草的活了，我的“纳什牌”滑板就是这么赚来的。我还在汉堡王烤肉，在超市给货物装袋。但是，老妈想让我找一份更赚钱的工作，而和老妈是无法讨价还价的。“好的，太太，我去找点别的活。”

在一家以电视剧《干杯》命名的酒吧里，我找了份洗碗的工作。顺便提一句，我从没看过《干杯》，但超爱《百战天龙》。

“孩子，”酒吧经理说，“我们给你3美元的时薪，你从晚上6点干到凌晨2点。要么接受，要么拉倒。”

我选择接受。我走进厨房，里面乱糟糟的。大部分员工是墨西哥人，还有另外2个黑人兄弟。其中1个光着膀子，刺有文身，刚从监狱里出来，脖子上挂着3条金链子，一边做饭，一边抽烟。洋葱丁的味道无比强烈，辣得我都要流泪了。松饼在翻动，培根在煎，油在乱溅，水在沸腾，咖啡在过滤，牛排在嗞嗞作响，一个墨西哥人在吹嘘自己，另一个在推销烟草。那么多声音在响，那么多东西在动。但是，没时间去思考或放慢脚步，因为在这种疯狂的环境之中，我必须马上进入状态，把盘子洗了，锅和刀子擦干净，尽快融入这个系统。信不信由你，那儿真的是一个系统，如果任何一个环节出现问题，整个就都完蛋了。我得融入其中，融入这个我之前从没见过的环境中，这个环境总在不停变换。刚刚来了一桌十个客人，他们把菜单上的所有菜品都点了一遍。于是，我们开足马力。我给锅抹上清洁剂，迅速擦干净。再看看其他人都是怎么完成他们的部分的，烤架边的人，灶台旁的人，案板边的人，给肉调味的人，切胡萝卜和撒欧芹的人。一刻也不停，越来越快，越来越激烈，墨西哥人变得越来越有趣，说越来越多的垃圾话，开越来越多的玩笑，这帮家伙是我见过最可怕也最酷的人。

晚上结束营业时，我已经疲惫不堪了。有人递给我一个牛皮纸袋，里面塞着 24 张一美元的钞票。我将继续学习做餐馆杂工，甚至是服务员。我学到与人打交道的技巧会令我终身受益，牛皮纸袋也会越来越厚。

牛皮纸袋所代表的意义，我当时不知道，现在明白了。那个我为了融入系统而累到汗流浃背的厨房，是未来生活的真正范例。无论去哪，都有一个系统是你要学着去掌握，你必须要记住，必须融入其中。无论是干杯酒吧的奇妙厨房，还是波士顿花园球场，都一样。总有一股水流，顺流而动，你就能做好；逆流而行，你就会困住。如果你困住了，那个牛皮纸袋只会变得越来越小。

Bug
“虫子”

小时候，我们总在搬家。搬家不总是愉快的，也有快乐时光，尤其那次，我们和另一家人合租莱克肖尔的一间公寓。他们住一间卧室，我们住另一间，共用客厅、浴室和厨房。那时我才三四岁。

那家的男主人是詹姆斯·彼得斯先生，他的太太叫帕姆，很漂亮。他们的儿子杰米和我同龄，绰号“虫子”，因为他长得又小又结实。彼得斯夫妇和“虫子”组成了我梦想中的家庭。

和老妈一样，彼得斯先生在一家工厂上班，大部分时间不在家。到了周末，我们会看到他在认真清理他的宝贝——一辆日产马克西马。我和“虫子”不允许碰那辆车。我们只能看着他清洗打蜡、清洁轮胎、吸除车内灰尘，最后擦干，就像对待宝石一样。彼得斯先生让我爱上了汽车。我进入NBA后，虫子和我一起去了明尼阿波利斯，我买了两辆雷克萨斯GS 300，一辆送给“虫子”，另一辆我在格林维尔开。第二个赛季开始时，我要回明尼阿波利斯，就把我的雷克萨斯留给了彼得斯先生。后来，他开了很多年。事实上，我相信他现在还在开，我知道没有人能比他把车子照顾得更好。

“虫子”和我成了兄弟。这段兄弟情谊帮我度过了许多艰难的时光，让我免于精神崩溃。“虫子”是个思想者，也是对我人生起到最大支持作用的人。我是阴，他是阳。他的精神强大，笑容灿烂，脑子好用。他是沉默内向的双子座，国际象棋手，颜色总是搭得很好。他戴着棕色表带的《摩登原始人》手表，我爱那块手表，我爱“虫子”。

事情好像发生在夜深人静，当我沉睡时。也许“虫子”不想和我说，因为我们一定会哭作一团。我只知道，早上醒来，发现他们不见了。

“‘虫子’去哪儿了，还有彼得斯先生和太太呢？”我问。

“搬走了。”老妈说。

“搬去哪里？”

“不知道。”

天啊，我的兄弟消失了，而且没人安慰我。老妈不是那种会安慰别人的人。

“虫子”还会回来，不过当时，我不知道什么时候才能再见到他。

Bye
拜

实际上，他的完整绰号是“拜拜”（Bye Bye）。珀尔叔叔告诉我，他们这么称呼我的生父。珀尔叔叔很机灵，在街头讨生活，认识每一个吵吵闹闹的哥们儿。所以他也认识我爸。他告诉我，我爸用“拜拜”的绰号行走江湖。他还说我爸读高中时是篮球队的，被称为“拜拜 45”，因为我爸下快攻时非常迅捷。这些事我都没见过。

老叔们都说：“哟，你一定是‘小拜’，肯定是‘拜’的儿子。你长着他的小脑袋，还有‘冒火’的眼睛。”

我不知道该想什么，该说什么。为了不说蠢话，我干脆保持沉默。那时，我还是个小孩，安静、害羞，独自好奇那个叫“拜”的人到底是什么样的。

然后，发生了一些奇怪的事情，就像故事书里的情节。

姐姐索尼娅每天早上送我去托儿所，然后她再去贝克中学。每天，我们都会遇到两个人，站在家门口，像认识一样冲我们挥手，大喊：“嘿！”

我也冲他们挥手：“嘿！”

他们总是面带微笑，我也微笑，但从来不知道为什么。他们身上有种东西，让我感觉似曾相识。那时，我才 4 岁，能懂什么？只是一种感觉而已。有时下雨，我们还是照样步行上学，大人们也照样站在家门口挥手。别问我为什么，我注意到他们都是左撇子。看他们朝我挥手成了我每天的闪光点，这样整整一年。

3 年后，我爸出现了。他搬去了鹅溪，到格林维尔需要五小时的路程。所以，他说他才没怎么来过。没关系，我很高兴见到他。谁不高兴见到父亲呢？他做的第一件事就是开车送我去他爸妈家。

他的爸妈，你肯定猜到了，就是我上托儿所时每天朝我挥手的两个老人。我突然有了爷爷奶奶。他们拥抱我，泪珠从眼睛里滚落。我也哭了起来。

“我们一直都知道你是谁，”爷爷说，“但我们知道你爸妈之间有矛盾，所以不想过多干涉。”

爸爸的妈妈，麦卡洛奶奶，好好准备了一顿。她给我吃猪排、玉米面包和苹果派。爷爷给我讲故事，说我的名字取自一个叔叔——凯文·马克·麦卡洛。我得去见他。叔叔是小个子，让我想起艾迪·墨菲。他超级搞笑，一直开玩笑，他和美丽的妻子吉妮瓦有一个超棒的家庭。我还遇到了帕姆姑姑，我对天发誓，她长得像帕姆·格里尔。她很高，身高超 1.9 米，帕姆姑姑性感、善良、可爱，有一双大手，戴着戒指。她的指甲油超炫，抽长长的弗吉尼亚牌女士香烟，很有型，也很暖。帕姆姑姑超赞。

那个星期，老妈让我跟着父亲和他们家族的人出去玩。我爱上了他们家族，他们成了我的家人，到处充满了爱。不过，在这片爱之中，我也看到了爸爸的另一面——他的暴戾。看到那一点，我就明白自己绝不能变成那样。那件事改变了我的人生，让我恶心，也让我明白，我应该把女性当作“女王”，而不是自己的私产。对每个人都一样，甚至包括我的姐妹，她们和老妈一样强壮。只要她们愿意，一拳就能把男人打翻。

我理解为什么老妈总是拼命工作，她必须与强大的男人打交道。但是，在这些男人当中，她同样强大，甚至比他们更强大，她不会让任何人伤害自己。我不怪她，我尊敬她，因为她尊敬自己，让别人不敢乱来，除非谁想吃苦头。

和“拜”在一起的日子很短。短短一周后，他就走了，再没回来。当我想到他的时候，我心里会想，去他的，他是个混蛋，他是个懦夫，他害怕当爸爸。如果他不想与我有任何关系，我就再也不会与他有任何关系。

我再也没有。

这没有阻止珀尔叔叔给我讲他的事。他说，我爸并不总是很粗暴，他可以很圆滑，女士们喜欢他。珀尔叔叔说我继承了父亲的优良品质，我能看出这点，因为就算我那么害羞，与女孩说话还是比和男孩说话更自在。我发现我的朋友在女孩走近时都很窘迫，他们的舌头会打结，他们会往后退缩，而我从来不会。考虑到我有个可怕的老妈，你不会这么认为。你认为女人会令我紧张。

不过，我很幸运。父亲的影响足以抵消母亲的。或者说在我的灵魂里，这两部分融合在一起，我可以与任何女人搭讪。我不是说单纯的性，也不是说利用在女人面前的自在感。这不是为了搭讪女人，而是把她们视为迷人的人类。女人激起我的好奇心，我想知道她们从何而来？她们如何成为现在的样子？她们为什么有现在的感受？

奇怪的是，人生大部分时间里，我都对父母感到非常愤怒。这种愤怒现在还会被唤起。但是，随着年龄增长，我做一件我认为我们都需要做的事——控制能量。我花了很长时间，我才明白自己的女性能量和男性能量都来自非常强大的人。

经历越多的故事，我平衡过去就变得越难。为了避免因为小时候受到的伤害而去伤害他人，我需要让自己的过去变得和谐。

关于见我爸和他家人还有一个疯狂的故事。

男孩女孩俱乐部办了一次夏令营，我遇到了很多不同性格的人。可爱的女生、酷酷的男生。但也有对手，有个孩子特别想当老大。如果我们在泳池里玩水，他会狠狠地泼我。我们会发怒，我们会打架。今天他揍我，明天我揍他。并不是因为我们憎恨彼此，但每次我们待在同一个地方，就会莫名其妙地打一架。

见到帕姆姑妈后，她对我说："我有个儿子和你一样大。"

"你有照片吗？"我说。

"当然。"

还没等姑妈拿出照片，他就从门外进来了。

我们惊讶地看着彼此。

在男孩女孩夏令营和我打架的那个兄弟——沙蒙德·威廉姆斯。

这次我们没有打架，而是拥抱。

“我认识这个老黑！”我大喊。

“你在说什么？”奶奶说，她不喜欢我的措辞。“我的错，奶奶，我道歉。”这是我第一次使用“奶奶”这个词，感觉真不错。

“孩子，你得拿肥皂洗洗嘴巴。”她说，“我知道你们在街上瞎说话。在这里就不能这么说了。你饿了吗？”

她拿来了一盘芝士通心粉，而我还在努力消化这个事实，我此前的对手是我的表兄弟。

和我一样，沙蒙德·威廉姆斯后来也进了NBA。在那之前，他从北卡毕业，他是那儿的明星球员。沙蒙德在格林维尔广受尊敬，他爸是“学生哥”（Schoolboy），充满传奇的家伙，实现了自己的街头梦想。记得哈林区的黑人教父尼奇·巴恩斯吗？“学生哥”是卡罗来纳的黑人教父，我们的英雄之一。

那时到处都有团队。格林维尔兄弟、南区兄弟、特拉弗勒斯·雷斯特兄弟、安德森兄弟……如果你想找个混蛋，可以去克利夫兰大街福利院，那儿总会发生点什么事。如果沙蒙德在场，他能够让事情平息下来。他像个街头政治家行动，不放弃任何事情。我很自豪是他的表兄弟。

C

Carnation Evaporated Milk
三花淡奶

三花淡奶、午餐肉、沙丁鱼和苏打饼干。来两片面包吗？有什么夹什么。没有红肠了？那就涂点蛋黄酱。没有蛋黄酱了？那就用枫糖或者糖浆，要么干脆就撒点白糖。没有暖气的时候，老妈不得不点燃灶台，好让我们暖和起来。要么用煤油取暖器，你得半夜起来加油。你不知道哪儿是底线，你不知道自己在经历什么，这就是生活。把衣服晾在绳子上，赶在下雨前收回来。手头有什么，就用什么。活下去。

Vince Carter
文斯·卡特

见“昌西·比－比－比－比卢普斯”“盖帽”“扣篮”“单打”“勒布朗·詹姆斯”“大一参选”“加里·佩顿”“鞋子”。

Sam Cassell
萨姆·卡塞尔

见“格伦·戴维斯”“阿伦·艾弗森”“三头怪”“保罗·皮尔斯”“菲利普·桑德斯”“决战”。

Chalk
镁粉

这是从乔丹开始的仪式。1984年，他进入联盟就有这种仪式。开场跳球前，他会往手上洒镁粉以便于握球，然后把镁粉掸向技术台。那儿坐着公牛队电视台和电台的解说——“红头”约翰尼·科尔（Johnny “Red” Kerr）和他的搭档吉姆·德拉姆（Jim Durham）。乔丹头一回这么做的时候，约翰尼说那玩意儿飞得到处都是。如果约翰尼什么都没说，谁知道这还会不会成为一项传统。可他偏偏说了，于是，从那以后，每场比赛乔丹都用镁粉来捉弄约翰尼和吉姆。这成了一种幸运符，也是在家看球的电视观众期待的固定小把戏。约翰尼和吉姆会戴上外科口罩和呼吸器，或是撑开雨伞让自己少接点镁粉。

进入联盟后，我也用这个动作，并做了点改变。

我从来不喜欢体育记者，我知道他们特别喜欢挑事儿。如果能让你说对手的坏话，更好的是，说队友的坏话，那他们可开心了。不是所有体育记者都是混蛋，但是，其中不少人认为自己的工作是制造麻烦。我尽可能地避开他们，可是我必须接受采访。这时候，我遵循一个简单的原则——少即是多。事实上，刚到波士顿，保罗·皮尔斯、雷·阿伦和我就订了一个规矩，除非我们仨在一块儿，否则不接受采访。这样，他们听到的话都直接来自我嘴里，反过来也一样。记者没机会歪曲我们的话，拿来对付我们。我从来不读他们写的文章，我关注的是比赛，而不是在场外分析比赛的所谓专家。很多教练，甚至非常优秀的教练批评我。我对自己的评价，比任何人都苛刻。所以，我不需要其他玩意儿了。

虽然我从来不读，但有人会读，还会转告我，那些玩意儿总会传给我。所以，在比赛即将开始，我准备大干一场，我走到场边，在记者们扎堆坐着的地方。我手上沾满了镁粉，比我需要的多得多。我把镁粉撒向他们，然后拍拍手，拍手只是为了掩饰。这些粉尘飞得到处都是，撒向他们的电脑。这不像乔丹、约翰尼和吉姆之间的玩笑，不过，看到记者们非常不爽，看到他们拿着纸挡着脸，我也忍不住笑。那时候，还没有推特和 Instagram。如果他们写了一些关于你的屁话，甚至是谎言，你没法在网上回击。我能怎么办？给编辑写信？那年头，媒体希望球员们老老实实地坐着，接受他们写的文章观点。这可不是我，镁粉就是我的回应。

后来，勒布朗也用这个动作，他也做了改变。用的镁粉比我还多，然后高高撒向空中。人们超爱这个动作，球迷们为此兴奋不已。我怎么看呢？每次看到这一幕，我都会心想："真可惜，那么多镁粉，却没有惹恼一个记者。"

Mark "Super Duper" Clayton
"超级骗子"马克·克莱顿

我十一二岁的时候，老妈用辛苦工作攒下的钱在莫尔丁买了一栋房子。更优质的社区，保养更好的房子，庭院中郁郁葱葱，鲜花盛开。周边环境更好了，但是家庭内部的生活却很可怕。老妈再婚了，现在我有一个继父——欧内斯特，他是街头混混。开始，我和他关系不好。他很难相处，有一帮兄弟，为一家家电店搬电器，还有一些他不愿说的事儿。一次消失几个月，不知道为什么。然后，"砰"的一声，他回来了，大骂一通。有几次，情况很棘手。他非常好斗和强硬。没有警察过来。社区是我的"警察"，而社区不插手糟心的家务事。困惑、恐惧、不安、疼痛……让我出去，让我跑出去玩。

搬到莫尔丁之前的老社区，橄榄球先于篮球。我会研究托尼·多塞特抱球突破防线的方式。我超级喜欢沃尔特·佩顿，也想成为"超级骗子"马克·克莱顿，去接丹·马里诺的传球。我可以飞，我看见自己跑过防守者，抓住所有看得到的东西。

想象一下这个场景：在休斯中学后面巨大的橄榄球场，50个兄弟四处乱跑。这就是我们打球的方式，25人对阵25人，每队只有一个四分卫。比赛对所有人开放，非常狂热。而我就在人群之中，我必须这么做，因为这片社区的兄弟都很疯狂。这些野球赛是我可以积累小小名声的地方。

如果我充满激情地比赛，如果我带着愤怒比赛，见鬼，如果我带着愤怒生活，那是因为愤怒和痛苦是近亲。痛苦导致愤怒。考虑到我成长的时代和环境，愤怒是无法释放的。孩子们不能顶嘴，我们不能说任何会激怒欧内斯特的话，也不能激怒老妈。

老妈是多面的，不抽烟，不喝酒。这很好，这样我就老实守规矩。有时，她不停唠叨教会的事情。上帝告诉你做这个，告诉你做那个。然后，她就转来找我麻烦，因为我违反了她的某条规定。

被欧内斯特痛骂时，我幻想亲生父亲会来救我，像蝙蝠侠或者超人，破门而入，痛揍我继父。“你不能这样对我儿子！你不能碰那个男孩！他是我的孩子！”

但这种幻想并没有持续太久，我的生父像个幽灵。欧内斯特一直找我麻烦，直到我长个，并向他表明我愿意回报自己所得到的，甚至还会回报更多。

这些都是不好的回忆，美好的回忆和“虫子”有关，搬到莫尔丁意味着与“虫子”重聚。

这么多年后，第一次再见到他时，我非常震惊，非常激动。“虫子”和他父母彼得斯夫妇，就住在附近。重聚温暖了我的心。

“虫子”留了大胡子，腿上和胳膊上都长着毛，他走路罗圈腿。与此同时，我在拔个儿，而他不超过1.7米。

顺便说一句，是“虫子”介绍我认识比利、凯文和其他打篮球的疯狂家伙。我对篮球的狂热就是在莫尔丁开始的。

Derrick Coleman
德里克·科尔曼

10岁出头迅速蹿个儿的经历给我带来了不安全感。这听上去可能很奇怪，我知道高个儿通常被看成好事。不过，对孩子来说，这也意味着你总是被关注。你是关注的焦点，没法隐藏。如果你开始对自己感觉不好，就像很多孩子一样，你不希望被关注。你可能感觉尴尬，甚至觉得自己是怪物。我很害羞，最不希望的就是别人的关注。

当我突然长到成年人的身高时，从正常到不正常的调整并不容易。在这件事上，给予我最大帮助是老妈。我说过老妈粗暴的一面，我第一次看到有人开枪，就是老妈。问我这辈子最害怕的人是谁，答案是老妈。

但老妈也拥有智慧和勇气，帮我走在正路上。

有时，老妈看到我情绪低落，会停下来和我说话："怎么了？"

我哼哼唧唧，最后说感觉自己很奇怪。

"奇怪什么？"

"我长得那么高。"

"孩子，"她说，"没理由觉得奇怪。你完全有理由感觉良好，每个男孩都希望自己个儿高，每个男人都希望自己个儿高。这意味着你可以俯视每一个人。这是一件好事。现在，我看见你耷拉着、缩着，我不想再看到这样了。我希望看到你站得笔直，挺立并且骄傲。为自己个儿高而骄傲，为你自己而骄傲。"

随着个子长高，篮球似乎比橄榄球更有吸引力了。我长得太快了，身高的增长超过了协调能力的增强速度。所以，我第一件专注的事情就是运球，我变成了一个痴迷运球的傻瓜。早上上学前，我5点起床，穿好衣服，抓上书和球，蹑手蹑脚地出门，不吵醒家里任何人。我把书放在公交车站，带上球，爬上巴斯伍德大道的最高处，这条路长得要命。我运球到大街最低处，然后再运球到最高处。直到所有人都来到车站。

我用一只手开始运球，然后另一只手。邻居们肯定都恨死我了，不停运球的声音一定把他们逼疯了。他们要么睡得很沉，要么心地很好，因为他们从来没有叫我停手。

有一个人喜欢早上坐在门廊上，看我运球，我的哥们儿韦斯。“抬起头！”他对我大喊，“你看到科尔曼怎么运球过半场吗？你应该那样做。”

“谁是科尔曼？”

“德里克·科尔曼，他在雪城大学打球。你一定得知道他。”

当时ESPN正在崛起，他们转播了大东区（Big East）锦标赛的每一场比赛。所以，现在我会看德里克的比赛。他成了我最喜欢的球员，雪城橘子人队成了我最喜欢的球队。我还看阿朗佐·莫宁、马利克·西利的比赛。我研究他们，学习他们。很快，我就滑着滑板去公园，参加能找到的每一场分拨比赛。

Cynthia Cooper-Dyke
辛西娅·库珀－戴克

见“WNBA”。

Cosmetology
美容

在搬到莫尔丁之前，老妈进入了美容行业，在店名为“红男绿女”的美容店上班。不久她就开始自己出来创业了。然后，欧内斯特和一群墨西哥人改装了车库。接着，老妈添置了很多吹风机、洗头盆，以及各种美容用品，她的生意红红火火。

我在她的美容美发店工作了两年。

“儿子，过来帮忙。把梅伯里小姐头发上的发卷取下来。”

我很顺从地按照她的要求去做事，摘下发卷，打扫地板，洗干净水槽等。

“现在给华盛顿小姐洗头，好好洗。”

她的很多客户来自教会。那里有个体育馆，男孩们会打篮球，我自然加入其中了。但竞争总能带来他们所谓的世俗能量，而在教会比赛中，世俗能量是不被欢迎的。消息传到老妈那儿，她让我学会控制。老妈还说，如果你打球的时候，有世俗能量显现出来，那就别打了。

老妈非常坚决，她也会对我动手。我清楚这一点，也明白自己的任务就是听她的话。不过那时，激情压倒了恐惧，我一定要打篮球。为了变得更好，我不得不和最坏的家伙一起打球。于是，我得偷偷溜出去打球。因为老妈需要忙着招待客人，所以我可以想怎么玩就怎么玩。

不过，老妈对篮球毫不关心，她的重心放在教育上。好好听课，认真读书，去上大学。当我在莫尔丁高中入选校队时，我都没敢告诉她。整个9年级和10年级，她都不知道我在打球。直到11年级的一场比赛，那天我得了40分，当看到她坐在看台上，我艰难地咽了口唾沫。

那是星期五晚上，直到星期日，我才敢回家。我一直住在朋友那里，我知道老妈会生气。事实上，她相当生气，她找出我藏在衣橱里的队服，撕了个精光。

“你不准打篮球，”她说，“你要专心学习。”

我不能顶嘴，但是，无论如何，我都要打篮球。

星期一，我回到学校，教练给了我一套新球衣。我一直坚持打篮球。

Kevin Costner
凯文·科斯特纳

凯文·科斯特纳在《保镖》（*The Bodyguard*）与惠特尼·休斯顿演对手戏非常酷，但他参演的电影，我最喜欢《棒球之爱》（*For Love of The Game*），他在片中扮演一个棒球投手，试图投出一场完美比赛。对此，我很有共鸣。

凯文在片中饰演比利·查普尔，拥有19年职业生涯，即将退役。他是个老派的竞争者。带伤作战，忠于球队，热爱队友。片名说明了一切，他是为了爱，而不是荣誉或金钱而比赛。

当他站上土丘，开始投球的时候，观众的喧闹声，包括质问、憎恨、尖叫、疯狂等，所有这些声音都停止了。只有静默，那种静默能让你沉浸自己的世界。我记不清这种事情发生在我身上多少次了。可能是麦迪逊广场花园、斯台普斯，或波士顿花园。可能是常规赛，也可能是激烈的季后赛。分贝可能高到极致，但没关系。

我在地板上行走，什么也听不见。有几秒钟，我沉浸在无声的气泡之中。这个气泡让我专注，那种无声让我回归自我。

我会经常回看这部电影，希望铭记，在飓风中心，总有一个飓风眼。在呼啸的狂风包围下，风眼是安静的，是宁静的。风眼让我们看到，只要焦点正确，我们可以在静默中前进，去完成全世界认为不可能完成的壮举。

我最爱的电影

1.《缘分天注定》（*Serendipity*）

2.《异星觉醒》（*Life*）

3.《哈林夜总会》（*Harlem Nights*）

4.《美国派》(*American Pie*)

5.《大侦探福尔摩斯》(*Sherlock Holmes*，小罗伯特·唐尼那一版)

The Courts
球场

格林维尔的一块热门场地是春田公园球场。有点像在底特律克朗克的伊曼纽尔·斯图尔特拳馆，那里训练出最凶猛的拳击手，比如绰号“杀手”“汽车城眼镜蛇”托马斯·赫恩斯。如果你能在克朗克熬出来，你就能挺过任何事。春田公园也是如此。

球场的“国王”是雷吉·戈尔德史密斯。对戈尔德来说，一切看起来都很容易。他是莫尔丁的第一个超级巨星，全格林维尔都尊敬他。他是一个身高仅有1.72米的后卫，非常灵活。街头球员都支持他，因为他有一双妙手。他能打架，他对女士却彬彬有礼。戈尔德还有一辆金色的日产300ZX。小时候，我去公园打球，看到他，会对自己说：“哦，天呐，是戈尔德。”或者我们开始比赛了，然后他出现了，一副“混蛋们，滚出球场，别再到这儿来了”的样子。他那种从容的态度，是公园的老大，镇得住场子。如果孩子们被欺负，他会出头。他把事情办得妥妥的，每个人都喜欢这个酷酷的家伙。

尽管戈尔德最终没能进入NBA，而是去了一个小镇上的大学，但是，他还是成为榜样。他的个人经历和我非常相似。后来，我才知道，戈尔德的继父是我生父最好的朋友，他还和我的几个表姐约会过。

戈尔德7岁的时候来过我的婴儿床前，见过我老妈，她当时怀着我。那时候，父母还在一起。他还记得我姐姐索尼娅被赶出家门的事情。

戈尔德是第一个令我印象深刻的垃圾话大师。在场边看我打球时，他会说：“教训教训他，大个子。别等他，踢他的屁股。”即使身在场外，他的嘴也在掌控一切。在场上的时候，他是精通各种技巧的球员，会送上一记暴扣，然后冷笑着对防守人说："你没想到吧？"

戈尔德说话的速度是160千米／小时。我发现他的语速与比赛节奏有很大的关系。他的语速是掌控局面的另一个原因，他的声音掌控了公园。正是从戈尔德那里，我学会了飞速说话，后来，我依靠"马达嘴"接管了这片公园。

某个不认识的家伙想要加入，但是，在上场之前，他冲我大喊，想要吓唬我："你那招对我可不管用，大个子。"

"好吧，来吧，"我说，"下一个就是你。"

他加入了。砰！比赛开始！我出招了，撕裂他，晃倒他，在他头上灌篮，羞辱他。

"你现在不说垃圾话了吗？"我问。

除了雷吉·戈尔德史密斯，球场上的大男孩还有弗兰克兄弟、巴伦和保罗。巴伦，绰号"大熊"，身高1.98米，体重133千克，是一个光头恶霸，满身大汗，会抓住你的脖子，把你拎起来扔在地上。保罗也是一个拳击艺术家，特别喜欢他身上与查尔斯·巴克利类似的气质。"大熊"是我们的"帕特里克·尤因"，我们的"奥拉朱旺"。他、"虫子"和威尔·瓦伦丁都是我团队的人，我们被称为"巴斯伍德男孩"。我们就像一家人，我们聚在一起，找找乐子。不过，关于我们这伙乡村兄弟，有一件事你必须知道，我们会打架，但不开枪。现在每个人都开枪，因为每个人都有枪。即使以前，芝加哥、洛杉矶和纽约的孩子们手里的枪也比糖果多。但卡罗来纳不是这样。在卡罗来纳，棍子、木板和球棒才是基本武器，当然还有拳头。与我们当中一个人过不去，你就是与我们所有人过不去。

Crews
团队

这条原则很深刻，可以追溯到《圣经》时代的部落。狼结成狼群，狗也一样，我们也一样。文化不同，团队也不同。大学生加入兄弟会和姐妹会，以获得归属感。成年后，有钱人会加入乡村俱乐部。

在街区，我们很早就组成团队。有时候，团队是相当清白的，不过是孩子们喜欢彼此待在一起。有时候，团队会变成帮派。不同的历史时期需要不同的反应。在我看来，所有团队组建的目的是为了获得安全感。因为人多而感到安全，因为身边都是支持你的兄弟而感到安全，因为外出时知道自己不是一个人而感到安全。

我出生在20世纪70年代末，成长于20世纪80年代。那个年代非常残酷。我的第一个团队在卡罗来纳，和芝加哥根本无法相比，我必须赶紧组建芝加哥的团队。20世纪80年代给许多美国黑人造成创伤。我不是说每个人，但有数百万的兄弟姐妹搞得一塌糊涂，不仅是那些被逼疯的人，还有那些人的朋友和亲属。

南方也没有逃过可卡因时代，可卡因像海啸一样席卷了我身边的人。可卡因打破了街区的和谐，把20世纪80年代变成了一场自杀噩梦。我的一些叔叔，一些我认识的很好的人，因为吸毒而崩溃。伙计，如果当年那片街区里有任何一户家庭没有人碰过可卡因，贩卖可卡因，以某种方式吸过毒，我会感到震惊。目睹这些事情的发生令人伤心。人们正在被一种邪恶的药品摧毁。它从何而来？谁是幕后黑手？谁从中获利？直到今天，我还在想那背后的力量是什么。我只知道，那毁了美国黑人，还导致了社团数量的增长。

我刚进联盟时，从老家带去了一伙人。你可以把20世纪90年代称为后创伤版的20世纪80年代，我们还在为生存所必须经历的一切而震惊。团队包围着我们，安慰我们，保护我们。我在篮球世界地位越高，我的团队也就越庞大。有一个时刻，我感觉自己率领一支军队。

然后，奇怪的事情发生了。我职业生涯的后半段，差不多10年后，团队的规模开始缩减。我越成熟，越不需要陪伴。快进到今天，我正坐在空荡荡的房子里写书。没有派对、没有团队为我欢呼。眺望远山，写写想想，整理思绪，享受独处时光。

我不是说团队不好。当时，我需要它们，确实需要。在疯狂的街区里，在疯狂的社群文化中，或者在疯狂的NBA，团队可以帮助你保持理智。当你春风得意时，为什么不分享快乐，带上团队和你一同驰骋呢？不过，在一天将尽结束之时，荣耀逝去，欢呼声停止，重点变成了照顾生意。需要直率地思考，合理地决策，自己考虑清楚。

独处和孤独是不同的，孤独意味着你怀念某些东西。如果花一小时、一天，甚至一周的时间独处，我很可能学到一些以前不了解的东西。另外，虽然我不像以前那样每天与团队的人说话，不像以前那样开派对，但我们仍然心连心。发生在我们身上的事情，也发生在所有真正的团队上。我们长大了。

从现在到永远，我们都是OBF（Official Block Family）——官方街区家庭。

Mark Cuban
马克·库班

我爱这家伙，他是第一个巧妙地改变NBA的人，他向全联盟展示应该如何对待球员。库班就像赢得了一支球队的《范特西》玩家。他在更衣室里安置了投影机和超大屏幕，而这本不是必须要做的。超大、超舒适的椅子，有蜡烛和新世纪音乐的按摩房，对待球员就像款待国王。吃的也像在招待国王，赛后，客队球员可以享用四道菜的美味大餐。我都想象不到独行侠队员会吃什么。

我必须赞扬他。第一次在美航中心吃完大餐后，我去了他的办公室，说："库班先生，请原谅我打扰你，但有些话我一定要说。我还是新秀时，必须跑去塔可贝尔和麦当劳，为全队人取外卖。你要理解，我非常感激你做的事情。"

"谢谢你，KG，今晚打得漂亮。"很快，你看到库班在继续改变文化。训练场地配有全天候待命的厨师，营养变成重头戏，包含各种正确种类的果汁。最先进的花洒给你带来最大的压强，大到可以容纳身高2.1米大个子的喷雾浴缸。现在他们在招聘理发师，球员们可以在回家前理发。

NBA的历史是许多抠门老板为了提高利润而牺牲球员利益的历史。而库班扭转了局面。他所提供的福利，包括健康和舒适度的福利，如果由球员自己掏腰包，可能得花费20万美元。我相信，他之所以这么做，不仅因为他是热爱自己球队的球迷，还因为这是正确的事情。更别提，这有多么激励球员们希望为独行侠队效力。在我这里，库班相当棒。

D

Glen Davis
格伦·戴维斯

在NBA当新秀可不容易，无论在哪支球队。这是一个巨大的调整，你必须习惯频繁的旅行和住酒店。你必须习惯每个你认识的人，甚至只见过一面的人都突然冒出来，希望你弄点球票，或让你投资业务，或者干脆直接伸手要钱。你还必须习惯自己不那么厉害了。

在成为职业球员之前，所有待过的球队里，你都是最厉害的。一旦进入联盟，你很快就会变得谦逊。你加入了由世界上最强球员组成的兄弟会，你在历史的海洋里遨游。在大学，球员之间的天赋差距就和大峡谷一样宽。而在NBA，每个人都有一手绝活，而且每个人都希望留在联盟里。每个人都要养家糊口，都在想办法保住工作。新秀们被视为对工作安全的威胁。特雷尔·布兰登对昌西·比卢普斯的悉心指导属于罕见的例外。NBA的新秀就像鲨鱼出没的海域里的小鱼儿。他们必须玩命才能活下来，证明自己属于这里。

现在，想象一下，身为2007/2008赛季凯尔特人队的新秀。队里有我、保罗·皮尔斯和雷·阿伦，我们聚在一起，志在赢得总冠军。

我第一次与格伦·戴维斯见面是在波士顿，当时我们大吵了起来。我不记得我们说了什么，我只记得我们都特别不舒服。第二天，我们一句话都没说。过了24小时，格伦来找我："听着，'票哥'（Ticket），那天的事，是我太过分了。抱歉。"

这是在NBA第一次有球员为某件事向我道歉，这打动了我。

"我到这儿来不是为了和你打架。"他说，"我是来和你学习的。"

"嘿，伙计，"我说，"我也很抱歉。很抱歉一上来就给你留下了不好的印象。”

事情就这么解决了。从此以后，我们成了一辈子的兄弟。我后来才发现，他的童年比我还艰苦。其他人管他叫“大宝贝”（Big Baby），我叫他“放克”（Funk）。

我有不少东西可以教给“放克”：怎么防守大个子球员、篮下的低位动作、怎么利用机动性。作为内线球员，“放克”有相当好的机动性。他也非常聪明。

如果我要上战场，我会带上“放克”。

“放克”一开始被西雅图选中，后来被打包放进了雷·阿伦的交易中。凯尔特人送走了好几个大个子球员，包括阿尔·杰弗森，以此来交易我。所以，我们指望“放克”能比一般新秀做出更多贡献。他确实站了出来。

12月，我们的首发中锋肯德里克·珀金斯因为脚趾疼痛而不得不缺战。这不奇怪，球员们的脚趾经常磕伤。但珀克的脚趾不是在打球时受伤的，他在拼装床时出了错，结果砸到脚。对此，媒体大开玩笑，现在回想起来确实很搞笑。但当时，我们可笑不出来。队里有半数球员是这赛季新来的，我们需要珍惜每场比赛，来相互适应，建立化学反应。在此之前，我们每场比赛的首发阵容都是一样，我、皮尔斯、雷·阿伦、朗多和珀克。我们状态还不错，战绩是17胜2负。我们并没有满足，不会把任何事情看成理所当然。不，我们想的是：“该死的珀克，你可是NBA球员，在NBA挣大钱。你为什么要自己拼装家具？你为什么要买宜家的家具？”

于是，“放克”终于得到了职业生涯第一次首发机会。他紧张得要命，甚至快窒息了。但他拼尽了全力，得到16分，其中罚球10投10中，还抢下9个篮板。那一刻，我就知道，这家伙是我们想取得成功所不可或缺的。这就是为什么我对他如此严苛，逼着他，激励他。我俩每天一起健身，没有比“放克”更好的健身搭档了。

2008年12月，对阵波特兰开拓者队的那一晚。我们在第三节建立了25分的领先优势，于是，我们首发球员都下场了。到了第四节中段，开拓者队把分差追到13分。那支凯尔特人队的伟大之处在于我们拥有自我检查的能力，我们没能发挥出自己能力时，不需要教练组来告诉我们。于是，在暂停的时候，我把替补球员们召集在一起，告诉他们现在是怎么回事。我的态度不太好，不太有礼貌。“放克”非常生气，他并不是生我的气，而是生自己的气。他很生气，因为他打得不好，让球队失望了。现在首发球员必须重新上场，他怒气冲冲地离开了大伙儿围成的圈，坐到了板凳的尽头，流着眼泪，这些都被电视镜头拍了下来。

萨姆·卡塞尔坐在他边上，用毛巾盖住他的头，不让别人看见。我理解这种本能反应，萨姆希望保护队友的隐私，他知道媒体会对此大做文章，他们当然确实这么做了。但“放克”不必为那些泪水而感到难堪，相反，应该为此骄傲。因为这表明他有多在乎。那支凯尔特人队的所有球员都是如此，我们富有激情，大胆表露自己的感情。我永远会选择一个技术不那么熟练却富有激情的球员，而不是没有激情却技术娴熟的球员。

“放克”两者兼备，既充满激情又有技巧。

我们一起在波士顿打球的四年里，他经历了许多关键时刻。比如2010年总决赛对阵湖人队的第四场比赛，他得到了18分，其中一半来自第四节。

“我觉得自己像头野兽。”他在赛后新闻发布会上说，“说真的，我和你说实话吧，我觉得自己无法阻挡。”

那场比赛，我为他感到骄傲，而当我听到他说的话时，我感到尤其骄傲。他在用我努力灌输给他的那种“大言不惭”的口气说话，这个学徒已经出师了。

不过，有时我不得不提醒他，我永远都是他的老大。

那次在多伦多，第二天有比赛。我们全队总是一起出去吃饭，所以，我们跳上奔驰凌特商务车，像一支野蛮人大军闯进茹丝葵餐厅。餐厅给了我们一个包厢，把门关上，但还是关不掉我们制造的噪音。Beats 刚刚推出了便携式扬声器，我们放起了小韦恩和各种最流行的音乐。我们开始掷骰子，声音越来越大，直到经理进来请我们小声点。我们没法小声，于是决定干脆离开。

第二天与多伦多猛龙队的比赛是一场肉搏战，我们在终场哨响时才锁定胜局。我们又累又兴奋，上了飞机，就像凯文·哈特、梅索·曼恩和史努比狗狗主演的《灵魂梦飞翔》（*Soul Plane*），万米高空，兄弟们疯起来。嘿，我们把《灵魂梦飞翔》搞得像《欢乐满人间》（*Mary Poppins*）。兄弟们掷骰子，打扑克，特别疯狂。没人能让我们冷静下来，道克不得不把前后之间的帘子拉上。至少有 6 场赌局同时开桌，我们称之为“小拉斯维加斯”。

与此同时，“放克”光着膀子，不停地进行掰手腕比赛。他击败了所有人。他背后还有一群啦啦队员，比如托尼·阿伦。利昂·波壮得要死，可还是被“放克”打败了，托尼·阿伦在一旁大喊大叫：“哦，天呐！你把他给打败了！”

我就坐在那儿看着，我在扮演罗宾的角色，没想当蝙蝠侠。保罗·皮尔斯也在看，想找点乐子，说赌我能赢“放克”。“放克”准备好了，他大叫道：“放马来吧。”

“你在和谁说话？”我问“放克”。

“你这垃圾。”他说。

“你给我冷静下来。”

“没什么好冷静的，这是我的地盘。”

“去你的。”

“大宝贝”不甘示弱。我们脑袋顶着脑袋。

皮尔斯大声喊道：“我把钱押在‘票哥’身上，没有人能打败‘票哥’。”

皮尔斯下了一大笔钱，现在每个人都开始下注。这是年轻人对老家伙的比赛。

在我们握上手之前，我告诉“放克”：“我看到你用左手抓桌子借力，我知道你是怎么赢那头‘小公牛’的。”

我这么说因为这是真的，也为了让他紧张。

“才不是那个原因。”“放克”说。

“放克”一直在油嘴滑舌，而我一直提醒他，不靠那个借力，他谁都赢不了。

“闭嘴吧，”他说，“握手。”

我们把手握上，这时，他看到我的胳膊比他的长，我的杠杆效应比他更明显。我虽然不是大块头，但比大多数人想象的强壮。

为了把“放克”逼疯，我像乐队指挥一样挥动着左手。

“我可不需要用左手抓什么玩意儿，”我说，“你呢，伙计？”

“你下去吧，‘老票’。”他说。

我说：“我哪儿也不放，哥们儿。我可不是利昂·波。”

我看到他额头上冒出了汗，于是，我进一步用垃圾话挑衅他。

“你最好更用力地抓着桌子，因为事情可不像你想象的那样。”

“放克”开始咕哝，我开始更大幅度地挥舞左手，用各种动作挑逗他。观众们大呼小叫。

“放克”的眼睛瞪得更大了，汗水不再只是细流，像河水淌下来。我能感觉到他很痛。

我一直在挥动着左手，一直在和他说我哪儿也不放。然后，我感到他的手有轻微的松动，这就够了。我大吼一声，把他的手按下来。砰！我用头顶着他说：“你这辈子都不许不尊敬我，我才是这地方的老大，这地盘是我这个怪物的。”

我们站起来拥抱大笑，像一群傻瓜。

Depression
抑郁

见“*Illmatic*”“静默”。

Dissecting
剖析

在我留下的遗产里，剖析他人比赛是王冠上的明珠。我说的是几何和角度，逼迫对手做改变，当他做出变化时，压倒他，撕裂他。我的数学天赋，我的第三只眼睛，我看出他准备假动作投篮，我可不会中招。球就在这里，我会把球从他手里抢走。我打得越好，比赛变得越慢。我说的是《黑客帝国》那一套。没错，我身体上的技巧，既有上帝的赐予，也来自数千小时的努力训练。但剖析是一种很妙的招数，身体和精神的完美结合。

DMX
DMX

DMX（Dark Man X，美国说唱歌手）流行的时候，我已经进 NBA 了。我没有在外面打劫或盗窃，但我在街头经历过其他事情，比如 DMX 大声说出来的一些事情。

DMX 嘶吼的方式和我一样。他的声音并不丝滑，音调很刺耳，质感很粗糙。不过，我喜欢。他的音乐与我有共鸣，他的节拍能代表我，我像他的节拍一样打球。如果“魔术师”约翰逊也来自街头呢？如果“魔术师”有着DMX的态度呢？这就是我对自己球风的看法。我的球风就像我听的音乐，我的球风就这么拍打在你的脸上，拍打在你脸上的音乐，拍打在你脸上的球风。说唱歌手影响了篮球运动员，来学习一下，篮球运动员影响了说唱歌手。就这么来来去去。

我的生活也像我听的音乐，我和兄弟会去其他哥们儿可能不敢去的地方。我们超级专注，我们拼了老命，只有这样才能前行，这就是我们最初的文化。

DMX给我们带来了自己的赞歌。

Doc
道克

本来可以把道克·里弗斯留到字母R，但他实在太重要了，不该等那么久。我要在书里早点提到他，我现在就提他是因为我能感觉到他。没有道克，我永远也爬不上山巅。

那是2007年夏天，为明尼苏达森林狼队效力12个赛季之后，我加入了波士顿凯尔特人队，交易了5名球员和2个首轮选秀权，这是联盟历史上最大的一换多交易。我非常兴奋。赛季开始前，我的新主帅道克·里弗斯找到我、保罗·皮尔斯和雷·阿伦，他期待我们仨能为波士顿带来总冠军。他让我们第二天早上6点到港口的某个码头见面。

我们都惨叫起来。

“好吧，”他说，“那就改到8点吧。”

早上8点，我们准时到达，只看到道克和一艘大船，那艘船看起来像一辆水上大巴。

“这是什么？”我问。

“鸭子船。”道克说。

“我们要干吗？”

“上船，我们坐一程。”

保罗看着我，雷·阿伦看着保罗，我们都看着道克，好像在问他：“搞什么鬼？”

我们爬上船，道克用他那嘶哑却总是乐观的声音说：“我们要去参加波士顿水上旅行。当你们赢下总冠军时，这艘船将带着你们在人们的欢呼声中环游城市。我们会绕过这个坝，穿过这座桥，停在这栋楼前。在整个过程中，球迷们疯狂不已，因为你们把球队从去年那个糟糕赛季带到了今年的冠军赛季。他们会发疯，因为你们创造了篮球历史上最大的一步登天。他们将陷入疯狂，因为你，凯文，将成为年度最佳防守球员。他们知道你的进攻，但从来没见过你这样防守。”

我目不转睛地看着道克。他很有风采，他沙哑的嗓音让你希望听他说更多话。他充满力量，但触动我的是力量下的灵魂。有些人善于做计划，另一些人则拥有远见。道克就拥有远见，他会清楚地表露自己的感受，他的感受会令你充满动力。你不希望令道克失望。

2010 年 2 月，我们在斯台普斯中心与湖人队交手，这是我们两队常规赛最后一次对阵。赛后，在更衣室里，道克掏出一个信封，说：“把这个传下去，希望每个人放 100 美元在里头。”

啥？为啥？

“如果你们相信我，就把钱塞进去。”我们信任他，每个人都给了，包括教练组成员和装备经理。

“好，”道克说，“我把这个信封封起来，藏在天花板上。如果你们还想再看到这些钱，就必须重新回到这里，在总决赛里对阵这支球队。”

当我们在总决赛中与他们交手时，道克没有忘记。他找出藏好的信封，把我们每人的 100 美元还给我们。多么美妙的时刻。

当快船队在 2019/2020 赛季结束后解雇道克时，我非常生气。数据可以支持他，在 7 个赛季中，快船队 6 次进入季后赛。执教快船队期间，道克的胜率是63.1%。除了数据，还有精神层面的事实，他在球队艰难时期稳住了队伍。为此，球队应该再给他一次机会，但他们过早地扼杀了梦想。

2014年，快船队老板唐纳德·斯特林被曝出是种族主义者。他们录下了他说的话。道克手下的球员们崩溃了，这可以理解。全队士气一落千丈，这时候，道克在更衣室里站出来，说："我叫格伦·里弗斯，来自芝加哥，我是黑人，我非常生气。我们的老板是种族主义者，我不想为他做任何事情。"接着他指出了更大的故事，这不仅仅与斯特林有关。斯特林是垃圾，但斯特林已经成为过去。在任何活动中，体育、政治、商业等，成功都可以在艰难时期实现。艰难时期才是对品质的考验。

当威斯康星州基诺沙发生骚乱，警察杀死雅各布·布莱克时，道克在赛后新闻发布会上说："我们一直爱着这个国家，而这个国家却不爱我们，这真令人惊讶。"

事实。

我抬头仰望教练的总统山。我看到格雷格·波波维奇、菲尔·杰克逊和"红衣主教"奥尔巴克轮廓分明的形象。我看到拉里·布朗和约翰·汤普森。我也看到了道克。道克也高高地在那上面。

他是让我成长为一名完整球员的父亲，他对我的鞭策比任何人都有力度。道克让犯错变得正常，他说疲惫也没关系，搞砸了也没关系。他让我休息，在道克之前，我并不知道怎么休息。道克是会带全队看电影的教练，只是为了让我们不去想篮球。他知道沉迷篮球会导致我们过度投入，过度反应，让我们迷失状态。家庭和孩子方面，如何正直做人方面，道克也有着深刻的智慧。

只有一个道克·里弗斯。

Double Team
双人包夹

每个人都说，凯尔特人队是最早组建“三巨头”的球队，以及“三巨头”如何改变篮球运动。比如勒布朗、韦德和克里斯·波什在迈阿密，斯蒂芬、克莱和杜兰特在湾区。不过，你很少听到有人在讨论，为什么“三巨头”在战略上如此有效。这不仅仅是拥有三个超级球星，而是他们同时在场会迫使对手做出反应。这关乎双人包夹。

如果你面对两个令人头疼的进攻核心，那比赛很困难。你包夹其中一个人，他就会伺机传球给另一个人。优秀的防守球员可以轮转得够快，锁死这种进攻。但是，如果加上第三个进攻核心，包夹就将变得毫无用处。你传球的次数够多，防守轮转就无法跟上进攻节奏。球总是比人动得快，那么，对手必须放弃双人包夹，直接常规防守。这时，进攻核心才真正开始发挥作用。

听起来很清楚，但事实不然。许多球员将包夹看成一种挑战。他们看到两名防守球员围上来时，会睁大了双眼。队友突然之间就有了大空当，但他们不想快速传球，而是希望通过运球来展示自己的技术多么厉害。所以，拥有“三巨头”不仅仅是拥有三个进攻核心，而是三个无私的进攻核心，愿意融入球队体系中，可以接受作为球队的主要或次要核心减少出手机会。

如何处理双人包夹是人生的一堂课。你会选择哪一种呢？是自私的决定，满足个人自我，但球队胜利更加难以保证？还是无私的决定，让别人闪耀，并有更多机会确保球队胜利？

Dr. J
J博士

见“扣篮”“鞋子”。

D

Dr. Jekyll and Mr. Hyde
双面博士

见“蒂姆·邓肯”。

Duke vs. Michigan
杜克与密歇根

如果你是20世纪90年代早期长大的孩子，无论你在美国哪里长大，很可能要么是杜克大学的球迷，要么是密歇根大学的球迷。杜克大学的球员穿着《新飞越比佛利》（90120）里男孩的风格，干净利落，像从Abercrombie & Fitch广告里挑出来的模特——鲍比·赫尔利、克里斯蒂安·莱特纳和切罗基·帕克斯。密歇根大学的球员是剃光脑袋、穿着肥大短裤和黑色球袜的黑人孩子，朱万·霍华德、杰伦·罗斯和克里斯·韦伯等人组成“密歇根五虎”。如果说这两支球队代表了美国的种族鸿沟，那并非百分百地公平或准确，因为杜克大学也有很多厉害的黑人球员，比如格兰特·希尔和安东尼奥·朗。但杜克大学球队中最著名的名字并不属于任何一位球员，而是他们的主教练迈克·舍谢夫斯基。

“密歇根五虎”代表了篮球运动从白人父权制结构的转变，并成为球员赋权运动的先导。我也参与推进了这项运动，先是高中毕业直接参加

NBA 选秀，后来又谈成了一份破纪录的大合同。不过，当初我压根儿没想过这些。我喜欢看韦伯把球狠狠地砸进篮筐，那种凶猛是我之前从未见过的。一直以来，我都是大东区的忠实球迷，但密歇根大学立刻成了我最喜欢的球队。

我们刚刚搬到莫尔丁的一天，街区里的一个白人小孩邀请我去参加单挑赛。他的名字叫比利，身高 1.95 米，是杜克大学的球迷，最喜欢的球员是莱特纳。和我一样，他的 NBA 生涯将在明尼苏达森林狼队开始。比利是唯一在自家车道上拥有篮筐的孩子，玻璃篮板，各种玩意儿。他很酷。他让我当练习对象，陪他练莱特纳的动作。我觉得自己像个傻瓜，我不喜欢那种感觉，不喜欢被耍。我受够了当木头人，就像在比赛中，你高举双手，但没人传球给你。没过多久，我就开始和比利较量了。我想象自己是韦伯，拒绝在莱特纳手上受挫。我想象我们不是在莫尔丁，而是在安阿伯，挤满球迷的克莱斯勒中心。计时器在走，观众如痴如狂。我从没想过，这场梦有一天成为现实。

Tim Duncan
蒂姆·邓肯

如果我是杰基尔医生，那蒂米就是海德先生。在许多方面，我们完全不同。我没读大学，他在韦克森林大学待满了四年。我喧哗，他安静。我带着怒气打球，他的比赛沉着冷静。

不过，我们的共同点比不同点更多。他在 NBA 打了 19 个赛季，我征战了 21 个赛季。我们都重视忠诚和保持稳定。而最大的共同点是，我们是篮球运动的谦逊学生。和蒂米一样，我也努力训练。他的职业道德是不可思议的优秀，他的动作也是如此。这家伙太难防守了，他具备所有的篮球技巧。他可以背打你，也可以正面进攻，做各种试探步、脚步和假动作。他把球运得很低，你绝对不敢上抢。他运球晃过你，或是轻轻擦板投篮，或是来一个小勾手。

这么多年来，我们交手了五十多次，每次都很特别。他总是能够迫使我以最高的水准比赛。除他以外，还有一个家伙儿能让我如此兴奋地想要交手，那就是拉希德。不幸的是，这种兴奋的情绪可能对我不利。我会说各种垃圾话，尽管可能会吓到大多数球员，但这只会令蒂米更专注。他以此为生。这让我很懊恼，我把所有的精力都浪费在阻止蒂米发挥自己的水准，却没有意识到，他已经让我没能发挥自己的水准。

蒂米也会说些垃圾话。如果你在电视上看他的比赛，是不会知道这点的，因为他做得很不明显。他甚至都不说一个完整的句子，只说几个词。“骗到你了。”“哦，就差一点。”“不错的尝试。”没有帮派黑话，没有硬核脏话。这显得更伤人了，就像他懒得在你身上多费口舌一样，好像你就是一只被他挥走的小虫子。

Dunk
扣篮

我认为乔丹是史上最伟大的扣将，而克里斯·韦伯与他并列，韦伯会把上篮变成扣篮。

扣篮给你地位。如果你狠狠地扣一记篮，就没人敢惹你。你定下了基调，做好了标志。老子在这里!

我亲眼见过最棒的扣篮吗？我的脑子里想到了好几个。一个是1998年全明星赛上科比的扣篮，另一个是在2000年悉尼奥运会上的扣篮。奥运会开始前，美国队球员发出了对姚明的悬赏，打赌谁能第一个在姚明头上扣篮，我们有文斯·卡特、沙里夫·阿卜杜勒－拉希姆、雷·阿伦、蒂姆·哈达威、阿朗佐·莫宁和加里·佩顿等人。我们都失败了，姚明的身高和盖帽让我们无能为力。无论如何，我们还是打败了中国队，最终在决赛里对阵法国队。

小组赛对阵法国队比赛中，文斯完成了一记抢断，然后冲向篮筐。在他和球篮之间是一个2.18米高的“巨兽”。文斯跃过了“巨兽”，用魔鬼般的力量扣篮。后来，法国记者称之为“死亡之扣”(le dunk de la mort)。我超级激动，我在脑海里把这头“巨兽”看成了姚明。实际上，这家伙是法国队球员弗雷德里克·魏斯。由于大脑的混乱，我发出了刺耳的尖叫，用力推了文斯一把，以为他赢得了赌注。文斯惊讶得差点一拳打在我脸上，好像说：“老兄，你什么毛病？”我只能说，我生活在亢奋之中，有时候那会令我混乱。

1994年迪尔菲尔德耐克训练营的扣篮大赛，很少有人知道。从来没有被主流媒体关注。安静，不显眼，就像一个秘密的传奇事件。三个主人公是俄亥俄州的“直升机人”梅尔文·莱韦特、佛罗里达州的文斯·卡特，以及我的哥们儿——伊利诺伊州的“飞人”罗尼·菲尔兹。罗尼赢了，但文斯和“直升机人”的表现也不可思议。你想知道罗尼多么厉害吗？文斯在“飞人”使出了令人发疯的360度大风车扣篮后退赛了，文斯知道自己没法超越那记扣篮。后来，如你所知，文斯进了NBA，成了“半人半神”。当他在全明星赛扣篮大赛中获胜时，他复刻了“飞人”的扣篮，只是方向相反。

尽管竞争激烈，但罗尼、文斯和我一直关系很好。

我在芝加哥法拉格特职业学院读高四的时候，罗尼是我的队友。一场常规赛比赛中，我目睹了一个至今都不敢相信的扣篮。罗尼在快攻中得球，我等着他传球，然后给他送一个空接传球。但他没有，而是直接纵身跃起，甚至没有看自己在哪里。他双脚起跳，他起飞了，好像在空中度过了永恒。砰！第二天，教练给我们看录像时，特地放慢了速度，这样，我们看到了罗尼的起跳点在罚球线外！

至于我的扣篮？我也扣过不少，确切数字不清楚，扣篮次数直到

2000年才出现在NBA数据表上。我可不是那种会把所有扣篮都列出来的人，别那么自大。我想说的是，当我扣篮时，我的脑子里有DMX的音乐，我仿佛在DMX的音轨上扣篮。

你可以根据不同情况给扣篮分类，包括补扣、空中接力、底线扣篮和突破扣篮。你甚至可以通过扣篮的声音来分类，我喜欢扣篮的声音。篮筐就像某种乐器，如果你用恰到好处的方式把球扣进篮筐，它将创造出你从未听过的音符。低沉的咔锵声回荡在整座球场，悬停几秒钟，然后逐渐消散，就像落石在井底砸出水花的声音。当我回想自己的扣篮时，不仅看到它们，还听到它们的声音。

我最喜欢的扣篮呢？那必须是我的第一次扣篮。7年级放学后，我在体育馆等大巴车。所有的篮球都已经收起来了，但落下了一个排球。我抓住排球，抬头盯着篮圈。和全世界数以百万计的孩子一样，从刚学会走路开始，我就一直观看NBA球员扣篮，比如哈基姆、卡里姆、“J博士”、乔丹、多米尼克。我一直好奇扣篮的感觉是不是和看起来一样刺激。随着身高渐长，我始终盼望自己有一天能够扣篮成功。

当时，我身高1.8米，司职后卫。没人说我是明星球员，不过也没人把我赶出球场，我不比别人差。就在那个下午，没有人看到我，我深吸一口气，抓住排球，用尽全力跳起来，然后，我竟然把排球扣进篮筐！天哪！我立刻就被迷住了，我染上了扣篮的瘾。我开始扣自己看到的任何东西，比如足球、网球、乒乓球……一切你能想到的。

我使用“上瘾”这个词，不是因为有趣。我认识太多与毒瘾做斗争、甚至屈从于毒瘾的人，所以我不会轻率使用这个词。说真的，扣篮似乎有一种合法的化学快感。我不知道科学家有没有研究过，在扣篮时，大脑中哪些受体会被激活。但我敢打赌，那一定和其他改变思维的物质或导致电路过载的行为所激发受体类似。扣进排球的感觉立刻迷住了我，尽管此后30年里，我一直在不断追寻，但第一次的兴奋感和满足感永远不会褪色。

Kevin Durant
凯文·杜兰特

见“谈判”。

E

Education

教育

莫尔丁高中和我待过的其他学校的区别不仅在于有钱，还在于对学业的重视，这是老妈送我们去那里读书的最主要原因。

由于学习障碍，读书对我来说并不容易，幸运的是，我有许多伟大的老师。向威洛比小姐致敬，她是一位白人女士，超级优秀。她对我从不过分要求，从不责骂。老妈看到我不会写作业就大发雷霆，而威洛比小姐不一样，她很有耐心。她教地理，和数学、科学和社会研究一起，是我最喜欢的科目之一。世界用另一种方式向我呈现。我看地图比读书更容易，我可以专注于七大洲、四大洋（大西洋、太平洋、北冰洋、印度洋），我可以看到地球，想象不同的文化、语言、气候、山谷、沙漠和丛林。地理课上，有神秘、庄严、高耸入云的雪山，非洲的小村庄，南美洲不断扩张的城市。我天马行空的想象。威洛比小姐也让我对历史产生了兴趣。比如，讲述波士顿倾茶事件时，她说："1773 年冬天，一个雾蒙蒙的晚上，在波士顿港的一个码头上，愤怒的美洲殖民地人伪装成原住民印第安人，悄悄地爬上英国船只，把数百箱茶叶扔到海里。这些'自由之子'的口号是'无代表不纳税'。"整个场景栩栩如生，就像电影。从第一天开始，我和她就很合得来，她的所有测试我都考得很好。我能感受到她对教学的热情，而在她提出问题时，我总是第一个举手回答。

威洛比小姐和另外两位老师塞德尔太太和库克太太一直鼓励我。我真的很需要鼓励！不知道她们能不能看出我有注意力缺陷障碍、多动症和阅读障碍，但她们肯定清楚我在与某些障碍斗争。正因如此，她们没有嘲笑我，侮辱我，而是善良地帮助我。没有她们的帮助，我就不会对教育和正直的教师怀有敬畏之心。教育和正直的教师有时比最有权势的政治人物更能改变世界，因为他们真的可以改变心灵，塑造思想。

Ego
自我

强大但不过分的自我是一种必需品。强大的自我是适度的自我，可以帮助你去你想去的地方。要起飞时，它会提供你离开地面所需的燃料。在球场上，自我很有必要。但在场外，我只会对那些以自我为中心来欺凌他人的家伙展现我的自我。

举个例子，有一次在波士顿，我走进一家酒吧，买点鸡翅。我在吧台等着，那里全是顾客，所有位子都坐满了。有一个女孩坐在我旁边，只想喝上一杯。接着，来了一个家伙，把 100 美元甩到那个女孩面前，就像在说："滚开，老子要坐这儿。"那很无礼。我看得出女孩很不高兴，但不知道该说什么。于是，我就拿起那 100 美元，甩给他，说："这是她的位子。"真希望你能看到他当时的表情。有一瞬间，他因为遇到我而非常兴奋，接着马上意识到自己的行为有点糟糕。他嘟囔着说了些温顺的道歉，然后迅速消失在人群中。

几分钟后，鸡翅来了，我就走人了。那家伙如果耐心等几分钟，就能够坐我的位子了。他可以告诉朋友，自己遇到了谁，甚至还能和那个女孩聊几句。结果，他的自大妨碍到了他，他饿着肚子一个人走掉了。

Ejection
驱逐出场

见“拉希德·华莱士”。

Escort
福睿斯

钱和学业并不是莫尔丁高中与格林维尔其他学校的唯一区别。格林维尔最流行的运动是橄榄球和摔跤，而在莫尔丁，篮球才是第一位。

我刚上莫尔丁中学时，身高 1.98 米，读 9 年级，是学校篮球队的首发球员。我想要“魔术师”的 32 号，不过被人占了。于是，我穿上了 21 号球衣，心里想的是老鹰队球员多米尼克·威尔金斯和圣约翰大学球员马利克·西利。马利克精瘦、黝黑，是我见过的第一个长得和我很像的高水平球员。那年头，黝黑皮肤可不帅，风头属于浅肤色的家伙。马利克的长相帮我建立起了自尊。

高一，我的场均得分只有 12 分。但是，我能防守，场均能够抢下 15 个篮板并送出 7 个盖帽。为了证明了自己，我还在开发进攻技术。高二，我的场均得分翻了一番，大约 25 分。直到高三，也就是 1993/1994 赛季，我才真正脱颖而出。

海滩篮球经典赛是我的高光时刻，那是每年圣诞节到元旦之间在默特尔比奇举办的高中锦标赛，在 1981 年由丹·德安东尼创办的。丹是 NBA 主教练迈克·德安东尼的哥哥。丹也是一辈子的篮球人，在默特尔比奇的索卡斯蒂高中当了 30 年的教练，他创办经典赛是为了引起人们对南卡罗来纳高中生球员的关注。等到我进入莫尔丁高中时，经典赛已经成为全美最重要的锦标赛之一。我们球队 1 胜 2 负，遭到淘汰，但是，我在三场比赛中总共得到了101分，包括与洛杉矶洛约拉高中的5加时大战中砍下40分。

“虫子”错过了锦标赛，从莫尔丁开车到默特尔比奇需要4小时，那是他唯一没去看的我的球赛。他的爸妈给他买了一辆福特福睿斯，成了我们的主要交通工具。我爱那辆车，无论我去哪里比赛，“虫子”都会开着福睿斯，速度将近100千米/小时，我们准时到达现场。我不介意观众席上没有家人，只要有“虫子”在，就一切都好。

Euros
欧洲球员

我最喜欢的球员是立陶宛人阿尔维达斯·萨博尼斯。我有他在苏联队比赛的录像带。他就像一头野兽，1988年奥运会上，他和大卫·罗宾逊交手丝毫不落下风。他让我们知道，不是只有美国人会打篮球。这家伙身高2.21米，能胜任5个位置，能够左右开弓，非常灵活，动作流畅，球商还非常高。

1995年，我在圣安东尼奥阿拉莫穹顶球馆的更衣室里见到了阿尔维达斯。当时的情形很奇怪，他带着妻子和儿子，儿子长着一头疯狂的浓发。阿尔维达斯用浓重的口音，铿锵有力地讲述自己与最伟大的球员们交手的故事，我们听得如痴如醉。我就那么坐着，可能听了几个小时。他职业生涯的结局很不幸，他的两条跟腱都断裂了。谁都知道，在那之后，再也不一样了，他的爆发力全都没了。值得高兴的是，他长着疯狂浓发的儿子多曼塔斯·萨博尼斯，在2016年进了NBA，加入俄克拉荷马雷霆队。多曼塔斯的老爸是我心目中的英雄。

还有许多欧洲球员都令人惊讶，比如德国人德克·诺维茨基、西班牙人保罗·加索尔、拥有意大利和阿根廷双重国籍的马努·吉诺比利。

我喜欢他们带给NBA的假摔和骗罚球吗？当然，为什么不喜欢呢？这让他们产生自己的特色，欧式后撤步投篮、单腿后仰跳投打板投篮等对NBA球风做出重要贡献。我喜欢其他文化把他们的技巧与我们的融合，每个人都可以从中受益。篮球的国际化是体育史上最伟大的故事之一。

我经历得越多，越欣赏欧洲人的做法。欧洲球员不用上大学。他们只要足够优秀，就可以开始参加职业比赛。里基·卢比奥14岁就开始参加职业比赛了，与他相比，16岁转为职业球员的德克·诺维茨基和卢卡·东契奇都算大龄球员了。那么年轻就开始参加职业比赛，意味着他们没有时间做那些幼稚的事情。你在与需要挣钱养家糊口的成年人一起打球，他们根本懒得忍受你的“公主病”，这可以令你更快长大。不像美国的篮球体系，在AAU（业余体育联合会）就开始那种老好人的炒作宣传文化。每个人都想从你身上赚钱，每个人都拍你的马屁，说他们觉得你希望听到的话，而不是你需要听到的话。所以，当美国球员进入NBA时，他们必须克服自我陶醉，而这是欧洲球员不需要的。当然，存在例外。一些美国球员刚进联盟时就很成熟了，也有一些欧洲球员很“混蛋”，我猜因为他们在国外炙手可热，就这么简单地进了NBA。在大多数情况下，欧洲模式看起来设计得更好，更有助于球员取得成功。

有人说欧洲打法很软。胡扯！你觉得我们在波士顿的球风如何？在弧顶传导球，为雷·阿伦或保罗·皮尔斯找到空位出手的机会。你觉得四年三冠的勇士队如何？那是纯正的欧洲篮球风格。一点不软，而是聪明。一旦每个人都意识到这点，看到这样打球的球队可以取得的成功，就开始模仿他们。现在，每个球员都会玩欧洲步了。如果你的武器库里没有这项，那就是不完整的。

当然，你现在开始看到的是，NBA正在转向另一个方向。过去几年，所有球队都在使用小阵容，专注于侧翼战术和投射三分球。而现在，出现了大个球员的复兴，比如安东尼·戴维斯、乔尔·恩比德和卡尔－安东尼·唐斯。现在球队的阵容都很小，没有能够在低位防守大个子、阻止他们冲到篮下的球员。如果接下来几年，你看到大个球员们变得更加强势，千万别惊讶。篮球就是这样发展的：循环往复，不断变化。这是这项运动的美丽之处，但欧洲篮球的基本原则呢？也都会保留下来的。

Everything Is Everything
《每件事都是每件事》

我在《劳琳·希尔的错误教育》（*The Miseducation of Lauryn Hill*）专辑里听到这首歌的，那是在20世纪90年代末。这首歌很特别，一下就吸引了我。以前，我听过Fugees乐队，劳琳单飞时，我也在关注。我听到她说，要发生的总会发生。她在谈论变化的必然性，同时也在质疑规则。她很圆滑，让我们去听她的“嘻哈与圣经的融合”。这让我有所思考，让我审视自己的融合，生活变化的融合。她唱的是关于适应的歌。

《每件事都是每件事》还意味着嘻哈、R&B、霹雳舞、爵士乐融合在一起，就像体育，就像篮球。不同艺术形式，不同表现形式，都基于生活经验。要做到这些，必须掌握即兴创作。无论你准备得多么充分，无论你练得多好，一旦上场，一切都会发生变化。你要去听、去看、去感受你从未感受过的东西。你尽情飞舞，即兴挥洒。

我最爱的R&B音乐人

1. SOS乐队（S.O.S. Band）
2. 卢瑟·范德罗斯（Luther Vandross）
3. 亚历山大·奥尼尔（Alexander O’Neal）
4. 新版本（New Edition）
5. 乔德西（Jodeci）

6．斯蒂芬妮·米尔斯（Stephanie Mills）

Patrick Ewing
帕特里克·尤因

见“球场”“欧洲球员”“勒布朗·詹姆斯”“约翰·汤普森”“毫不在乎”。

F

Facts
事实

如果你容易冲动，就做一个实事求是的人，做一个了解情形的人。当你开口时，要有说服力，要用事实说话，并用更多的事实来支持你的事实。

F

Family Guy
《恶搞之家》

马上要参加一场重要比赛，甚至可能是季后赛。前一晚我会特别沉迷，脑子里什么都不能想，只想着如何制定策略，要对位谁，如何对付他，如何应变改变，要有创造力，出其不意，强大且狡猾。

不过，你也有可能想得太多，需要停止思考，放松一下。这时候我会看《恶搞之家》。

那个节目的可笑让我的大脑停止运转。《恶搞之家》不仅有趣，还有着一种聪明的讽刺，把我吸引进了它虚构的世界。我还有别的赛前仪式，但这部卡通片绝对是我成功的秘诀之一。

就像彼得·格里芬，《恶搞之家》的主角说的那样："嘻，嘻，嘻，嘻！"

Family Matters
《凡人琐事》

见“哥城”。

Fans
球迷

在其他球员的书里，这个条目可能属于其他“F”开头的单词，比如“善变”（fickle）或“只能一起狂、不能一起扛”（fair–weather）。球迷可以很讨厌，这是事实。看看勒布朗离开克利夫兰时，他们都做了什么，烧了他的球衣；看看犹他爵士球迷对拉塞尔·威斯布鲁克的种族歧视言论吧。这些事情完全没有必要。丹尼·格林在总决赛中投丢了一个球，结果收到了死亡威胁？这种行为是绝对不允许的。

我不是那种会说“这只是一场游戏”的人。对我来说，这从来不“只是一场游戏”。篮球真的就是关乎生死。如果没有篮球，我现在很可能不会在这里；如果没有篮球，我很容易迷失自我。我知道，很多体育迷也以迫切的方式需要他们关注的运动。也许你正在经历真正的痛楚和心伤，也许你无法与父母沟通，但有一件事总是可以讨论的，就是体育。也许你的父母去世了，你把你们支持的球队赢得总冠军看作与他们告别的终极方式。也许你或你关心的人正在经历疾病，而你们支持的球队赢下的每一场比赛都能给你更多的激励，让你期待下一场比赛，把注意力从疾病中转移。我理解为什么球迷会如此地激动于球队的成功，以至于表现得不够理智。这就是体育的力量，尤其是篮球。与诗歌、音乐和美术一样，篮球让球迷们有机会超越理性的自我，沐浴在超脱尘世的美好之中，让自己被情感所征服。没错，篮球绝对不只是一场游戏。但是，与此同时，球迷也绝不应该发展到把人性尊严都抛弃的地步。

这不包括嘘声。球迷付了钱，就有权利嘘球员。如果我的表现一团糟，就应该被嘘出球馆。实际上，我非常喜欢对方球迷的嘘声，这让我更有动力。如果我触球时，全场都安静下来，反而对他们更有利。嘘声让我更强大。

我得说，我很幸运能拥有球迷。我效力过的每一支球队，球迷们都示我以极大的爱。我永远不会忘记，在被交易到波士顿后，第一次回到森林狼队主场的情景。那是2008年2月8日，当时，我因为腹肌拉伤，连续第6场无法参赛。我决定不坐在替补席上观战，因为不想分散凯尔特人队球员的注意力。此外，我的伤势导致我行动困难，走路都不方便，完全不露面更简单。

“别。”道克说，“你把自己生命中的12年献给了那些球迷，他们想和你共度几分钟，去陪着他们。这是你应得的，也是他们应得的。这么做才是对的。”

于是，在比赛开始前，我身穿便服从球员通道里出来，向球迷挥手致意。球馆喇叭里传来广播播音员罗德·约翰逊的声音，像过去一样介绍我：“现在我们要送上特别欢迎，献给一位回到标靶中心的球员。女士们、先生们，身高2.1米、21号、来自法拉格特中学，有请凯文·加－加－加－加－内特！”重音放在最后一个音节上，还是过去的味道。

我离开之后，森林狼队再也不能像过去吸引那么多观众了。那天晚上，门票销售一空，近两万名观众起立向我鼓掌致意。道克是对的，那是一个美妙的时刻。在明尼阿波利斯的寒夜，我突然觉得全身暖洋洋的。

Father Figures
父亲形象

我一开始的教练都没什么货，直到遇上莫尔丁高中的教练“杜克”詹姆斯 ·费希尔。费希尔教练非常独特，他性格很强硬，为人热情，有点粗鲁顽固。由于摩托车事故，他一半的白色皮肤都磨没了，看起来就像《生动的颜色》（*In Living Color*）中金·凯瑞扮演的烧伤受害者“火人”马歇尔·比尔。费希尔教练执教篮球和橄榄球，但橄榄球是他的初恋，他把对橄榄球的态度带到了篮球。他是个训练教官，我那时不抱怨，现在也不抱怨。我需要纪律，我服从纪律，我喜欢纪律。我很早就察觉到，球场上的纪律能指引我人生的方向。我从不介意费希尔教练梗着红脖子总是对我大喊“动起来”，哪怕我觉得自己已经尽力移动了，他知道我还能跑得更快。费希尔教练还有一颗善良的心，我能感觉到。我们的背景完全不同，但我从没感受到种族主义的氛围。如果他责骂我，并不是因为我的肤色，而是因为我训练不够努力。

向我在 AAU 最初的教练之一布尔致敬，他是对待黑人孩子像对待自己儿子一样的白人。布尔会把所有没被选上参加大赛的球员召集起来，置于自己的羽翼下。他知道很多小球员都饿坏了，就会带我们去有着大份薯条和多汁老式汉堡的餐厅。如果我们的对手打球很脏，布尔会冲过去对付他们的教练，他和我们一起战斗。你与老爸或继父有矛盾，布尔陪你回家，想办法解决。布尔就是信心，布尔会帮你回击欺负你的人。布尔是你永远可以信赖的老伙计。像我这种需要父亲形象的孩子，他就是另一位父亲，主要因为我很乐意忘记自己生父和继父的形象。

1992 年，我第一次参加大型夏令营。我第一次坐飞机，第一次因为篮球而长途旅行。受邀参加耐克训练营，我特别兴奋。当时有两个高中球员训练营 —— 耐克和阿迪达斯。阿迪达斯有沙里夫和“拖拉机”特雷勒等人。阿迪达斯在新泽西，耐克在印第安纳波利斯，两个训练营都有很多天才球员。

耐克训练营由三个人负责，他们都是兄弟。第一个是霍勒斯·布朗。他极受欢迎，是招募者，是让你进来的那个人。他喜欢我的谦逊和礼貌。

“你好吗，年轻人？”我刚到达时，他问我。

“很好，先生。”

“你来自哪里？”

“南卡罗来纳，先生。”

“你叫什么名字？”

“凯文·加内特，先生。”

“好的，我是霍勒斯·布朗，我负责管理这里。我一直在关注你，我喜欢你的比赛。”

助理教练罗恩·埃斯克里奇是来自费城的老伙计。蓬松的爆炸头，天鹅绒的耐克西装，很酷的金项链和金表，指甲修剪得整整齐齐，他看上去就像泰迪·潘德格拉斯。他是很棒的家伙。不过，作为海军陆战队退役队员，“E 教练”的纪律可能吓到很多人。但是，我觉得这种心态对我有好处。

“哟，KG。”他说，“我在录像带里见过你。你可能觉得自己很厉害，但在海军陆战队，你一天也撑不下去。”

也许吧，当我走上球场，全力投入时，他觉得我大概能坚持下去。他的脑子里全都关于扣篮。

“一个篮都不要上。”他要求道，“全都扣进去。”

“好的，‘E 教练’。”

我听进去了他说的每句话。但是，我作为我，必须做得更多，我还得做假动作呢。

“不要虚晃。”埃斯克里奇大吼，“就是扣篮！”

于是，我扣了，还伴随了一句“去你的”。

“没错，我说的就是这样子！”他大声喊道。

他喜欢我骂脏话，发出自己的声音。

他还嘲讽我："你今天对位的那个孩子会痛揍你的。你不可能抢到20个篮板。"

结果，我抢了24个。

"E教练"是激励者，但最重要的激励者，那个永远改变我的人，是"老狼"威廉·纳尔逊。他是我篮球之路的父亲，我欠他整个世界。他面相和善，戴着黑框眼镜，说话很快，满脑子都是点子。我们之间的联结像钢铁一样坚固。我看到了他的学识，他看到了我的天赋。我给了他尊重，而他给了我三倍尊重。

你别忘了，在遇到"老狼"之前，除了"杜克"费希尔，我遇到的教练都过了中年，在走下坡路了。"老狼"是骄傲的黑人，致力于激发手下的球员发挥出最大的潜力。当时，我并不知道他作为芝加哥法拉格特职业学院主教练的声誉。"老狼"不是喜欢谈论自己的人，他谈论的是你。

耐克训练营有很多厉害的球员。罗尼·菲尔兹在法拉格特为"老狼"打球，身高1.9米，看起来就像下一个"飞人"乔丹；安德烈·帕特森着实不可思议，是超级优秀的家伙；贝利兄弟——大卫和马泰尔，两人冷静自如；里基·普莱斯是一个怪物。这么多明星球员，"老狼"却抽出时间来关注我。他看出了我的不安全感，并知道如何将其消除。

"老狼"："嘿，K，带球过半场。"

我："啥？"

"老狼"："你没听错，带球过半场。"

我："你要我打控卫？"

"老狼"："该死的，没错，打控卫。什么都打，什么都干。"

然后，他就离开球场，让我自己发挥。

训练结束后，他过来说："听着，每天早上，我都看到你在运球。我知道你运得很好。为什么不做些开拓呢？球探们正在这里考察，要让他们看到你的多才多艺。不要害怕你做不到的事。相信自己，你能做到。”

就像“E 教练”一样，“老狼”也培养出了我的喧闹。

“如果那在你心底，”他说，“释放出来。扣篮时，我希望你在篮筐上晃，希望你在咆哮。你得大汗淋漓，满身汗味。我希望看到那头野兽。”

Ronnie Fields
罗尼·菲尔兹

见“扣篮”“父亲形象”“拳头”“哥城”“迈克尔·乔丹”。

Steve Fisher
史蒂夫·费希尔

高三毕业的那个夏天，我当选南卡罗来纳州篮球先生。球探和教练开始成群结队地出现，在很多奇怪的地方，我都能遇上他们。我可能正在马路上走着，突然有个家伙出现在我旁边，说他们大学有多好。我还知道了什么是“袋子人”，那些人带着一袋又一袋的现金，希望能讨你开心，对他们学校产生兴趣。我可没有卷入那些玩意儿中，我不追求金钱。

在春田公园，有人可能送来一袋阿迪达斯装备，另一个人可能扔下匡威的袋子，里面装着现金。我把那些袋子视为陷阱，没去碰它们。我会对在球场周围闲混的家伙说：“你们去拿吧。”他们就照做了。

大学招生总是很奇怪。那些人会出现在餐馆，或者橄榄球比赛，一直跟着我。他们穿着克莱姆森大学的衬衫，或者戴着南卡罗来纳大学斗鸡队的帽子，或者身穿其他学校的服装。我看着他们对我点头的样子，浑身起鸡皮疙瘩。所以，我得远离他们。

不过，那些更守规矩的做法，比如密歇根大学主教练史蒂夫·费希尔邀请我去安阿伯参观校园时，我还是相当激动。我拒绝了第一次邀请，但后来还是去了。

“我有一套例行程序，先生。”我告诉费希尔教练，“欢迎您下来，看看我每天是怎么过的。”

费希尔驱车1100多千米来到南卡罗来纳。

我的例行程序很简单：上午10点去公园，训练孩子，直到中午。然后，我去吃中饭，再去公园，和同龄人打球，打上三四个小时，直到晚饭时间。吃完晚饭，我又回到公园，和一群老家伙们较量。这是最粗暴，也最有趣的对决。他们想揍我，而我想赢得他们的尊重。一天结束时，我已经打了九到十小时的球了。

费希尔教练相信自己看到的，但我还没有准备好坐下来进行任何严肃地讨论。费希尔不是唯一打来电话的人，还有弗雷斯诺州立大学的杰里·塔卡尼安、乔治亚理工学院的博比·克雷明斯。我喜欢看大学篮球，“虫子”和我一直都在看比赛，追数据，我们知道这些人是全美最好的教练。他们每个人接近我，说好话时，我都表现得礼貌但有距离感。与此同时，我的头脑在旋转，我的心思跳到了大学。一切都为我而展开，宏伟的蓝图，梦幻的未来。

那段时间，一个招募人员犯了大错误。他来的时候，我在米尔外婆家，他以为奉承米尔外婆就能讨好我，至少他是这么想的。他开始诱惑米尔外婆，说他们学校多么好，又可以为她个人带来哪些好处，甚至把一袋现金放在地板上。米尔外婆一言不发，只是起身去了小卧室。她的房子非常小，我能听到衣柜打开的“嘎吱”声，然后是一声“咔哒”声。我知道“咔哒”声意味着什么，她掏出了猎枪。

“告诉你朋友，他有30秒的时间滚出去。”她在卧室里大喊道。

“你在说什么？”招募者说，“我带来了……”

“管他带来了什么，我要把他的屁股撒在门前的草坪上。”

“先生，”我说，“这是来真格的，快逃吧。”

他照做了，离开前不忘抓走了装钱的袋子。

米尔外婆端着猎枪出现了。

“很高兴他走了，”她说，“因为，凯文，我不希望你从那种人手里拿钱。我相信他想让你做一些不该做的事。”

“是的，外婆。”

米尔外婆给我上了一堂永远不会忘记的课——永远不要让钱成为你主要的动力。

Fists
拳头

现在，我意识到黑人民权运动是建立在非暴力基础上的，马丁·路德·金博士提倡非暴力。那个历史时期，非暴力发挥了作用，法案通过，变革发生。然而，对于一个又瘦又高、拥有篮球技能、希望在高中生存和成长的孩子来说，非暴力可不是备选项，殴斗才是必需品，这是老妈教我的。球场和街头也证明了老妈说得对。

南卡罗来纳的一场大斗殴标志着那段生活的结束。那场斗殴是一个转折点，是我自己的选择，也是我整个高中最重要的一件事。当时，我觉得那是最坏的一件事，但现在回头看看，我觉得可能也是最好的一件事。当然，我没想到会发生那种事情。也许，你也从未想过会发生那种事情。我说的是那些颠覆你的人生，威胁你内心平静，令你痛不欲生，无法确定能否从中恢复的事情。

高中就是高中，一天接着一天上课。我的日常主要是篮球，也要听威洛比小姐上几堂有意思的课。

那是一个下午，我走在莫尔丁高中的走廊上，听到一阵喧哗。我抬眼一看，有人在扭打。我的好兄弟特雷陷入了麻烦。特雷总在街上踢足球，他是街区里认真读书的黑人孩子，也是足球队中唯一的黑人。他有礼貌，很守规矩，是个好孩子。他的父母俱在，还有一个很好的姐姐。出于某种原因，几个白人孩子扑向他，把他打倒在地。我绝不会袖手旁观，我上去对付那群恶棍。我和兄弟们把特雷与那群恶棍分开，紧接着，在推推搡搡之中，突然一切都乱了套，一场大混战，拳来拳往，头破血流。我们像塔斯马尼亚恶魔一般，把走廊给撕裂了。我被打，我打人；我被撞，我撞人。打脑袋，踢腹股沟，现场乱作一团。把人打翻在地，每分钟都变得更加疯狂，事态急速升级，一切如此迅速。混乱结束后，我们就撤退了。我们保护了特雷，但在这个过程中，我们造成了严重伤害。

我知道情况很严重，但不知道其中一个被打孩子的父亲报警了。警察来到学校，我们突然被指控为暴民行为。法律规定，私刑属于暴民行为，尽管并没有人遭受私刑。南卡罗来纳州的法律糟透了。最初的私刑法是为了防止白人私刑黑人，后来，权力部门做了修改，将其解释为任何两人或两人以上对人的暴力行为。我们没有因为打架被训斥、留校察看，或是最糟糕的情况——停学，而是以私刑的罪名遭到逮捕。

对事件展开调查时，一些兄弟们背叛了我。“虫子”没有，他依然忠诚。“虫子”知道我不是教唆者，对于其他希望减轻惩罚的兄弟来说，指认我为主犯对他们有利。此前，我从来不了解什么是背叛。我感到震惊和伤心。他们扭曲了事实，以便自己脱身，而我却脱不了罪。最终，我不仅被学校开除，还面临牢狱之灾。从那时起，我就被判了缓刑。

这让我陷入了一团糟，我从没遇到这种情况。在那之前，前方的道路始终畅通。在莫尔丁读高四，努力打球，争取密歇根大学或北卡大学的奖学金，在大学里留下自己的印记。现在，把这些都忘了吧，面对现实。现在，我落入了所谓刑事司法系统，我必须对付律师和参加法庭听证会。

当时，因为招募人员追得太紧了，我住在朋友家的地下室里。我不想和那些疯狂的招募人员打交道。

有一天，我正坐在威洛比小姐的课堂里，突然警察走了进来。他们在找我，我准备跳窗逃跑，像风一样逃走。威洛比小姐拦住了我，我想不出除了她还有谁能办得到。

“别，凯文，你就让这些人履行他们的职责。别把自己的状态弄得更糟，一切都会解决的。等着吧，保持冷静。我会为你担保，支持你的。”

我被铐走了，被捕了，起诉的罪名是私刑，他们说我挑起了种族暴乱。不过，在审判日前，我暂时得到获释。

更糟的是，流言说，有“红脖子青年”在找我。

在此之前，我还是个天真的孩子。除了篮球，我并没有多么认真地对待人生。现在，一切都得认真了。威洛比小姐遵守诺言。尽管我被学校开除了，不能去上课，她还是带家庭作业给我。如果我从莫尔丁转学出去，她希望我确保可以拿到所修课程的学分。

那年夏天，我获得了特别许可，可以短暂前往伊利诺伊州迪尔菲尔德，第二次参加耐克训练营。没能去别的城市，因为训练营是封闭的。我差点没法参加训练营，不是因为篮球水平，而是因为老妈，她没有兴趣带我参加训练营。因为必须有一位法定监护人，才能获得准入资格，于是，我不得不编造我与父母一起住在这里的假象。也就是说，我得玩些小花招。感谢罗尼·菲尔兹，他确实就住在这边，我在表格上填了他家的地址。

能再次见到“老狼”和罗恩·埃斯克里奇真是太好了。我拼了命地打球。《芝加哥论坛报》提到了我和罗恩·默瑟、希亚·科顿，称赞我们仨是高中生球员里的佼佼者。这些全都是好事。

回到卡罗来纳，全都是坏事情。我的状况仍令人担忧，尽管私刑的指控纯粹是胡扯，他们还是逮捕了我。虽然，我获得了假释，因为南卡罗来纳的刑事制度，我在警察面前打了个喷嚏就可能会被关起来。老妈可不想冒任何风险。

那时候，姐姐索尼娅已经搬出去了。家里只剩下我、妹妹阿什莉、老妈，还有继父。

我能做什么呢?

Aretha Franklin
阿蕾莎·富兰克林

见“*King Kunta*”“大一参选”“王子”。

The Fun Police
《欢乐警察》

见“鞋子”。

G

Kenny G

肯尼·基

也许因为我喜欢DMX、史努比狗狗、Snoop、2 Live Crew和武当派，你可能觉得我不会喜欢肯尼·基。你错了，我很喜欢肯尼·基的一些音乐。

交易到波士顿时，我明白这次转会不仅仅与篮球有关，道克·里弗斯把我从中解放了出来。

“凯文，”他说，“你很有激情，我喜欢你的激情；你很有好胜心，我喜欢你的好胜心。有时候，激情和好胜心可能太过头了。为了提高效率，你必须给自己降降温，因为过度兴奋可能不会帮到你，反而会伤害你。”

有道理。我觉得自己接纳了道克的观点，但是，2008年总决赛，当我们有机会在第6战中赢下系列赛时，道克记得我在赛前太兴奋了，于是叫我去他办公室。他看着桌子上的最后时刻的比赛报告，而我坐在他对面。

“坐着吧，凯文，”他说，“就是呼吸。”

为了保持不动，我不得不告诉自己：我在暂停，我在暂停。

后来，道克在采访中说：“想想看，这家伙在联盟里待了那么多年，还是会因为一场比赛而兴奋成那样，以至于你必须让他冷静下来。这就是KG，这就是我最喜欢的KG故事。”

我很幸运道克对过度兴奋的球员有着深刻的理解。他对我个人也有着很深的了解，甚至在我抵达波士顿之前，他已经给我曾经的每一位教练打过电话，进行长时间的讨论。他对我了如指掌。

“KG，每个教练都说了同样的话，”他告诉我，“你比任何人都拼命，热爱篮球，不知疲倦地训练，是最好的队友，还说你特别顽固。”

道克看出，我的固执伴随着焦躁不安的情绪和过度的能量。在波士顿那段时间，他帮助我驯服了那股能量，道克在一切事情上都给了我帮助。

但认可智慧和发挥智慧是两码事。我不能只告诉自己要冷静，我必须想办法来制造冷静的氛围。看《恶搞之家》是一种，音乐是另一种。不是说我放弃了嘻哈，我很喜欢坎耶。刚到波士顿时，坎耶和肯尼·基的音乐是我不断听的。两者的结合反映了我打球的方式——粗犷而又流畅，这两种音乐风格重塑了我的球风。你可以想成一块木地板，虽然已经打磨过一次，但可以再打磨一次，去掉所有的碎屑。

我听肯尼·基的音乐，就像在听一个耍蛇人。听他的高音萨克斯，我会坐着，闭上眼，仿佛可以看见自己的思绪。肯尼·基把我带去了独特的地方，全新的松弛境界。

在比赛前一晚入住酒店套房后，我会点几根香薰蜡烛，坐下来呼吸。呼吸 5 分钟、10 分钟、15 分钟。记住，呼吸不需要用力，我们生来就会呼吸。然后，一旦我放松了呼吸，就打开安静风暴电台。莎黛、乔治·本森那样的老派流畅爵士乐，柔和的民谣，轻柔的律动。不知不觉，就冷静下来了。

听木槌敲钵盂的震颤声在房间里回荡，然后渐渐消失。喝点花草茶，按摩师在我背上拔火罐。欢迎松弛，珍惜松弛。要理解，深度松弛是为我身体系统减压的关键。

电话给专家，找到最好的高压氧舱，装在家里，经常使用。高压氧舱是一种天然疗法，对身心都有着神奇的作用。可以寻找新的协同增效的作用，以此释放毒素。探索新的时代、新的浪潮、新的方法去驾驭我的思潮，净化我的能量中心。

思想是有显化能力的。现在回头看，我意识到在我搬到波士顿之前，我就预想到了这件事。思想是很强大的，但你不能像指挥士兵一样指挥它。思想不会按照命令行动，它不会因为你大喊大叫就按照你的想法去做。你要尊重它，让它找到自己的平静。如果你想得到显化能力，如果你想看到自己的人生向不同方向移动，这种显化是很微妙的事情。如果像用锤子猛砸，它会变成一团糨糊；如果像对待宝石一样，它就会向四面八方闪耀。你自己选择要走哪条路。让思想显化，但是要温柔对待，不温柔的话，你哪儿也去不了。

人们把最伟大球员称为“猛兽”，比如迈克尔·乔丹、威尔特·张伯伦、沙克·奥尼尔、科比·布莱恩特、勒布朗·詹姆斯……那么，一头猛兽能把温柔融入自己的生命吗？如果可以，他会变得更加伟大。如果不能，他会发疯的。这关乎找到真正的平衡。

Gatorade and Coffee
佳得乐和咖啡

见“失眠”。

Getaway
离家

被学校开除后的几周，我一直担心接下去的事情，整个人都快疯了。现在，我终于要在格林维尔出庭了。老妈和阿什莉一起，去托尼家接上我。我不知道的是，阿什莉和我的行李都已经打包好了，放在汽车后备厢里。法庭上，我被判了缓刑。我的律师主张将缓刑期转移到芝加哥。在芝加哥，私刑是一种轻罪，罚款 50 美元就可以了。而在卡罗来纳，几乎要被判死罪。法院批准了这个要求。我们回到车里，直奔机场。

我们上了飞机，三个人挤在经济舱最后一排。我的座位靠着过道，但还是没空间放我的长腿。

我的心中有很多疑惑，但老妈嘴巴紧闭。此时，最好不打扰老妈，她散发出的气场是坚定而疏远的。

剧烈的颠簸，东海岸雷鸣电闪，跟着我们一路向西。天空满是愤怒，我也很愤怒。愤怒自己没有得到任何解释，愤怒自己的生活似乎失去了控制。但如何处理这一腔愤怒呢？老妈不会容忍任何人的愤怒，她正在睡觉。飞机颠簸越来越严重了。老妈无所谓，但阿什莉感到害怕，她抓着我的胳膊。我必须表现得勇敢一点。为了妹妹，我假装勇敢，但内心深处，我和她一样害怕。

“砰”的一声，飞机硬着陆降落在芝加哥中途机场。还好，我们没有缺胳膊少腿。走下飞机花了好长时间，老妈还是不说话，对接下来做什么连一个小提示都没有。

我们跟着她，走到行李领取处，等了20分钟，我才拿到阿什莉和自己的行李箱。

“好吧，孩子们，”老妈说，“让我给你们一个拥抱。”

她半抱了我一下。

“凯文，照顾好妹妹。”

“你要去哪儿？”我问。

“回家。”

我们还没反应过来，老妈转身去了航站楼的出发区，当天，她就赶上下一班飞机回卡罗来纳了。

我和阿什莉站在那里，手里拎着行李箱。

我18岁，阿什莉14岁。

对于当哥哥的我来说，这时候不应该崩溃和哭泣，但是，伙计儿，我当时就崩溃了，哭得像个小娃娃。阿什莉不得不像妈妈一样照顾我。

“我们会没事的。”她说。

终于，我镇定了下来，我意识到老妈曾经训练过我们。

“你们都不是傻孩子，”老妈过去常说，“你们从小就在工作。”

妈妈很冷漠，但她清楚，她的冷漠是我们能够生存下来的原因之一。

我开始转动脑筋，我在芝加哥认识谁呢？“老狼”。“老狼”住在芝加哥。我换了一些零钱，去电话亭给“老狼”打电话。看到挂在链子上的电话簿，我翻开查找“老狼”的号码。“老狼”的名字叫威廉·纳尔逊，你知道芝加哥有多少个威廉·纳尔逊吗？成百上千！我像无头苍蝇，不知道从哪里开始，况且，我也没钱一个个打过去。

接着，我开始查找罗恩·埃斯克里奇的号码。名字是罗恩·埃斯克里奇的人比威廉·纳尔逊少，可还是多到无法一个个打。终于，我灵光一现。我打电话到法拉格特职业学院，“老狼”在那儿执教。我记得“老狼”提到过校长的名字，于是，我直接报校长的名字要他接电话。

“格拉先生，您好，我是凯文·加内特。”

“哦，凯文。很高兴听到你的声音，纳尔逊教练和我说了很多关于你的事。”

“他提到过我？”

“是的，没错。”

“好的，先生，我需要和纳尔逊教练说话。”

“当然可以，我把他的手机号码给你。”

手机？那时候，我都不知道什么是手机。

他给了我号码，我拨过去。响了一声，响了两声，响到第三声，“老狼”接了。

“‘老狼’？我是凯文。”

“嘿，伙计，最近怎么样？你在哪儿呢？”

“芝加哥中途机场。”

“中途机场？”

“我和妹妹阿什莉一起。”

"直走出去，站在那儿等着。我马上过来接你们。"

不到 30 分钟，"老狼"开着凯迪拉克出现了。我从来没有因为见到一个人而这么开心过。他开车载着我们去他住的公寓，一路上，我的眼珠子都快跳出来了。芝加哥，一点儿不像格林维尔和亚特兰大。芝加哥广阔无垠，有巨大的摩天大厦，也有荒废的楼房和玻璃破碎的店面；有一个比一个时髦的社区，也有饱受战争蹂躏的区域。有太多要吸收的东西了，我的脑子似乎都要爆炸了。

"一切都没问题。"我们到达"老狼"的公寓时，他说，"在我为你们找到住的地方前，你们可以一直住在这儿。"

晚上，他打电话给我老妈，告诉她我们在他这儿。

"老妈怎么说？""老狼"放下电话，我就问他。

"她说她也不想把一切都甩给我，但我是个好人，她猜你一定会来找我，她也知道我会带你们去该去的地方。你要去法拉格特了，我已经安排好了。"

当时，"老狼"没有孩子、没有女朋友，除了执教球队的孩子们，他基本上没有其他生活。

阿什莉睡在"老狼"的沙发上，我睡在地板上。我人生中最重要的一年就这么开始了。

The Go

哥城

莫尔丁的生活没有为我在芝加哥读高中提供任何准备，一点儿都没有。卡罗来纳充满田园风光，而芝加哥是"水泥森林"。卡罗来纳的地理环境很简单，而芝加哥的地理环境特别混乱。我曾梦想去芝加哥，一座被兄弟们称为"哥城"(the Go) 的城市。

那次去迪尔菲尔德参加耐克训练营的短暂旅行，我没有时间去逛逛，开开眼界。但是，在我少年时代的梦中，我曾梦见过西尔斯大厦。我想看看拍《凡人琐事》的地方，《凡人琐事》是我最喜欢的电视剧，当然是在好莱坞拍的，可当时的我懂什么呢？我把虚构的芝加哥当成了真实的芝加哥。当时，我生活在幻想之中，生活在天真之中。

而当我真的来到了由砖瓦建造、拼了命生活的现实中的芝加哥时，我意识到，如果不抓紧时间搞明白，我要么会崩溃，要么被击垮。我记得说唱歌手中王者纳斯曾经说过："你必须保持目光清晰，因为只有懦夫才会生活在恐惧中。"我努力保持目光清晰。

篮球是一剂灵丹妙药。"哥城"对篮球可谓疯狂。我总是通过篮球来治愈受伤的心。在芝加哥，每个人时时刻刻都想打球。篮球是现实的大逃亡。我的情绪能稳定下来，完全和踏上球场有关，无论多么疲惫，我都竭尽全力，是篮球让我保持理智。

不过，在"哥城"保持理智和维持生存是两回事。"哥城"帮派区域分布得一点不理智，特别疯狂。帮派势力范围不像网格由直角构成的，理解起来并不容易。当时，我住在名为Vice Lord的街区。那是一个帮派，但还有"石头帮""BD帮""GD帮"，以及"拉丁之王"。边界在哪儿？分界线在哪儿？"老狼"帮助我去理解其结构，但情形总是在不断变化。比如，"拉丁之王"赢了一场战斗，突然就扩大了势力范围。你必须了解这一点，你必须读懂街头，而且每天都要读懂、读对。"老狼"把我推上街头，认为我能找到自己的路。

"一切都会好起来，""老狼"对我说，"没什么能阻止你，孩子。你在这里，应该待在的地方。你睁着眼睛，张着鼻子，头上长着脑子，步伐充满活力。去你要去的地方，做你要做的事情，你学得很快，快快地学，没什么是你弄不懂的。"

我看到有些街区是密西西比人说了算。密西西比兄弟喜欢卡罗来纳兄弟，我们一起聊天，他们看到我很谦卑、静默。我只做我自己。我很冷静，但是，老兄，当我们开始打篮球时，我的情绪就会燃起来，如同猛兽出笼。有的兄弟喜欢，有的不喜欢。

我每天都打球。我住在西区，不能随便去个地方打球。你不能去狂百打球，不能去肯尼迪·金打球，离科芬角也得远一点，那都是世界上最危险的地方之一。K 区（K-Town）犯罪盛行，是个危险的片区，分成好多势力范围。第十六街是圣城，一切势力都会在第十六街汇集。里奇韦是我们的街道，这里的兄弟都很冷静。其他街道则不然。你需要学习规则。南区的规则与西区的不一样。你最好知道区别，最好保持警惕。

在这里，大个子可以运球，做很多灵活的动作。没上大学的街头兄弟和大学里的兄弟一样厉害。我在街头认识了那么多小兄弟，比如尼克·欧文。他与大阿尔文·罗伯逊、“创可贴人”德里克·奇沃斯等前 NBA 球员交手。那些小兄弟们都是传奇，每个人都天赋满满。每天都能遇到新角色。

伍兹老爹，很能说，很能唱，也很酷。伍兹老爹毛发浓密，在街头很受尊敬，女士们也都喜欢他。他和罗尼·菲尔兹是非常要好朋友。伍兹老爹是又一位引领我穿过迷宫的向导，他总是花时间教育我。这不是他的职责，他把我置于自己的羽翼之下，完全因为他就是那么令人钦佩的人。他全心全意地爱着法拉格特，他是街区的领袖。遗憾的是，他太早地去世了。安息吧，伍兹老爹。

那年夏天，“虫子”来芝加哥看我了，我简直不能再开心了。“虫子”在身边让我精神振奋。我带他看了西尔斯大厦，去了湖畔。我俩还去了公牛队和熊队的主场，以及高架轻轨绕着环线行驶的地方。

我以为“虫子”会在这里待一整个夏天，5 天后，他妈妈也来了，她不喜欢看到的东西。我梦想“虫子”能和我一起去法拉格特上学，但彼得斯太太（我叫她帕姆阿姨）不准备这样。她想保护孩子，我很理解。我也知道“虫子”迟早会回到我的生活中来。

“虫子”走后，我一直在“哥城”里穿梭。有一天，我从自己的社区去了小村，那是“GD帮”的地盘。我去那儿的路子是得到“老黑”迈克·赖特的照顾。他住在那儿，让我获准在小村的球场打球。我保持谦卑和尊重，这种态度救了我，因为比赛进行中，就会突然出现麻烦。帮派成员可不是那种场边常见的球迷。如果他们认为你的犯规很严重，就可能掏出枪，对准你的方向。我和其他人一样，被人拿枪指着的时候也会紧张。幸运的是，我从老妈和米尔外婆继承了能言善辩的口才。

我说：“我们打球的风格很凶狠，是因为我们知道应该这么做。如果我们来到这里，不玩命，如果我们随便打打，不把你们的比赛当回事，那就是对你们不尊重。我们可不会那样，我们尊重你，懂吗？”

一段紧张的静默之后，帮派兄弟们散开了。

在“哥城”，我的口才又进步了。没办法，这可是生死攸关的，也有助于做一只“变色龙”，我可以根据环境的变化而变化。我知道如何融入其中，无论多么危险，我都保持冷静。在一座暴力无处不在的城市里，我成功避免了暴力。

The Great Kabuki
大歌舞伎

当我还是孩子时，我痴迷霹雳舞、滑板和摔角，尤其是摔角。星期六早上到中午。不要换频道。如果你敢，我会湊你，摔你，用关节技或裸绞对付你。节目结束后，我和伙伴们在外面汇合，一起练习招数。我们自制腰带，翻垃圾桶，看有没有人扔了旧地毯、纸板甚至比萨盒。剪成腰带的形状，用记号笔写上“世界重量级冠军”，就像塔利·布兰查德获得的那种。我戴着那玩意儿在社区招摇过市，就像是我赢来的。和街区里的其他兄弟摔角，但如果有人出拳，我也会出拳回击。摔角和综合格斗之间只有一线之隔。

我追捧电视上的摔角运动员，因为他们呈现出力量之美。他们也有故事线，如漫画书里的角色，只不过他们不是虚构的，而是真实的。我们知道他们也存在表演成分，但我不在乎，那是娱乐的一部分。因为有表演的成分，所以比赛有趣给力，他们可以猛揍对手身体，掐脖子，又戳又踢，把对手举过头顶，旋转，然后狠狠地把对手扔出去，飞过围绳，扔到尖叫的观众席。

我喜欢WWF（世界摔角联盟）。“大蛇”杰克·罗伯茨打开麻袋，拿出一条6米长的蟒蛇来。我也喜欢更早之前的摔角选手，比如达斯蒂·罗兹和“大歌舞伎”。在全美统一WWF之前，职业摔角比赛是由一些地区性组织举办的，分散在美国各地，小成本制作，略显寒酸。但是，对于我这样的小孩子来说，这些比赛还是超级令人兴奋的。尤其是“大歌舞伎”，他把脸涂成白色，向对手的眼睛喷射绿色的雾。他和李小龙的电影让我很早就对亚洲文化产生了兴趣，多年后，我会在旅行中继续探索。（关于李小龙的冷知识：后来，我发现在成为历史上最伟大武打明星之前，李小龙是一个在中国香港长大的恰恰舞冠军。这令我不禁笑了，因为想到小时候的舞蹈如何影响了自己的人生道路。）

“大歌舞伎”和其他摔角选手教会了我表演技巧。如何让球迷支持你，或者如何让球迷反对你——这比球迷的支持更能给你带来能量。我在球场上表达自我的很多方式，都受到了小时候看摔角比赛的启发。

比如，我去波士顿时，就想到了“大歌舞伎”的绿雾，甚至想过能不能将其融入赛前仪式。就像撒镁粉一样，我向空中喷绿雾，让观众们兴奋起来。如果真的用出来，一定会引发混乱，不过2011/2012赛季，我还是做了一个版本。

当时，我们与奇才队比赛。第四节比分紧咬，暂停时，我走到板凳席边，拿起一杯水，倒到脸上，然后像“大歌舞伎”一样喷向空中。那时候，在波士顿，我做什么都不会吓到队友。但坐在我身边的朗多还是惊了一下，表情好像在说：“哥们儿，干啥呢？”

我是在召唤内心深处的“大歌舞伎”。

Growing Up
成长

我担负起照顾阿什莉，让她好好上学的责任。我研究了轨道交通路线，跳上高架轻轨，送她上去，接她下来。确认她乖乖待在家里，然后，我去打篮球。

我还需要赚足够的钱，支付衣食住行的开销。这意味着我需要打零工，我需要参加恶名昭著的午夜联盟，那是我参加过的竞争最激烈的联赛，什么阴招都能用得上。午夜联盟是一个纯芝加哥组织，不允许外人参加。我加入了赤金队，这是我在午夜联盟唯一效力过的球队。我们有队服和教练，为了赢球而比赛。

场面相当狂野、刺激、令人兴奋，超级好玩，超级炸裂。观众不分年龄，女孩们穿着性感。球迷们喝着啤酒，大喊大叫，大笑大骂。此外，你最好相信，兄弟们在球场上激烈地对抗，任何事情都可能发生。扔骰子、跳舞、突然斗殴。总的来说，狂欢的气氛不断升腾，午夜联盟的魅力独具一格。

记住，这些比赛在午夜进行，那时候我已经打了四五个小时的篮球。不过，我从不把这当成问题。我怀着感激之情表示欢迎，如果你是住在“哥城”的年轻球手，希望闯出名堂，午夜联盟就提供了证明自己的舞台，为你带来改变。

这座城市！篮球、帮派规则、千变万化的街头景象，有时会令我的大脑混乱。我的头脑在飞速运转，戴错帽子，脑袋炸飞；穿错裤子，小腿不保。如果卡罗来纳的速度是40千米／小时，芝加哥就是400千米／小时。我了解到帮派生活是一种日常，没有停止之说。你可以打一周的篮球，也许周日休息一天。但帮派生活是一周7天、一天24小时的，这是真实的生活方式。甚至可能不是你，是坐在你身边上的兄弟站错了队，而你对此一无所知。或者你可能被误认为其他1.98米或2米的人，每个人都穿帽衫，很容易认错。在这个世界里，错误可能是致命的。

到处都是花言巧语、骗子，或者皮条客，还有想骗你钱的兄弟。相信谁？不相信谁？信任谁？质疑谁？去找谁？远离谁？一辆“短剑”轿车在边上停下，放着Crucial Conflict最新的歌。车里是谁？朋友还是敌人？还要当心不要到处树敌，球场上的恩怨都留在场上，不要与任何一个集体发生联系。你是自由人，不受约束。你只有周六在肯尼迪－金区打球，你可以去马尔科姆学院，可以去罗斯福大街的男孩女孩俱乐部。你在阿盖尔公园、狂百、德拉萨尔学院，你可以去一切地方。

九月的时候，我已经在“哥城”学习够多了，知道如何在城市中生存。现在，是时候去经历高四这一年了。

H

Happiness

快乐

法拉格特的那一年是最快乐的之一。

“E 教练”罗恩·埃斯克里奇会带球队离开芝加哥，去他在伦巴德的家。他想让我们体验一下伊利诺伊城郊的生活，包括苹果蜂（Applebee's）餐厅、戴夫和巴斯特（Dave & Buster's）餐厅、乡村集市和六旗（Six Flags）游乐园。

“E 教练”喜欢城郊的生活，“老狼”则不同。“老狼”会把我们塞进车里，开到北区，让我们和德保罗大学的球员交手。“老狼”和街头的人相处融洽，街头的人都很尊敬他，因为他帮助那么多兄弟离开了街头。“老狼”喜欢带我们去每一条想得到的街区，比如在南区打球，在小村与“GD 帮”的人打球。有时，我们前往中途机场附近的勒克莱尔球场，与成年人交手。然后，我赶回法拉格特，吃点小吃，去趟常青卖场，看看卡弗高中的弟兄。回家冲个澡之后，我再回到街上，打到晚上 9 点或 10 点，休息一小时后，代表赤金队参加午夜联赛，拼尽全力。比赛结束后，我努力放空大脑，睡觉。当闹铃声把我从沉睡中唤醒，脑子里闪过的第一个念头是：我要去哪里打球？我要去打球。

Headphones

耳机

现在的耳机很厉害，还有降噪的功能，你戴上之后，即使近在咫尺的人说话也听不到了。我拍了一个Beats的广告，就用上了这种耳机。球迷们在球队大巴车外面疯狂尖叫，我戴着Beats耳机，一切嘈杂的声音都屏蔽掉了

我刚进联盟时，还没有降噪或蓝牙功能的耳机。我们带着便携式CD机，耳机声音只能调到9级到10级。还需带上备用电池，以免突然没电。耳机还是有线的，你总得去解开它。全部解开后，不到两分钟又打结了。你还得随身带着大得像个活页夹的CD包。

现在听起来像老掉牙的产品，但放在那时呢？和一般的磁带随身听比起来？那简直是高科技产品。我记得自己在更衣室里晃荡，戴着那些老旧耳机，大声说唱，挥动双手，拍拍老球员的胸脯。他们会露出一副“这家伙在干吗”的样子。他们正在进行各自的赛前仪式，而我打断了他们的专注。伙计，我们是新生代球员，我们是最早的嘻哈球员。乔丹试着涉足这一领域，他在迈克尔·杰克逊*Jam*的MV里与Kris Kross组合曾经合作过。但乔丹始终是R&B音乐的粉丝，赛前他给自己打气，会听安妮塔·贝克的*Giving You the Best That I Got*。传言说乔丹在教训对手时会对他们唱歌，不过我从没听过。

说到世代，总会有新生代球员出现在你身后。我意识到自己是老将那一天在波士顿，托尼·阿伦戴着Beats耳机走进更衣室。那时候，Beats耳机刚刚推出，没有把音乐声音的大小保持在不被别人听到。它们没有最高音量，你可以把音量调到50级。托尼就是这么干的，整个更衣室都能听到他播放的音乐。

我正在进行自己的赛前固定流程，我不会让任何人扰扰我。我走过去，拍拍托尼的肩膀。

“嘿，兄弟，你能把声音关小吗？”

“啥？”他说。

“我让你关小点声音。”

“但那是古奇·梅因的新歌。”托尼说。

好吧，我不知道古奇是谁，那时我在听的是 Jeezy 的歌。所以，我当时觉得自己老了两次——一次是看到这个年轻人做着我十多年前做过的傻事，第二次是我完全不了解最新的音乐潮流。哥们儿，这是啥时候的事？我什么时候已经成了老将？看到年轻的自己大摇大摆地走进更衣室时会说：“这家伙在干吗？”这让我反思自己。

我不介意成为老将，老将意味着你有经验。但做个老家伙呢？千万不要。老家伙意味着你失去了激情和好奇心。激情和好奇心是真正的青春之泉，保持好奇心，跟着激情走，你就会永远年轻。

所以，我并没有对托尼·阿伦大发脾气，而是立刻找到古奇·梅因的专辑，疯狂地听。而托尼呢，必须夸奖他，他调低了耳机的音量，开始注意并模仿我的赛前固定流程。这就是世代的美妙之处：新生代总是向上一代学习，反之亦然——只要你的头脑保持开放，内心保持渴望。

Heart
心

善心来自经历过的困苦。首先，我不是充满仇恨的人。其次，我能够将负能量转化为正能量。我会改造和重新集中能力，引导能量，使之具有建设性，而非毁灭性。引导能量的方式决定了你的人生轨迹，必须由心引领头脑，如果由头脑引领心，心就失去了力量。心的力量——爱的力量——是最首要的力量。头脑用来思考，聪明的思考必不可少。你需要有序地思考，清楚地思考。你需要区分什么主意好，什么主意糟糕。但这一切都要从心开始，心是有魔力的器官。

Chamique Holdsclaw
夏米克·霍尔兹克劳

见“WNBA”。

Hollywood
好莱坞

早些时候，在去法拉格特之前，我曾飞到西部参加在拉斯维加斯举行的AAU锦标赛，为来自英格尔伍德的球队比赛。我通过布尔认识了名叫撒迪厄斯的教练，他安排了整个旅程。撒迪厄斯看过我打球，觉得我很适合他的球队。

“你听说过英格尔伍德，对吧？”他问。

“当然。那是湖人队打球的地方。”

“那你出得来吗？”

“得问问老妈。”

我可能永远都没机会问老妈，她不喜欢自己的生活受到干扰。她同时做多份工作，干扰会令她心烦意乱。她不喜欢为了我而停止自己的工作。我得找个合适的时间开口，希望她心情不错。不过这次，她愿意给我一两个星期的时间。

我很高兴。不仅因为我们先飞往洛杉矶，我从没去过那儿，还因为老妈将亲眼观看我参加大型锦标赛。我希望她能感受到我对比赛的热情，我希望她能看到篮球对我而言是一项重要的投入，看到其他球员如何被我所吸引。

最重要的是，前往洛杉矶意味着有机会与英格尔伍德高中的明星球员保罗·皮尔斯见面。我们一见如故，我们的兄弟情谊从这里开始。后来，皮尔斯说："我们注定要在NBA并肩作战，太糟糕了，这居然花了那么长时间才实现。"

皮尔斯帮我了解洛杉矶。一份报纸报道了我们正在萌发的兄弟情谊，把我写成一个乡巴佬，又紧张又兴奋，语速太快，皮尔斯只能听懂我一半的话。同时，他傲慢又喧闹。

我是乡下老鼠，他是城里老鼠。

皮尔斯熟知洛杉矶。"这是福克斯山商场，这是女孩们喜欢逛的地方，这是买肉桂卷的地方，你吃过肉桂卷吗？来根肉桂卷。"

肉桂卷里的糖多得够我飞上月球。

皮尔斯继续说。"这是克伦肖大街，我们称之肖大街。丢掉公牛队的球衣，我们在这儿是湖人队的球迷。"

于是，我脱下斯科蒂·皮蓬的球衣，只穿一件黑色T恤。

一个周六的夜晚，我们来到肖大街。街上有上千兄弟，他们侃大山，带着漂亮女伴，开着跑车。我从没见过这种场面，热闹非凡。

我们停下车，买了些塔可，我从来没吃过那么美味的塔可。一路往南，皮尔斯带我去英格尔伍德，湖人队的主场所在地。我们上了高速公路，前往好莱坞，看看星光大道，寻找迈克尔·杰克逊和Prince的星章。我们开车穿过比弗利山庄，豪宅像博物馆一样排列，收音机里放着Biggie的*Juicy*。那还是东海岸／西海岸嘻哈结仇之前，Biggie第一次推出《准备去死》（*Ready to Die*）专辑时，洛杉矶人疯狂地播放这个专辑，《后入》（*Doggystyle*）是播放更多的专辑，那趟旅行中，我听到很多车中都在播放它。

和皮尔斯一起游览洛杉矶的风景，我心想，这个广阔的世界比我以为的还要广阔得多。

我和老妈在皮尔斯家中过夜，我们的妈妈成了朋友。洛兰·霍西女士是一名护士，也是单亲母亲。和我一样，皮尔斯也不认识自己的父亲。他的母亲来自芝加哥，知道那座城市帮派泛滥是多么严重。

H

“也许凯文待在洛杉矶会更好。”她告诉老妈。

也许吧。在英格尔伍德高中和皮尔斯一起打球一定很棒。我越琢磨此事，越觉得听起来很棒。皮尔斯也很喜欢这个想法，他相信我们能赢下每一场高中比赛。这也能帮助我俩入选精英大学的篮球项目。

霍西小姐说得很清楚，皮尔斯要考上一所好大学。老妈也这么说我。大学是肯定要去的，皮尔斯的未来想去堪萨斯大学，成为大八区的超级明星。我希望去密歇根大学，打造新版的“密歇根五虎”。如果去不了密大，那就去北卡。

第二天，皮尔斯带我去各个篮球场，比如罗杰斯公园、威尼斯海滩等。最后我们在英格尔伍德打了场练习赛，一个哥们儿对着我说垃圾话。这把我的怒火点燃了。我在那家伙头上扣篮、盖帽、投篮、快攻、三分球。

“你会杀遍洛杉矶的，KG。”皮尔斯说。

我们到皮尔斯的高中体育馆，他哥们儿的态度就像是：“哦，该死，皮尔斯从南卡罗来纳找来了一个大家伙。我们想见见他，看看他能做什么。”于是，我很自然地踏上球场，抓下篮板，用力把球扣进篮筐，一个大风车扣篮，让自己疯狂，让整个球馆的观众疯狂。

我们和妈妈们一起去了拉斯维加斯，我和皮尔斯作为队友将参加AAU 锦标赛。我们的肾上腺素飙升。这是我第一次来到拉斯维加斯，还在学习怎么跳出租车，怎么在赌场里耍小聪明，攥紧一口袋的 25 美分硬币，在过道里跑来跑去，一路摇几十台老虎机，也许 20 台里才中 1 台，然后赶快跑过来收硬币，我不知道自己赚还是赔了，也不在乎。

我们住在马戏团酒店，那里的女士会走钢丝，在大厅里表演杂技，我喜欢看到的一切。

我也喜欢 AAU 锦标赛。我和皮尔斯属于盖世威队，总被一支由耐克赞助的球队打败，皮尔斯和他的兄弟们很沮丧。这是《少棒闯天下》（*Bad News Bears*）的扯淡戏码，我才不在乎呢。我在这里没有历史，所以可以轻松上阵。

“伙计，”皮尔斯说，“他们每年都赢我们。你等着看杰拉尼·麦考伊、希亚·科顿，还有贾森·科林斯和贾龙·科林斯双胞胎吧。”

希亚堪比勒布朗，他的体重至少 120 千克，很能打。他是左撇子，非常强壮，充满激情，完全碾过其他球员。他总是带着满腔愤怒打球，他才上八九年级，满嘴却是成年人的脏话。

我不介意，我喜欢挑战。当我帮助皮尔斯和盖世威队击败了希亚和杰拉尼时，简直不能更高兴了。我和皮尔斯在球场上有着神奇的化学反应，这巩固了我们的关系。

我们满怀希望地飞回洛杉矶。英格尔伍德的高中生活眼看就要成真，我待在加州，老妈则飞回卡罗来纳。

一切都很顺利，直到老妈在皮尔斯带我去过的克伦肖大街上度过了一个周六。她不喜欢所见所闻，在那里，帮派冲突是完全公开的。

不要和老妈争论，我去不成洛杉矶了。

皮尔斯不高兴，但他知道单身母亲的权力。皮尔斯知道自己什么都做不了，除了希望我们未来会再度相遇。多年之后，奥尼尔做了最好的总结。那是 2001 年，湖人队 112 比 107 击败了凯尔特人队。但是，皮尔斯 19 投 13 中，得到 42 分。赛后，奥尼尔抓住一名波士顿记者说：“记下来，我的名字是沙奎尔·奥尼尔，保罗·皮尔斯就是真理。引用我的话，一个词都别漏掉。我知道他打得不错，但没想到他能打得这么好。保罗·皮尔斯就是真理。”

Home Run Inn Pizza
本垒打旅店比萨

全世界的食物我最喜欢比萨。那些年，我在芝加哥吃了很多比萨，几乎吃遍了芝加哥所有的地方，大部分都去了不止一两次。选择西塞罗区的本垒打旅店比萨作为第一名可能会引起争议，因为那不是著名的芝加哥厚底特色，更像纽约的风格。他们的饼皮很完美，不太软也不太脆。我最喜欢的是香肠，那些又香又油的香肠，大到可以对折成香肠三明治。

西塞罗区有着作为种族主义温床的深厚历史，但并没有阻止“老狼”把球队带到那里。他希望我们可以想去哪里吃就去哪里吃。虽然，他知道西塞罗区发生过的糟糕事，但还是提醒我们，无论哪里都有不错的人。

与此同时，我第一次被拦下正是在西塞罗区。我们问警察犯了什么错。

“你们来错街区了，”他只说了这么一句，“现在给我滚。”

“该死。”我心里想，但没说出口。毕竟，我还在假释期间，承担不起被关起来的后果。但我看得出来，西塞罗区的警察就是一个帮派。

Homework
作业

克拉克先生是我在法拉格特最喜欢的老师。他皮肤黝黑，有着像肯尼·罗杰斯那样的白头发，还有一大撮白色小胡子，长得像本大叔牌（Uncle Ben’s）稻米里的本大叔和弗雷德里克·道格拉斯的结合体。他穿着牛仔裤和有领衬衫，拿着公文包。他有小肚子，身姿挺拔，说着典雅而有灵魂的英语。

“同学们，”他用迷人范儿说，“希望你们早上好。早上好，女士们。早上好，先生们。今天我想用几个有趣的理论来考验你们。”

克拉克先生还会唱歌，他教数学、科学理论和音乐。因为我喜欢数学和科学，所以能跟上他的课程。其他老师很无聊，克拉克先生很戏剧化。他的动作大，声音响亮，吸引注意力。他引经据典，让我非常喜欢。

他谈到艾萨克·牛顿爵士发现了万有引力，谈到亚历山大·格雷厄姆·贝尔发明了电话，谈到阿尔伯特·爱因斯坦发现了相对论。

克拉克先生是知识分子，也是兄弟。他教我们民权运动，并不是照本宣科，而是根据实际经历讲。他参与过大进军，去过南方，受过打击。

“我不是在特权环境下长大的，”他说，“我陷入泥潭里。”

我喜欢他对“陷入”这个词的用法。

“我从泥潭里爬出来，”他补充说，“因为我决心发展自己的头脑和精神。这是我对所有学生的希望，愿你们的头脑和精神永不停止生长。”

这些话打动了我。

法拉格特绝对是一所神奇的学校，但我非常认真地对待学习。我认真听讲，参与讨论，积极举手回答问题。因为在教会被逼着做演讲，我有了作为演讲者的信心。当我第一个算出代数题时，我会大喊一声。在科学方面，我喜欢学习细胞壁、细胞膜和光合作用。当克拉克先生讲到达尔文的进化论时，我问了很多问题，直到学懂为止。

“好奇心，”克拉克先生说，“是刺激我们的动力。”

精神刺激不仅有助于我的头脑，也有助于我与女生相处。我不仅仅是篮球手，我也是能辅导她们作业的人。

Hot Dog
热狗

法拉格特有着严重的帮派问题，种族骚乱更是家常便饭。我来自卡罗来纳，因为涉嫌引发种族骚乱而处于假释期，所以我得小心点。但小心也不能改变帮派文化，帮派每天都在争斗，这会波及所有人，包括我。

午餐时间，我和罗尼·菲尔兹还有其他队友在一起，突然，不知从哪里飞来一个热狗，扔在我脸上。我一下子火了。我朝食堂那边望去，一个学校主要帮派“拉丁国王”的家伙站起来说：“咋了，伙计们？”

我冲了过去，这是兄弟们第一次看到我打架。就像我之前说过的，芝加哥兄弟们不打架，他们开枪。但我这个乡巴佬找到了最熟悉的方式，狠狠地揍了“热狗男”一顿。接下来，我坐在校长办公室外面，等着被叫进去。和“热狗男”一起坐在我旁边的是叫“七枪”的帮派成员。

“七枪”指着“热狗男”，对我说：“你知道他是我的人。”

介绍一下，“七枪”是拉丁裔，学校的帮派老大。法拉格特至少85%是拉丁裔。

“七枪”撩起衬衫，我看到两把枪。我看着他的鞋，脚踝上又绑了一把，裤子后面还有一把。

“我见过你，大个子球手。”“七枪”说，“我也打篮球，我希望你能让我加入球队。我是后卫，可以投三分。”

“这太疯狂了。”我说。

他拍了我一下。

“去和你的教练说说，把这件事情搞定。”

“一言为定。”我说。

“还有一件事。”“七枪”说，“我看到你每天早上都从克里斯蒂安娜街过来，有几个家伙在戏弄你。”

他说得没错，每天我经过时，有四个帮派成员嘲笑我。他们说的西班牙语，所以我听不懂，但我明白是什么意思。我横穿马路以避开他们，听到他们的冷嘲热讽，我的心智就难以平静。

我坐在“七枪”旁边，装作没什么大事。

“没什么大不了的。”我告诉他。

“目前为止，情况还好。但如果你不懂手势，事情就有可能变得很糟糕。”

他把秘密手势教给了我。这个手势是机密，在一些情况下能救我的命。作为回报，我请求“老狼”让“七枪”加入球队。这么做是正确的。

“七枪”没有缺席一堂训练课，他的心思完全在篮球上。他热爱篮球，最终证明了自己。更重要的是，他的出现让法拉格特更加团结。当我们进入常规赛时，记者们写道，我是那个让学校团结成为一体的人，但我要把这个荣誉给“七枪”。他是个有种的兄弟，愿意加入由罗尼·菲尔兹和我主导的篮球文化中。

结果很棒，我们球队大杀四方。罗尼·菲尔兹跳得比任何人都高，“飞人”菲尔兹成为一位崭露头角的超级巨星。法拉格特度过了令人难以置信的一年。史无前例，“拉丁国王”“GD 帮”“紧握上帝”的人都举起了双手，我们相互拍打，相互拥抱。球队去客场，无论到哪里都是肆虐对手。我们在《芝加哥论坛报》的排行榜上位列第一，在《今日美国》的全国排行榜上列第三。

那个赛季，法拉格特在罗尼·菲尔兹和我的带领下取得 28 胜 2 负的战绩。我场均 25.2 分、19.9 个篮板、6.7 次助攻、6.5 个盖帽，命中率 66.8%。《今日美国》评选我为年度全美最佳高中生球员。

在此之前，芝加哥之王是安托万·沃克，他曾就读于卡梅尔山高中，后来去了肯塔基大学。在那儿，他更加星光闪耀。而现在，全城都在谈论法拉格特、罗尼·菲尔兹，还有我。乔丹永远都是乔丹，但他去打棒球了。相比 NBA 球员，我们这些高中生球员更受本地篮球迷的关注。

除了《今日美国》，我还当选了伊利诺伊州篮球先生，这是我两年内在两个州当选的第二个篮球先生。不过，最重要的成就是，球队赢得了公共联盟锦标赛的冠军，这是自 1901 年公共联盟锦标赛设立以来，法拉格特历史上第一次夺冠。为了让你知道这项运动在这些年里发展了多少，决赛的分数是 23 比 22，这是加时赛的分数。在芝加哥夺冠，你就有了吹牛的权利，没有比这感觉更棒的了。

然后是麦当劳全美赛，我们西部队赢得了比赛，我当选 MVP，并且结识了昌西·比卢普斯这个一辈子的朋友。同时，我一直在准备 SAT 和 ACT 考试，为了考上密歇根大学或北卡。当时，我还不知道自己将与什么对抗，因为我的阅读障碍症还没诊断出来。这意味着我要请家教，以及在我觉得自己已经学习结束时，还要继续学习。

一切都很疯狂。

一切都在正确的方向上。

没有什么能让我偏离方向。

Hyperbaric Chamber
高压氧舱

见“失眠”“肯尼·基”。

Illmatic

Illmatic

纳斯的首张专辑在1994年春天发布，就在我面临莫尔丁那件糟糕事情和私刑指控的时候。那是我生命中最黑暗的时期，我非常沮丧。早上起床，我洗个澡，然后又回床上。窗帘始终拉上，整个房间都是黑色的。我一整天都待在房间里，不吃东西。

帮我渡过难关的东西就包括*Illmatic*这张专辑。从我卧室到纳斯提到的皇后桥公共住宅之间的距离超过1000千米，但感觉他就在描写我的生活，直接与我对话。我就这么一遍又一遍地听这张专辑。

甚至专辑的封面都会触动我——纳斯7岁时的照片，叠加在一些肮脏的建筑上。我看着那个孩子，仿佛看到了自己，看到我自己当初纯真的样子。我渴望那种纯真，因为我开始明白世界是多么残酷和不公。*Illmatic*帮助我熬过情绪上的痛苦，我意识到最好的日子还在前方。这是谁的世界？我的，我的，我的。

差不多在同一时期，我第一次听Biggie的歌。很久以前，还是孩子时，我听各种老派音乐。事实上，音乐对我来说和运动一样重要。我还记得米尔外婆和麦卡洛奶奶在房子里哼着歌，那种哼唱来自充满深情的地方，仿佛是远古的哼唱。在我听来，那是希望的哼唱声。

我也会吹口哨。在黑暗的日子里，吹口哨是另一种令精神愉悦的方式。在生活中，吹吹口哨也没什么坏处。

无论吹口哨还是哼唱，或是听收音机、留声机，我们家绝对是音乐之家。有那么多的音乐，你会觉得有音乐家住这儿。我感受音乐，我认为音乐不仅是能量的源泉，也是快乐的源泉。音乐让我愉快。音乐让我想要动作，音乐让我相信人生是值得活下去的，现在我仍然相信。

Insomnia
失眠

我一直睡得不好。打完午夜联赛，凌晨3点回到家，有时我会兴奋到天亮都睡不着。进入NBA之后，我的失眠更严重了。想象一下，森林狼队连打7个客场，最后一场在西雅图。晚上9点半左右，比赛结束，我们赶到机场，飞机起飞时，差不多晚上11点了。飞行4小时后，降落在机场。然后，我开车回家。但外面是暴风雪，我不能开得太快。所以，我回到家时已经凌晨4点了。我还不觉得困。在外待了一个星期，回到家中，我还需要一点时间，让自己放松。不过，训练早上9点就要开始，8点我就得赶到更衣室。此刻，只剩不到4小时。

那时候，睡眠科学还很不发达。如今，球员们每天都会午休，在高压氧舱里睡觉。顺便提一句，我是联盟里第一个用这玩意儿的人。想当初我们只能靠硬撑，红牛饮料还不流行。我必须发挥创意，我把佳得乐倒进黑咖啡里，每天喝两三次。我需要咖啡因来保持清醒，再加上佳得乐以防脱水。虽然味道很恶心，但很有效。瞬间就让我清醒。

Invitation
邀请

拿到SAT和ACT成绩时，我崩溃了。我已经尽了最大的努力，但还是没有过关。我没考上密歇根大学，北卡也没考上。我需要“老狼”帮我调整。

“老狼”是永远保持积极的人。

“继续学习，”他说，“你再考一次，下次一定会过的。”

我总是听从“老狼”的建议，但我不确定自己能不能通过那些考试。无论我怎么用功读书，刻苦努力，每隔一段时间，我抬起头，还是看到同一片乌云笼罩在头顶。

考试成绩出来的那天，朋友来邀请我打球，通常我无法拒绝这种邀请。

“去打球。”他说。

“今天不去，哥们儿。”

“为啥？”

“不想说，反正没心情。”

“凯文，我了解你。别再想那些糟心事了。只要你开始打球，心情就会变好。”

没法反驳，于是，我走出家门，一起找球场打球。

“做点真正刺激的事情吧，”他说，“我们潜入公牛队的训练场，也许，能看一眼乔丹。”

乔丹之前离开了 NBA，去参加棒球小联盟的比赛。他走了 21 个月，然后在 1995 年 3 月回到公牛队，就在麦当劳全美赛前一个月。

“你知道他们在哪里训练吗？”我问。

哥们儿对我笑而不语，他清楚所有球员在哪里打球的信息。

“我们去希尔顿吧，那里有很棒的球场。”

“好的。”

我们从侧门进去了，迈克尔·乔丹和斯科蒂·皮蓬就在里面。我们看他们打了几场训练赛。我就这么看着，学习着。我专注得像个傻子。

一小时过去了，一个保安冲我大吼。他好像在向我挥手，叫我上场。

“嘿，你！”他喊道。

“我？”

“是的，大个子，去那儿去。”

“把鞋扔过来。”我告诉我的兄弟。

我系好鞋带，赶快冲进场。

皮蓬说：“在这儿打球，你还太年轻了，你才是个高中生。”

乔丹说：“我们打呗。”然后他指着我说：“你防斯科蒂。”

我在想，该死，我在和偶像比赛，我在和处于生涯巅峰期的明星球员交手。

一上来，皮蓬就要球，一个试探步，然后投出一记超远三分。

这太疯狂了，他怎么能投进那一球的？

接下来，我的本能反应开始发挥。砰！我开始投篮。砰！我开始扣篮。

皮蓬和我斗嘴。这只会让我更加斗志昂然。我希望在伟大球员面前证明自己。

随着比赛进行，我越来越自信。我寸步不让，没人能戏耍我。我和那些混蛋拼命竞争，我和皮蓬针锋相对，我的表现很强硬。我始终在他面前，好像生命中的每个时刻都为了引导我走到这里。皮蓬也许是皮蓬，现在，他只是我需要击败以抢到球的家伙。我的情绪在燃烧。

现在回想起来，我不知道那一切是怎么发生的。那个保安是不是认为我是一块嫩肉，他把我扔给乔丹和皮蓬，让他们美餐一顿呢？也可能保安出于好心邀请我，冒着丢掉工作的危险，给我实现梦想的机会。无论如何，我有句话想对那个保安说：

“谢谢你。”

Isiah

以赛亚

以赛亚（Isaiah）是一位伟大的先知。

不可思议的是，就在我和乔丹、皮蓬打比赛的同时，我遇到了另一位以赛亚（Isiah）。虽然名字拼写不同，但他对我的人生做出了预言。

在我、斯科蒂和乔丹的比赛的休息期间，“微笑刺客”以赛亚·托马斯过来了，他一直在看我们打球。不仅仅和我的两位偶像打球，以赛亚也在现场，我简直兴奋极了。

请理解，对我来说，以赛亚才是芝加哥真正的王者。他是社区政治家，每个人爱他。以赛亚了解残酷的街头文化，了解历史。他从未退缩，从未逃避，也从未消失。这家伙仿佛是混凝土炼成的。他是西区人，但“哥城”没有他不能去打球的地方。他了解所有阴暗和肮脏的角落，“哥城”最坏的男孩也会给予他最大的信任。在“哥城”生存与其他地方不同。如果你能像以赛亚那样生存下来，并且茁壮成长，你不会到处炫耀，你会保守秘密。或者，如果你真的想炫耀，也只会与其他在芝加哥长大的兄弟们分享。

因为以赛亚比我年长，所以，他有很多我从没听过的故事。同时，我们也认识很多共同的街头兄弟，也听过一些同样的街头故事，比如有的兄弟如何成功，有的又如何失败。以赛亚总是有很多故事，我们可以聊上几小时。另一个事实是，1995 年的那个晚上，我在球馆遇到他时，他刚刚退役。一年前，他的跟腱撕裂，职业生涯就此结束。那时，他 34 岁，我 18 岁。他是我的兄长之一。

我从没问过他那天为什么出现在那里，他也从没问过我那天为什么在那里打球。我们就在那儿，宇宙万物的巧合之一。

他走过来，对我说话。他的声音里没有一丝的夸张，只是实事求是的善意提醒。

“凯文，”他对我说，“你刚刚对位了斯科蒂·皮蓬，他可是联盟里顶尖的球员。孩子，你现在可以进联盟打球了。”

当他说出这些话时，世界停止了转动，时间停止了走动。

也许是我听错了。

“你说什么？”我问。

“孩子，”他重复道，这次眼睛睁得更大了，“你现在就可以进联盟打球了。”

“天哪，说真的，以赛亚，你说的是真的吗？”

“是的，是说真的。”

我只能默默地把他的话重复给自己听：“孩子，你现在就可以进联盟打球了。”

如果不是以赛亚，而是其他人说的这些话，也许不会有那么大的影响力。但那些话是从以赛亚嘴里讲出来的，不仅是预言，还是祝福，是保佑。

“那么，你怎么想？”他问，“你准备好进联盟了吗？”

我的大脑、身体、心和灵魂等一切都在说：“是的！”

在那么多“是的”之后……

不。

我不用参加ACT和SAT考试了，那玩意儿快把我逼疯了。尽管考了很多次，但我确信自己永远也得不到足够高的分数。此外，不上大学不会影响我接受教育，我充满好奇心。我一直在学习，一直在自我教育。大学不是唯一可以孜孜不倦学习的地方。对于思想开放的人来说，任何地方都可以学习。

不。

我不需要遵循20岁应该怎么做的模板。

不。

我不需要去遵循那些老派的想法，在我重新审视之后，发现那都毫无意义。

不。

我不必等待了。我现在就告诉“老狼”，不去上大学，一切都会有新的变数。

“老狼”有点疑虑。“你确定吗？”他问道，“那北卡呢？密歇根呢？你的大学篮球梦想呢？”

“老狼”说得对。自从在莫尔丁比利家的车道上，我把自己当成韦伯，与莱特纳交手之后，大学篮球的梦想就一直活在我的心中。

“梦想会改变。”我告诉“老狼”，“新的梦想是我现在就可以把握住的。”

“老狼”是个健谈的人，也是个思想者。我看得出他在思考我说的每件事，我能听到他在想什么。然后他笑了，微笑说明了一切。

“好吧，”他说，“你可能是正确的。”

我也笑了，“老狼”的想法变得很快。

“我觉得自己是正确的，”我说，“我的直觉告诉我。”

“如果你准备好了，大个子，我也准备好了。近些年没人这么做过，但如果有人能做到，那一定是你。我会和你一起经历。”

Isolation
单打

当我决定不上大学，直接参加选秀时，我有一种深深的“单打感”。篮球充满了描述人类状态的术语：“篮板”“助攻”“防守”“回合”“转换”“夹击”。正是这些术语让篮球成为人生的绝佳隐喻。篮球术语中，“单打”指你得到球，队友拉开，让你一对一挑战对手。这是充满英雄主义的术语，如美国牛仔的故事。两个人在尘土飞扬的街道上，面朝对方，拔枪对决，风滚草飘过，只有一个人能活着离开。但我不信服这种故事。在我看来，与其说这是英雄主义的体现，不如说是自私。我更愿意信赖队友，在日常生活中也是如此。我不喜欢单打独斗，我喜欢身边都是人，喜欢向他们征求建议。但是，对于生命中最重大的决定，我能相信谁的建议呢？在与人交谈之前，我先做了一些认真的调查。

早在20世纪60年代末，斯潘塞·海伍德曾反对“大学毕业前不能加入NBA”的禁令。海伍德一直上诉至最高法庭，最终他告赢了。

然后，1974年，摩西·马龙直接从高中进入了ABA（美国篮球协会）。一年后，“巧克力炸弹”达里尔·道金斯和比尔·威洛比高中毕业后直接进了NBA。之后20年，没有高中生球员直接打NBA了。

我做了调查，读了关于斯潘塞、达里尔和比尔的文章。我去了图书馆，使用缩微胶卷机，研究旧杂志上的报道。我读了他们的长篇采访，我想知道他们的决定如何影响了自己。然而，让我的想法更加坚定的是联系上比尔·威洛比本人。

在我找到比尔·威洛比的电话号码之前，我先看了他的故事。比尔·威洛比没有取得达里尔·道金斯那样亮眼的数据，也没有“巧克力炸弹”的口才，不过，也没多少人有那样的口才。达里尔发明了现代垃圾话，给自己扣碎篮板的扣篮命名。我最喜欢的名称是“极速性感乐子”。但是，比尔·威洛比并不平庸，不管人们怎么说。人们以他为例，说明为什么不应该高中毕业就去参加职业联赛。人们认为，如果比尔去上大学了，进一步打磨篮球技术，就会更加成功。但这些人可能有种族主义倾向，只是想剥夺年轻黑人男性的自主选择权。如果是白人孩子跳过大学呢？如果是拉里·伯德呢？如果他不去上印第安纳州立大学，去参加有工资的职业篮球联赛呢？他们保证不会说同样话，他们肯定称赞拉里·伯德做出了明智的商业决定。

没错，比尔·威洛比从来没有一个赛季场均超过7分，但他在NBA打了8个赛季，如果能在NBA待那么久，绝对不是庸才。真正的球痴，比如我，都知道他是极少数能盖掉贾巴尔“天勾”投篮的球员之一。他的身高只有2.03米，而贾巴尔2.18米。

于是，我决定给比尔·威洛比打电话，不过，他根本不知道我是谁。当时他38岁，住在新泽西州蒂内克。那时候，我觉得38岁简直是古代人。现在，我意识到那还很年轻。直到现在，写这本书时，我才意识到，他和在莫尔丁时一直支持我的威洛比小姐是同姓。加内特家族和威洛比家族之间一定存在某种神秘的协同作用，威洛比家族是我生命中的天使。

比尔和我说话的口气就像我是他儿子，无比耐心和体贴。他支持我，他没有试图说服我放弃，但希望我知道这并不容易。

“你进了联盟，一切都变了。”他说，“人们看着你的眼睛，看到的是金钱。没人关心你心情如何，做得怎么样。一切都只在于你能得多少分，以及能否为他们弄到比赛门票。对于只有18岁的孩子来说，这并不容易，凯文。这很艰难，很孤独。你还未成家，你将失去家人。你不会有很多的上场时间，你必须变得格外坚强。”

“我很坚强。”我告诉他。

“那就去做吧。”他说。

比尔也理解，除了情感上的挑战，还有运动能力上的挑战。最难还是篮球本身。我没那么强壮的身体，也没那么快的速度。我有中锋的身高，但打的是皮蓬的位置——三号位。皮蓬是个杀手，我得学会如何杀戮，利用内心里的后卫技巧，面向篮筐。我的对手都是超级聪明的球员，内切、挡拆样样拿手，我必须面对这一切。

在“哥城”的一年教会了我强硬，让我在街头强硬的环境中遭遇了上百名不同球手的挑战。感谢上帝，让我经历了“哥城”的一年。

但NBA是另一个世界。正如许多人所说的，进入那个世界，或者过早地进入那个世界，注定是我人生中最大的冒险。

Allen Iverson
阿伦·艾弗森

在迪尔菲尔德的第一次耐克训练营，我入选了全明星队。同时入选的还有一个人，比我大一岁的哥们儿：AI（Allen Iverson，阿伦·艾弗森）。

耐克训练营是野蛮的。AI 和我在处理团队的方式上非常相似。他和一群兄弟一起，我也和一群兄弟一起。他很敏感，我也很敏感。我们相互尊重，我们之间从没有扯淡的事情，我对 AI 有着百分之千的爱。

我们第一次真正亲密接触是在训练营结束时，凌晨 3 点半，我们坐大巴车去机场，赶早班飞机。除了我和 AI，其他人都在睡觉。我们坐在后排，一片漆黑。两个哥们儿思考着各自的前途。AI 是一个很会思考的家伙，他很聪明。他和我掏心窝子，他的梦想是考上汉普顿大学，因为汉普顿是他的家乡，汉普顿永远在他的心中。而且汉普顿大学有最聪明、最漂亮的女生。AI 是美联社评选的年度最佳高中篮球运动员和橄榄球运动员，但他的主要目标是帮汉普顿大学的篮球打出名声。他将成为汉普顿的英雄。

当然，历史没有如期发展。AI 和我一样，也遇到了法律上的麻烦，他也卷入了斗殴官司。不公正的刑事司法系统让他的人生发生重大变化。幸运的是，在紧要关头，整个弗吉尼亚州都支持他，把他从监狱里救了出来。

最终，AI 去了乔治城大学，然后是费城 76 人队。因为他才华横溢，赛场表现足够惊艳，不惧怕在每个领域表达独特的风格，不在乎白人的凝视或白人的制度，他成为一个真正的偶像。AI 来了，他留着垄沟头的发型，穿着宽松的 T 恤衫，戴着大金链子和最新款的劳力士手表，兄弟们也打扮得珠光宝气。每个人都在关注着他。AI 从华盛顿特区的兄弟学来了体前变向，但他进行了完全不同的改进。蒂姆·哈达威也会体前变向，但 AI 会扭动身体，晃动头部。我们从未见识过的流畅的体前变向。AI 的体前变向改变了篮球运动，是 NBA 历史上的高光时刻。此外，AI 甚至开始学说唱音乐，我喜欢他的吐字，他能押韵地描写一场暴风雨。

大约 30 年前的那个午夜，我坐在大巴车的最后一排，听 AI 不停地说我们即将迈入的未知世界，我能感受到他的力量。我就知道，和我一样，他会改变社会环境。之后的几年里，AI 和我都代表了过去从未被代表过的东西。我们代表那些拼了命生存的孩子，那些拥有更少机会的孩子，那些受到误解需要第二次机会的孩子，那些充满原创力的孩子，那些准备开辟新道路的孩子。

随着时间推移，AI 和我始终保持着紧密的关系。他在 NBA 发展，球技不断打磨，变成了我最喜欢观赏的球员。

有两种后卫。第一种是特雷尔 · 布兰登，他是能干的家伙，很有条理，知道每个人应该出现在哪里。朗多就属于这类后卫。

然后是萨姆 · 卡塞尔和 AI。把球给他们就可以了，他们会进球，知道如何得分。

如果我是后卫，我希望成为 AI。他和我是家人，从不吵架，从不发生冲突。他妈妈就是我妈妈，他的团队就是我的团队。AI 很真实，从第一天起就是 AI。

J

Janet Jackson
珍妮·杰克逊

我喜欢迈克尔·杰克逊的才能，但珍妮才是杰克逊家族里我最喜欢的一个。她的歌曲《控制》是无敌的，而《节奏王国1814》更胜一筹。她性感、活泼，比糖还甜。另外，她的舞步实在是热辣。事实上，她的明星地位诞生在明尼苏达波利斯“飞翔时光”录音室的吉米·贾姆和特里·刘易斯手上。

当她的“天鹅绒绳索”巡回演唱会来到标靶中心时，一切变得完全不真实了。自然而然，从*Nasty*、《黑猫》到《爱情就是这样》，每一首歌我都进入了状态。接下来的情况变得更疯狂了，在她献上《绳之灼痛》表演时，我被邀请到台上。

这一场景，现在已成为经典，赋予了“撩拨”一词新的含义。

我背对着观众，坐在椅子上。我的手被绑在椅子上，这对我来说是第一次，我不太喜欢被绑起来的感觉。

珍妮和两位女伴舞各握着一根钢管，开始了表演。

珍妮的钢管就在我的面前，她的身体离我的眼睛只有几厘米。她围着一条覆盖着羽毛的血红色围巾，从脖子上飘下来。她穿着黑色紧身衣。她的蛮腰裸露着，腹肌如此健美。我甚至可以闻到她身上的香水味。

她离开钢管，走向我对面的椅子。她一边摆弄着椅子，一边唱：“把我绑上，把我绑下，让我呻吟，低声幻想。”然后，她从椅子上站起来，慢慢向我靠近。两位女伴舞也加入了进来。她们用羽毛抚过我的额头，珍妮亲吻我的脸颊，她摆动着胯部，在我的身旁后退、前移、绕圈……

观众们陷入了疯狂，而我比他们更疯狂。所以，如果我称自己为世界上最狂热的珍妮·杰克逊歌迷，你现在明白为什么了吗？

Jimmy Jam and Terry Lewis
吉米·贾姆和特里·刘易斯

见“陆地巡洋舰”。

LeBron James
勒布朗·詹姆斯

人们总会谈论那些离开 NBA 还没有赢得总冠军戒指的明星球员。查尔斯·巴克利就是很好的例子。简直是犯罪，很多球员都希望和巴克利一起打球，在我看来，费城 76 人队的老板哈罗德·卡茨太抠门了，他不愿支付工资给球员。所以，巴克利去了太阳队。之后，他又去了火箭队。但这两支球队也没能给他应得的支持。纽约尼克斯队的帕特里克·尤因、印第安纳步行者队的雷吉·米勒、犹他爵士队的卡尔·马龙和“手枪”皮特·马拉维奇，以及文斯·卡特、克里斯·韦伯等球员，他们都拥有着漫长而辉煌的职业生涯，创造了历史，却没有获得总冠军戒指。

让我带你回到 2010 年，当时，勒布朗·詹姆斯确实面临着可能加入这个名单的风险。他为克利夫兰骑士队效力了 7 个赛季，只进过一次总决赛，却被马刺队横扫了。2009/2010 赛季，我们在东部半决赛中击败了骑士队，这是三年里的第二次了。我们不仅是击败他们，而是击溃了他们。那支骑士队没有足够的天赋能战胜我们，永远不会。比赛结束后，电视镜头拍下了勒布朗在球员通道里脱掉球衣的画面。我曾经与克利夫兰的球员和球迷开玩笑说，是我们把它给埋葬了。那件被丢弃的球衣成为一个象征——标志着勒布朗在克利夫兰岁月的结束。在那之前，当计时器响起，我们在球场上拥抱时，我就在他耳边低语说：“让这成为你的动力吧。”

勒布朗不需要我的建议，他具有自我驱动力。但是，在经历明尼苏达森林狼队这么多年的失利之后，我理解他所做的一切。那个直接进入联盟的高中生球员曾经是我；那个热爱自己效力的小市场球队，哪怕历经严冬也对城市抱持着强烈忠诚的球员曾经是我；那个无比希望为长期受煎熬的球迷们带来一座梦寐以求却从未见过的总冠军奖杯的球员曾经是我。我理解勒布朗的内心多么矛盾。

所以，与世界上大多数人不同，当他去迈阿密热火队和韦德、波什一起打球时，我并没有生气。那些著名的电视评论员都说他不应该这么做，不应该在全美直播中宣布转会消息。胡说八道！媒体特别喜欢这种方式了，这可以让他们有素材炒作几个月。作为摔角迷，我很欣赏这幅景象。这具有伟大的娱乐性，所有体育不都是娱乐吗？这是经典的摔角大转折，英雄摇身一变成了恶棍，而且执行得完美无缺。

我非常兴奋，凯尔特人队可以成为战胜恶棍的英雄了。我超级想看热火队和凯尔特人队的对决，我想让迈阿密热火队知道谁才是真正的“三巨头”。

我们在2010/2011赛季的揭幕战中做到了。我们以88比80击败迈阿密热火队，他们上半场只得了30分。TD花园球馆的球迷被点燃了，齐声高喊着“高估”。在那之后，我们战无不胜。全明星赛时，我们排名东部第一，没人能阻挡我们。

除了我们的管理层。

全明星后4天，交易截止日，凯尔特人队把肯德里克·珀金斯送去了俄克拉荷马城雷霆队。珀克是球队的心脏和灵魂，他被凯尔特人队选中，在队里待了8年。在他首发出战的最后3个赛季，我们赢下了一个总冠军，还打了一次总决赛。我们没能连续3年打进总决赛的唯一原因是，

2008/2009 赛季我受伤了。珀克本打算在赛季结束后成为自由球员，且没能与球队就新合同达成一致。凯尔特人队希望用他换来一些资产，而不是在自由球员市场白白失去他。此前，我们已经赢得了留在一起的权利。那笔交易很愚蠢。当我们这个赛季就有夺冠潜力时，为什么管理层却在考虑下个赛季？为什么要破坏夺冠的机会呢？这不是管理层第一次做出愚蠢的举动，也不会是最后一次。

失去珀克之后，剩余的常规赛我们的胜率只有五成出头，最终在东部半决赛中输给了勒布朗和热火队。接下来一年，我们在 2011/2012 赛季的东部决赛中再次相遇。

这是一个跌宕起伏的常规赛。停摆导致开赛推迟了一个月，并削减了 16 场比赛。我们只排在东部第 4 位，不过，在季后赛里，我们找到了最佳状态。季后赛第一轮，我们 4 比 2 击败了老鹰队。东部半决赛中，经历抢七大战，艰难战胜年轻而斗志旺盛的 76 人队。我们将这种坚韧的精神带进了对阵热火队的东部决赛。热火队在主场先赢两场，不过，第 2 场比赛，我们把比赛逼入了加时赛。然后，我们在波士顿主场连赢两场，包括第 4 场的加时大战。第 5 场比赛，我和皮尔斯的状态火热，我得到 26 分和 11 个篮板，皮尔斯得到 19 分。最重要的是，在比赛还剩不到 1 分钟时，皮尔斯在勒布朗头上命中了一记三分球。我们带着胜利回到波士顿，有机会终结系列赛，重返总决赛。

然后，第 6 场比赛，勒布朗打出了历史上最伟大的表演之一。从比赛开始，他的表现就非同一般，如同登上了一架冲天的飞机。全场比赛，他出场 45 分钟，26 投 19 中，得到 45 分和 15 个篮板。当然，我们的投篮命中率惨不忍睹，三分球 14 投 1 中。不过，就算我们投得再好，也无济于事，那晚的勒布朗不可阻挡。正如道克在赛后对记者说的："我希望你们现在可以不再说勒布朗不善于打关键比赛了。"

在迈阿密的抢七大战更加关键，勒布朗再一次把球队扛在肩上，拿下 31 分和 12 个篮板。朗多发挥得非常好，贡献三双，不过，这远远不够。此后，勒布朗一往无前，赢下了个人第一个总冠军，确保他不会被列入“没有总冠军戒指的传奇球员”名单。他并没有就此止步，在迈阿密热火队又赢得一枚总冠军戒指，然后回到克利夫兰，为骑士队赢下球队历史上第一个总冠军。取得如此辉煌的成绩，勒布朗还没有就此止步，他加盟湖人队，在35岁的时候赢得了第4枚总冠军戒指。他在退役前还会再赢一枚甚至两枚吗？他做到什么都不会令我惊讶。

尽管乔丹很伟大，但他防不住勒布朗，科比也搞不定勒布朗，“魔术师”没有勒布朗的运动能力。迈阿密热火队时期的詹姆斯的表现非常疯狂，他那时候，他成了“疯狂科学家”帕特·莱利的试验品。勒布朗身高2.03米，体重113千克，垂直弹跳高度接近1米。

勒布朗是百年难得一遇的天才，我想在自己的书里腾出一块地方来感谢他，让他知道，我与他交手很开心，他让我变得更好，让篮球变得更好。

我永远不会忘记2009年全明星周末，赛前，在更衣室里，他把一个漂亮的玻璃奖杯送给了所有东部队友，包括AI、韦德、德怀特·霍华德、雷·阿伦、丹尼·格兰杰、皮尔斯、克里斯·波什、德文·哈里斯、拉沙德·刘易斯和我。奖杯上面写着“恭喜！你们的朋友——勒布朗·詹姆斯。”

优雅的举动，我从没见过有谁能这样。

总而言之，勒布朗理应拥有湖人队、骑士队或热火队的20%股权。在这三支球队，他改变了文化，给世界带来了前所未见的东西。

Japan
日本

东京是电子、霓虹灯、疯狂、充满活力的代名词。一走下飞机，我就晕头转向了。15 年前，刚到东京的时候，我被这座城市的疯狂格调迷住了。这里消费的新奇产品甚至是我们从没梦想过的，比如手掌大小的迷你手机、有着响彻整个球场的巨大声响的微型扬声器。东京像一个迷宫，充满了疯狂的发明和不断增强的创造力。好几天，我都睡不着。

大阪更加疯狂。来到大阪，感觉自己在火星上。这里有留着金色莫霍克头的兄弟，戴着钻石镜框的家伙，相比之下，埃尔顿·约翰变得很乖巧。

在时尚和音乐领域，美国黑人和前卫的日本人之间拥有一种无言的联系。美国黑人一直走在时尚的前沿，即使上流圈层，时尚也是王道。教会的女士们以头冠而闻名。如果你要走进上帝的屋子，一定要打扮得醒目。当帽子行业在 20 世纪五六十年代被击垮时，黑人兄弟们保住了它。兄弟们永远不会放弃炫耀窄檐帽、宽檐软呢帽或者圆顶礼帽。兄弟们以前所未有的摇滚式戴着帽子。我们翘起一头，我们反过来戴。当嘻哈流行时，一切都难以预料。1996 年，名叫 Kris Kross 组合的两个 12 岁孩子，他们反穿着衣服，唱着说唱音乐。说唱歌手不是在说唱，而是在时尚设计。然后是坎耶和法瑞尔，他们放眼日本，从藤原浩等艺术家身上寻找灵感。

日本也放眼我们，黑人兄弟们创造了一种主流之外的风格，这种风格非常酷，以至于主流文化开始追寻我们的时尚风格。我们以不同的方式看世界。我们不断跳跃，所以运动鞋必须强化弹跳功能。我们懒得把衬衫塞进裤子里，或是把裤子提起来，以显得庄重。我们不需要庄重，我们希望宽松和时髦。我们不想笔直前行，我们走野路子，跳出限制。日本人看到我们在做的事情，将其带到另一个地方。当然，并不是所有的日本人都这么想。日本是一个高度拥挤、高度一致的国家，有数百万穿着纯黑西装的上班族。但所有这些一致性导致了一场艺术家和服装设计师的青年运动，他们说：“去你的。我们走自己的路。”

我为安逸猿（A Bathing Ape）、中国长城（the Great China

Wall)、Y–3 和红猴等潮流品牌而兴奋。我为日本的牛仔布而兴奋。我看到他们用磨坊和轮子来制作老式牛仔布，这些确实像 20 世纪 50 年代的款式，像老式的李牌牛仔裤。我成了有认证的牛仔布爱好者，我也是原始缝针和袖口镶边的爱好者。在日本，牛仔布的制造成为一种艺术形式。他们对这种布料的使用无人能及。说到紧身牛仔裤，我特别喜欢紧身牛仔裤，而日本人将这种产品做到了极致。

我还是孩子时，对“街头文化”或“街头服饰”一无所知。当时，我艰难度日，身边的兄弟们也都艰难度日。我们凑合着使用手头的东西。过去，黑人兄弟可能会为牛仔裤破损而感觉不佳，甚至感到羞愧。但是，另一个黑人兄弟，说：“破了没事儿，甚至感觉还很酷。”于是，他们把牛仔裤撕破，把 T 恤撕破。缝越多，洞越多，越新奇，就越好。新奇是夸耀甚至创造风格的方式之一。

因此，向日本和日本的大胆艺术家们致敬。他们向我们学习，正如我们向他们学习，这是一种美丽的文化交流。他们懂我们，我们也懂他们。他们说自由一点，我们说狂野一点。地球上的其他地方，也在追随这种狂野的自由。

Jay–Z

Jay–Z

见“*King Kunta*”“2000 年 5 月 19 日”“沙奎尔·奥尼尔”“菲利普·桑德斯”“鞋子”。

Jealousy
嫉妒

嫉妒或憎恨不是我的性格，也不属于我的基因。我从小就被教导要为别人取得成绩而开心，从小就被培养成关心队友的人。老妈的话是：“这并不总是关于你一个人。”我从来没有嫉妒其他球员。那些我似乎应该嫉妒的家伙，我始终只是他们的球迷。正如家人、朋友、球迷、老师、教练照亮了我一样，我也试图照亮他人。在这个方程式里，嫉妒没有任何作用。嫉妒建立在不安全感之上，如果你有安全感，对自己的肤色感到自在，你就可以自由地做一个给予者，而非索取者。你可以自由地做一个博爱者，而非憎恨者。

Johnny Joe
约翰尼·乔

约翰尼·乔·康纳，著名的凯尔特人队装备经理，我人生中最喜欢的人之一。约翰尼·乔是个传奇人物，拥有爱尔兰血统，脖子上挂着圣约翰项链。他中等身材，就其年龄来说，他的身材保持得很好。他深爱着圣母大学。他长得有点像雷·多诺万的叔叔，说话有北角区那种啵啵啵、吧嗒乒的味道。约翰尼拥有无上的魅力，深受女士们喜爱，但他只忠于自己的太太。

约翰尼是委员会成员，委员会的人打理我们的生活，打理得井井有条。健身房的治疗师弗拉德·舒尔曼、训练师埃德·拉塞尔特、安保菲尔·林奇，以及从比尔·拉塞尔时代起的公关负责人杰夫·特维斯，委员会的每个成员都让我们感到安全。

当我第一次到凯尔特人队的时候，约翰尼问我：“嘿，‘票哥’，你想要哪个号码？”

我立刻想到，如果我们要夺冠，得有五个兄弟才能搞定。

“我要穿5号球衣。”

Magic Johnson
“魔术师”约翰逊

见“DMX”“福睿斯”“勒布朗·詹姆斯”“迈克尔·乔丹”“*King Kunta*”“本·威尔逊”。

Michael Jordan
迈克尔·乔丹

1996年2月27日，森林狼队在芝加哥联合中心对阵公牛队。这是我成为职业球员后第一次回到芝加哥。我总是很兴奋，但是，那天尤其兴奋，因为我在芝加哥的亲朋好友都来看比赛，包括法拉格特的朋友也在球馆里。

我比平时更兴奋，甚至没有睡觉。我一到芝加哥，发现好朋友“飞人”罗尼·菲尔兹遭遇严重车祸。为了避开路上的不明物体，他猛打方向盘，结果撞上了护栏。他脖子上的一根骨头断了。好消息是，他的手和脚还能动。坏消息是，他不确定下次打球是什么时候。这太令人心碎。距离州内季后赛只有3个星期，本赛季他的表现非常出色，场均超过32分和12个篮板。他是最具潜力的高中生球员之一，与科比齐名，两人都在考虑以高中生身份直接征战NBA，就像一年前的我一样。现在，一切都不确定了。

来到医院时，我看到罗尼戴着项圈支撑脖子。我非常震惊，我讨厌看到如此惨状。我陪了他一整晚，很开心看到他情绪高涨。但是，当到达联合中心时，我已经精疲力竭了。

一如平常，我将所有的情感都投入比赛，光想想就起鸡皮疙瘩。我在电视上看了那么多公牛队的比赛，而现在，我在球场上，听着播音员雷·克莱在首发阵容里念出我的名字。然后，球馆灯光熄灭，闪光灯在四周闪烁，阿兰·帕森斯实验乐团的音乐慢慢响起来。克莱用喉头发出声音，喊出他那句经典台词："现、现、现、现在，首发出场的是你、你、你、你们芝加哥公牛队的……"我好兴奋，但是我得保持专注，全队都是。上半场比赛，我们只落后3分。这场比赛是我们的关键战。我们的战绩是16胜37负，没机会打季后赛。公牛队的战绩49胜6负，主场不败——他们当年创下了保持20年之久的常规赛胜场纪录。但如果我们能赢下这场比赛，无论最终战绩多么糟糕，我们都会觉得这个赛季是成功的。

第三节比赛，我们一直追得很紧，还剩不到2分钟时，我们以72比74的比分只落后2分。在此之前，乔丹一直手感冰凉，15投5中。与此同时，"逍遥骑士"J.R.莱德尔的手感热得发烫，他拿到16分。J.R.莱德尔是个狠角色，1993/1994赛季，他入选了NBA最佳新秀一队，还赢得了全明星扣篮大赛冠军。

事实证明，J.R.莱德尔是联盟里最真诚的兄弟之一，他以老大哥的身份给了我许多宝贵建议。

在联合中心的那场比赛中，乔丹一度防不住J.R.莱德尔，所以，我开始刺激J.R.莱德尔。

"那个家伙防不住你！"我对他喊道，"继续虐他！他不知道拿你怎么办！"

我喊得太响了，乔丹听到了。

J.R.莱德尔比我有经验，知道和乔丹说垃圾话等于自杀。

“小孩子不懂规矩。”他对乔丹说，试图让气氛冷静下来。

但这并没有让我冷静下来，我才不管呢。“继续干他！”我朝J.R.莱德尔大喊，“他搞不定你。”

这时候，乔丹给了我一个死亡凝视。这一眼仿佛是永远。他的眼睛紧锁，目光在燃烧。仿佛他的眼睛在说：“现在看着我。”

那一眼之后，我能做的就只有看着了。第三节最后不到1分钟，乔丹连得6分。第四节比赛，乔丹拿出了只有乔丹能做到的表现，油漆区内、三分线外、中距离跳投，百发百中，无比顺畅。每进一球，他就盯着J.R.莱德尔，然后又看着我。乔丹就像垃圾车碾压可乐罐一样碾碎我们。

J.R.莱德尔和我各得20分，无济于事。我俩在比赛还剩2分钟时被替换下场，此时，公牛队领先15分。最终，我们以21分之差溃败。我俩倒在板凳上，完全被乔丹的表现给震撼了，他全场得到35分。

“是我的错，伙计。”我对J.R.莱德尔说，用力喘着气，“对不起了，哥们儿。”

“我和你说过闭上你的臭嘴。”他上气不接下气地说。

一会儿，乔丹过来和我们说话了。他呼吸轻松，几乎都没出汗。

“嘿，小伙子们。”他说，“你们都还好吗？你们结束了？”

这个教训再清楚不过了。你永远不能对迈克尔·乔丹喷垃圾话，反正，我再也没有喷过。从那一刻起，我知道乔丹是这个星球上最好的进攻球员，他站在食物链的顶端。

这个故事展现了乔丹好胜心的一面。但人们对他慷慨的一面谈论得不够多。

1997年，湖人队球员奥尼尔入选全明星，但因伤缺阵。我被选中作为他的替补。这才是我的第二个赛季，我成为自1980年“魔术师”约翰逊之后最年轻的全明星球员。

全明星比赛在克利夫兰举行，我们西部队被东部队击败了。乔丹打出了NBA全明星赛历史上的第一个三双。中场休息时，我看见他在走廊换鞋，他穿着Air Jordan十二代季后赛款。当他脱下球鞋时，我停下来，说："把那玩意儿给我吧。"

他丢了过来。

"拿好了。"他说，"但我不会签名的。"

我不要求他的签名。我谢过他，抓起那双宝贝球鞋，冲进更衣室，塞进包里，拉上拉链。这双鞋的侧面有一条黄色的曲线，我超级喜欢这双鞋子。我在鞋架上腾出了一块空间给它们，以示敬意。我可以一直盯着他们看，花上比我愿意承认的更长时间。20多年过去了，我还是在盯着它们看。

June 28, 1995
1995年6月28日

我希望在感觉舒服的地方举办新闻发布会，宣布从法拉格特毕业后直接参加NBA选秀的决定。我不喜欢酒店会议室，本垒打旅店比萨的店面很适合我的风格。里面挤满了人，记者们挤在前面，想插上前提问，朋友们在后面玩闹欢呼。我点燃烤炉，吃上一块比萨，然后告诉全世界我要直接去NBA了。

离6月底的选秀还有一个多月。大学球探都了解我，但没有多少NBA球队知道我。所以，我的经纪人在芝加哥的一个球馆组织了一场试训。试训现场来了许多NBA球队的高管，比如NBA传奇球星、森林狼队篮球运营副总裁凯文·麦克黑尔，以及刚被任命为热火队主教练兼总裁的帕特·莱利。我紧张得要死，简直快窒息了。来自西区的小后卫基瓦尼·加里斯为我传球，活塞队助理教练约翰·哈蒙德也在帮助我，他后来成了雄鹿队和魔术队的总经理。哈蒙德看出来我很激动，于是让我罚几个球，冷静下来。

这时，我听到莱利说话。

“拜托，这是什么鬼安排？要我看一个高中生吗？我为什么在这儿？”

好吧，我心想，你不知自己为什么在这儿？

这正是我所需要的。

我在球场上冲刺，胯下运球和背后运球之后，在刚刚超过罚球线的位置起跳，扣下了我这辈子最猛烈的一记扣篮。

高管们没有说话。

“他们想看看你能跳多高。”哈蒙德说，“所以，我把球扔到篮板上，你接到球后扣篮，然后把球回传给我。”

我照做了，不过不是一次，也不是两次，而是连续五次。哈蒙德每次都传得更高，我每次扣篮都更有力。第五次扣篮后，我吼了大概15秒：“啊……”

尖叫过后，我抬头看着莱利说：“现在你知道为什么在这儿了吧？”

莱利的态度发生了180度大转弯，他开始缓缓鼓掌。

“不错的试训，小伙子。”他说，“很不错的试训。”

那天，麦克黑尔和森林狼队总经理菲利普·桑德斯在一起。后来，我听说他们来参观试训只是为了设下圈套。森林狼队拥有选秀大会的五号签，他们计划对我大肆赞扬，希望排在他们之前的球队会听信，然后把我选走。如此一来，麦克黑尔和菲利普真正希望得到的球员就会落到自己手里。不过，在试训之后，他们都相信应该选我。菲利普说这是他见过的最好的个人试训。

我当时不知道这些，我只关注自己的举止。

“很高兴见到您，麦克黑尔先生。”我边说边伸出手，“很高兴见到您，桑德斯先生。”

那个周末，我收到了参加NBA选秀大会的邀请，这意味着我基本会被选中。我的价值在上升，但还有许多障碍需要跨越。还是在芝加哥，我在希尔顿酒店做选秀前体检，包括在跑步机上跑步、举重和其他项目。我既紧张又兴奋，这又是一个将改变人生的篇章。一到那里，我看到了乔·史密斯、科利斯·威廉森和斯科蒂·瑟曼，这些都是我喜欢的大学生球员。

“斯科蒂，最近怎么样？”我说，“伙计，你在阿肯色大学打得太好了。你和科利斯都很不错。”

他看出我是他的球迷，他超级友好。不是所有人都那么友好，有人对我很不好，因为我没上过大学。有人让我觉得自己像个局外人。有人说：“兄弟，你错过了教育机会，你错过了很多。”

我觉得这是在拿我开玩笑，甚至是在欺凌我。

当我连66千克都举不起来时，他们说：“你不够壮，打不了NBA。”

举重从来不是我训练的一部分。那时，我的体重不超过80千克。我的体重很轻，身材很修长。每个来测试的家伙看起来更高大，更厚实，更强壮，更自信。我陷入了文化冲击。

斯科蒂看出了我的心思，走过来说：“伙计，他们嘲笑你是因为他们知道你是对的，他们感觉受到了威胁，你不需要证明什么。”

但我需要证明自己，我感觉背上了“不上大学”的额外负担。与此同时，我丰富的街头经验可以运用。我在芝加哥生活了一年，从城市这头到那头，在每块球场上打过球，与每个怪物球员交过手，付出了所能付出的最大代价。如果有选秀前景的大学生球员们认为我不合适，那我有更多的理由去证明他们是错的。

是时候去多伦多参加NBA选秀大会了。但在登机之前，还有麻烦事需要处理。我还在假释中，一年前从莫尔丁转到芝加哥，假释委员会就开始下绊子了，他们说我不能离开美国。我必须拿到文件，证明自己只是去参加选秀大会，而且会马上回来。在那麻烦事解决之前，我一直屏着呼吸。

终于，飞机从奥黑尔机场起飞，90分钟后降落在多伦多。下了飞机，我开车进城，一切看起来都很干净美丽。记住，我之前从没出过国，我以为自己到欧洲了。

不过，我是在多伦多，这是两支加拿大球队——猛龙队和灰熊队加入NBA后的第一届选秀大会。我还不到一个月才满19岁。我、老妈、女朋友科莉丝，还有哥们儿“虫子”、诺德和卡里姆来到选秀大会。我的两个经纪人也在。到达酒店房间后，电话响了，人们想开派对。我才不想参加派对，我只想一个人待着。我不能再承受刺激了，让我看看能不能暂停脑子里的无数想法，安然入睡。我想慢下来，我想沉住气。我会被选中，我当然会被选中。一周前，《芝加哥论坛报》报道说，许多NBA总经理进行了一场模拟选秀，森林狼队在第五顺位挑中了我。我尽量不去关心媒体的报道，但周围的人都在喋喋不休，我听到人们谈论这件事。顺位那么高实在是很疯狂。然而，我的头脑里总有个声音，魔鬼的声音，“怀疑先生”的声音。“你犯了一个严重的错误，”“怀疑先生”说，“你被耍了，你搞砸了。你为什么不听？为什么不上大学？你的梦想是上大学。”在“怀疑先生”把我逼疯之前，我回答说：“这才是我的梦想，我的梦想是选秀。所以，给我闭嘴。”两个声音在我头脑里吵到大半夜。

1995年6月28日，黎明破晓，选秀日到来。我冲了个澡，刮刮胡子，擦干净鞋，穿上在密歇根大道的罗彻斯特大码服装店定制的石灰色双排扣西装。想当初，老妈拍一下我的头，让我从旧货店的筐里赶快挑一套衣服。从那时候走到今天，真是一段漫长的路程。这与过去到教堂时穿得那种樟脑味的善心西装太不一样了。罗彻斯特的裁缝走过来对我说这套衣服需要定做，而我甚至不知道定做是什么意思。我根本不知道要测量尺寸，还以为卷起袖子来掩盖不合身之处。这件衬衫的袖子真的直到手腕，这棉布贴在脖子上很软，这裤腿真的就在鞋面上。

女朋友帮我系好在萨克斯第五大道买的丝绸领带，上面印有三角形图案。我戴着金耳环，正要出发前往天穹球馆时，电话响了。

“凯文，我是‘老狼’。你站着吗？”

“是的。”

“行，坐下来。我有好消息。”

“选秀还没开始，你怎么会有好消息呢？”

“和选秀没关系，是你会喜欢的事情。”

“啥事儿？‘老狼’，你在说啥？”

“你上次的 ACT 和 SAT 成绩出来了。你做到了，孩子。你进步了 20% 左右，成绩通过了。现在所有大学都可以招你了。”

我不知道该怎么想，我很高兴，很骄傲，甚至很激动。我一直在准备这些考试，准备了那么久，终于，我完成了挑战。我符合大学的录取资格了。

可是，这个消息为什么在我出门参加选秀前几秒钟传来呢？天地万物想告诉我什么？仅仅因为我的 ACT 和 SAT 成绩现在达标了，我就应该突然改变主意吗？那肯定将会成为大新闻的。

我已经登上了《体育画报》的封面，头条是：“准备好了吗？三周前，凯文·加内特参加了高中舞会，下周他将成为 NBA 高顺位新秀。”推翻这个预测，选择退出选秀大会，这难道不是个大新闻吗？这样，就不会有人说我不上大学的唯一原因就是进不了大学了，这种说法至今仍在流传。现在，我知道自己可以上大学了。

所有这些想法都在我脑海中乱飞，我看着镜子里的自己，对“老狼”说：“该死的，太晚了！该死的大学，我要去一所艰苦的大学。去 NBA，那才是我要去的地方。10 分钟后楼下见。”

科莉丝看着我，问我是否还好。

“我很好。”我说，“我通过了考试，但更大的考验还在后面。”

在猛龙队的全新球场天穹球馆里，NBA 总裁大卫·斯特恩站在台前即将逐条宣布结果，所有潜在获选者和他们的亲朋好友坐在桌前，还有成千上万的球迷。我感觉自己在一个鱼缸里，感受所有的能量。姐妹们在向我招手，阿姨、表亲也向我打招呼。我遇到了一些认识的人，比如拉沙德·格里菲斯，他是早我几年的伊利诺伊州篮球先生，此时，他刚从威斯康星大学毕业。还有拉希德·华莱士和杰里·斯塔克豪斯，此前他俩带领北卡打进NCAA锦标赛四强，我在耐克训练营与他俩交过手。我得到了一些拥抱，也得到了一些和体检时类似的态度——有些大学球员，对没有这段经历的人并不感兴趣。

无所谓，我和自己人坐在桌前，“虫子”也在场。我还记得和“虫子”在电视上看选秀大会的日子。现在我们就在这里，我们在电视上。我的胃隆隆作响，嘴唇有点干。我喝了一口水，然后深呼吸，看看台子后面的大布告板，上面有球队名字以及空白栏，获选者的名字到时候就填进去。斯特恩发表欢迎致辞，用他绚丽迷人的词汇来营造气氛。

斯特恩谈论这些未来的运动员，这些未来的“篮球之神”。斯特恩对未来垂涎不已，他说个没完。开场白可能只有几分钟，但那几分钟感觉就像几小时。快点，快开始吧。斯特恩还在喋喋不休。

终于，开始了。

“1995年NBA选秀的第一顺位，金州勇士队选择了马里兰大学的乔·史密斯。”

听到这个消息时，作为球迷，我为乔感到开心，他是未来的超级明星，每个人都认为他是状元的人选。

“1995年NBA选秀的第二顺位，洛杉矶快船队选择了阿拉巴马大学的安东尼奥·麦克戴斯。”

麦克戴斯是东南联盟最厉害的大个子。快船队选得好，他是好球员。

“1995年NBA选秀的第三顺位，费城76人队选择了北卡罗来纳大学的杰里·斯塔克豪斯。”

我是通过AAU比赛认识斯塔克豪斯的，他是一个谦逊却脾气火热的后卫，从高中到大学生涯，他很受尊敬。恭喜斯塔克豪斯。

此时，我的腿开始颤抖，手开始出汗。球员们一个一个被选上，而我还坐在这儿。不要叫我冷静，每个人看得出我很紧张。在这方面，我完全没有经验。

四号签属于华盛顿子弹队（现华盛顿奇才队）。华盛顿很棒，我喜欢华盛顿。他们上赛季排名东部垫底，但交易得到了克里斯·韦伯。能够成为克里斯·韦伯的队友实在像做梦一般，就像在密歇根大学打球的同时还能打 NBA 一样。我也很好奇，想近距离看一下身高 2.31 米的罗马尼亚中锋格奥尔基·穆雷尚，我觉得在训练中与他较量可以打磨我的低位技巧。

不过，这也是我猜他们不会选我的原因，他们已经有了中锋穆雷尚，替补中锋吉姆·麦基尔文也才结束新秀赛季，他们不需要又一个年轻的五号位球员。我倒不认为自己是中锋，我担心被看成中锋会让我无法完全发挥潜力。事实上，我一直坚持把身高列为 2.1 米，因为一旦列为 2.13 米或以上，人们就会对你另眼相看。那 3 厘米会造成很大的区别。

“1995 年 NBA 选秀的第四顺位，华盛顿子弹队选择了北卡罗来纳大学的拉希德·华莱士。”

拉希德就在几张桌子之外，他的妈妈在尖叫，整张桌子的人都站起来大声呼喊。拉希德得到了他应得的奖励，所有镜头都在对着他。我爱拉希德，我为他感到开心。

然后，突然间，所有镜头都开始朝我们的桌子移动，朝我移动。

“咋回事？”我问经纪人。

“表演时刻。”他说。

难道他知道一些我不知道的事情？

“1995 年 NBA 选秀的第五顺位，明尼苏达森林狼队选择了……”

一切都安静了，除了我的名字，一切都停止了。我不知道该怎么表现，该说什么。有点不太现实的感觉。

我站起来，给了老妈一个大大的拥抱。厄尼·约翰逊对全美国电视观众说：“为什么他现在就要进NBA呢？他的考试分数不够高，他不想读社区大学。”我爱厄尼，后来我在TNT与他密切合作过。他是个好人，但他的话是纯粹错误的，哪怕早些时候“老狼”没有打来的那通电话，可他还是在全美国电视台上讲了。这强化了一个我在未来几年内不得不面对的错误叙述。

在那一刻，我只知道自己进了选秀前五。我拿到了一顶森林狼队的帽子，戴上它，走上台去。斯特恩向我表示祝贺，和我握手。

“很高兴遇见您，斯特恩先生，这是我的梦想。”

“让我们看看你会用梦想做什么。”他说。然后，他又指向摄影师，补充说：“看这边。”

我的眼睛里全是泪水。NBA公关负责人克丽莎·钦引导我接受采访，她几乎对每个NBA球员充满正能量。尽量我让自己说的话听起来有条理。我一度把帽子转到一侧。“把帽子戴正，”钦说，“我们不这样做。”我还是这么做了，我的帽子还是歪着的。

接受所有媒体采访后，球星卡公司Upper Deck给了我一张100万美元的支票。我数了4遍上面的零才相信那是真的，我从没见过这样的支票。我习惯把钱放在牛皮纸袋里。现在我被告知说，这些钱会“直接存款”。这是一个全新的术语，今天的一切都是新的，我也是新的。

我们去吃晚餐，然后早早返回酒店，因为第二天早上，我要飞往纽约，参加《罗杰斯与凯茜·李脱口秀》。我在看公关手册，第一次看我的日程安排，包括不间断的采访，不间断的关注。科莉丝在卫生间里，准备收拾收拾睡觉，而我坐在椅子上，回想起一年前，我还住在莫尔丁一个兄弟的隐秘地下室里，一边阅读威洛比小姐带给我的课程内容，一边担心自己会进监狱。现在，我在多伦多的香格里拉酒店里，感谢上帝，并祈祷有机会创造改变。科莉丝感受到了我的孤独，把这一刻留给我。

我朝窗外望去，看到一颗闪烁的星星。就这样，人生开始了。

K

Kareem
卡里姆

见“扣篮”“单打”“*King Kunta*”“美国国歌”。

Martin Luther King Jr.
马丁·路德·金

见“拳头”“零容忍”。

“King Kunta”
King Kunta

King Kunta 是肯德里克·拉马尔的一首超级棒的歌曲，你一定会喜欢的。更棒的在于，如果仔细听，你会听到詹姆斯·布朗 *The Payback* 的精彩节奏，这也是 Total 乐团与 Biggie 合作的 *Can 't you See* 里用过的节奏。詹姆斯·布朗的 *The Payback* 发布于 20 世纪 70 年代，Biggie 的歌是 20 世纪 90 年代的，肯德里克的歌曲则是在 2015 年发布。这是超过 30 年的黑人音乐的糅合。

所以，当人们认为嘻哈音乐太激进、太肮脏或抛弃了过去时，我却认为嘻哈音乐是对过去的崭新呈现，把过去拉到现在，面向未来。

1996 年，20 岁的我在听 Jay–Z 和 Foxy Brown 的 *Ain't No Nigga* 时，

我听出他们重写了20世纪70年代Four Tops演唱的歌曲*Ain't No Woman (Like the One I Got)*。在拖地和洗碗时，老妈就会打开收音机放这类歌曲。Jay–Z把我带回了童年，同时也推动我前进。这太美了。

还有很多其他例子。1988年，在*Eazy-Duz-It*中，Eazy–E借用了诱惑乐队20世纪70年代的*Ball of Confusion*中的贝斯线。我的叔叔珀尔(Pearl)特别喜欢诱惑乐队。听Easy–E时，我会回想起自己有多么爱珀尔叔叔。

坎耶和Jay–Z在2011年把奥蒂斯·雷丁的*Try A Little Tenderness*作为他们歌曲*Otis*的核心。奥蒂斯的歌曲是1966年发布的，米尔外婆那时候很喜欢。

我最爱听DMX的*No Sunshine*，这首歌曲是建立在比尔·威瑟斯的*Ain't No Sunshine*上。

小韦恩向R&B灵魂乐女王贝蒂·赖特（Betty Wright）致敬，她一边唱，他一边饶舌，这首歌被称为*Playing With Fire*。

玩嘻哈音乐的不同世代联结在一起，就像打篮球的不同世代一样。

卡里姆向威尔特学习，“空中飞猪”查尔斯·巴克利以韦斯·昂塞尔德为模板，拉里·伯德紧随里克·巴里的脚步，安东尼·戴维斯以杰里·卢卡斯为基础。德克·诺维茨基就像现代版的阿尔维达斯·萨博尼斯，从奥斯卡·罗伯逊到“魔术师”约翰逊再到贾森·基德，一代追寻一代。阿朗佐·莫宁回望比尔·拉塞尔，所有人都吸收了“珍珠”厄尔·门罗在球场上的转身技术。我注视着克里斯·韦伯，他注视着德里克·科尔曼。

所有的世代变成了同一代。

积累。

延续。

在这个过程中，过去的卓越孕育出新的卓越，孕育出一种不同的卓越。你在电台里听到的音乐，你在球场上看到的景象，都在数不清的生命周期中相互联系着。这种联系源于尊重，这种联系基于爱。

Kingdom Hall
教堂

见“登场”“约伯记”“美容”“作业”“1995 年 6 月 28 日”“问题”。

Kobe
科比

我从没想过他会比我先死。在写科比的时候，我百感交集。我还是不明白到底发生了什么，科比的死令人难以置信，太突然了，太可怕了，太痛苦了，我无法接受。但是，当我正视这个可怕的事实时，我感到骄傲，为科比所取得的感到骄傲，并且感激他出现在我的生命中，我们成了兄弟。

我们第一次见面是在费城的光谱球馆，我的新秀赛季。我喜欢光谱球馆，因为那里的灯光比较暗，筐比较低。那天，我发挥得不错，走下球场，走进更衣室时，科比就在那儿，坐在我的凳子上。

“嗨，KG。”他说，“我是科比。”

“嗨。”我回答说，“但你的屁股为什么在我的位子上？从我的位子挪开。”

他马上跳到一旁，我们咯咯地笑了起来。他特别活泼，像个小男孩一样吵闹。他很欢快，我能看到在他说话时喷出的唾沫。他就这么直接来找我。

我们都还是孩子。他 17 岁，我 19。我已经在 NBA 了，他还要再等一年。他打算和我一样，高中毕业直接去参加选秀，所以我们马上就有了联系。我从没见过有这么多问题的人，一个接一个地蹦出来。

“比赛真的像看起来那样激烈吗？”

“废话，当然了，很激烈。”

“当新秀很辛苦吗？”

“巨辛苦。”

“怎么讲？”

“交学费。老将会把你看成威胁，你要勇敢面对。在场上会被人教训。你得证明自己。”

“你有团队吗？你有自己的人吗？”

“我有自己的人，但我是那种只管做自己的人。我能感觉出来你更善于与人打交道。”

事实证明我是对的。“阿豆”是我的兄弟，他外向，我内向。他父亲也是球员，帮助他指点迷津。后来，当我们成为密友后，他给我讲意大利联赛的故事。他开始说意大利语。真是太有趣了。在那些没完没了的全明星更衣室谈话和午餐会上，在媒体流程走完后，我们还会坐在走廊里，两个球员就这么聊天。这时候，“阿豆”告诉我，作为在欧洲生活多年的美国孩子，融入美国社会的困难。不仅仅是作为美国孩子，还是一个黑人孩子。在震撼全世界之前，他经历了自己的文化冲击。我和“阿豆”的背景截然不同，但在某些方面，我把他看作另一个我。他做了自己应有的努力。

想要了解联盟，他有很多人可以去咨询。我知道他确实找了不少人。他能那么早就来找我，我很高兴。

在很多方面，媒体对待科比就像对待我一样。当他还在费城的劳尔·梅里恩高中读书时，媒体就开始纠缠他。跟随他去毕业舞会，当时他的舞伴叫布兰迪。这让他明白，生活将不会再像他所希望的那样私密，像我们都希望的那样。

我看着他被选中，看着他经历生涯早期的艰难时光，他饱受打击。每个人都一样。天赋越高，被打得越惨。他的一些队友取笑他：“好吧，表演时间到了。”我记得他告诉我，他觉得队友是在嘲笑他，而不是说笑。他花了很长时间才开始信任队友。但他做到了，他与德里克·费舍尔、泰伦·卢和布莱恩·肖处得很好。那是他真正的兄弟。

我记得他第一次参加全明星赛。这也是蒂姆·邓肯的第一次，我的第二次。1998 年，在麦迪逊广场花园，第一次科比和乔丹共同参加的全明星赛。媒体大肆渲染 19 岁的“阿豆”是 NBA 历史上最年轻的全明星球员。媒体盯上他了，媒体迟早会盯上我们所有人。媒体说，乔丹已臻化境，让我们看看科比有多厉害。

拉里·伯德是东部明星队主教练，他认为“阿豆”过于兴奋。他说了一些蠢话：“就让科比投吧，他会把自己投死的。”伯德在嘲弄他，每个人都在捉弄他。这些压力给他带来了巨大的心理负担。

因为我们的关系一直很好，所以我可以看出他的情绪，我说：“别紧张，科比。我们现在已经到这儿了，老弟。我们到这儿了！”我用拳头在他胸口捶了两下，对着他大叫，“我们是首发！我们是未来！”

我告诉他，我会给他传球，然后，在第一节打了五六分钟时，我看到他冲向禁区。这时，我把球往天上高高抛起。我用了正确的手法，球就像午夜的满月一样高挂在那儿，悬停的一瞬间，“阿豆”抓住球，双手暴扣。所有人都疯狂了。

“我告诉过你。”我说。

“厉害。”他说。他就这么进入了节奏。

我们的全明星阵容很强——“阿豆”、我、沙克、加里·佩顿、卡尔·马龙。有一个回合，卡尔因为糟糕的挡拆配合而非常不爽。很多老将都很恼火。但这就是乐趣所在，年轻人闯进来了，正如长江后浪推前浪，前浪死在沙滩上。不仅仅是东部和西部的对抗，而是一代人对另一代人的斗争，这是一场残酷的年代之战。

东部赢下了比赛，乔丹得到23分、6个篮板和8次助攻，并获得了MVP。但科比可以为自己而骄傲，他拿到了全队最高的18分。他拼尽了全力，而我再也没见他紧张过。

我们之间有那么多的美好时刻，我脑海里有那么多的记忆碎片。温暖的情感，家人的情感。

达拉斯全明星周末扣篮大赛，我带着两岁的女儿，坐在第一排。“阿豆”和瓦妮莎坐在我旁边，瓦妮莎对我的女儿说了一大堆话：“她太可爱了！她太漂亮了！你太幸运了，凯文。”我和科比经历了从单身汉变成已婚男人的转变。

现在，我想到了美好的事情，欢乐的时光，甚至还有我们的争执时刻。

就在“阿豆”被选中之后，我开始在洛杉矶度假，并拍摄耐克的广告。科比想让我去洛约拉玛丽蒙特大学训练，但我从来不喜欢那块场地，地板下面是水泥。对我来说，UCLA（加州大学洛杉矶分校）是最佳地点，UCLA有各种街头球员，那儿才是真刀真枪的较量。每个人都带着自己的人，可不是在胡闹。说一句错话，可能一下子引发冲突。我喜欢那种环境。

“阿豆”绝不会去UCLA。他说：“KG，你应该去威尼斯海滩打球。”

我在威尼斯打过，但那是我很小的时候。现在，我对威尼斯的看法略有不同。

“为什么？”“阿豆”问道，“威尼斯海滩有一些水平很不错的球赛。”

“在水泥地上打球可不明智，那会毁了你的腿。”

那年，“阿豆”在威尼斯打球时手腕骨折。但手腕骨折不会阻止他，没有事情能阻止他。

常规赛里，我们对对方的态度很强硬。我们激烈碰撞、打架、喷垃圾话。必要的时候我会亲自去防他，能盖他时我就会去盖他。他会说：“你防不住我。”我会说：“怎么可能。”

两个顶级球星，两个好胜心强烈的竞争对手，我俩能把极限推向多远。但无论有多激烈，每场比赛结束后，我们都会向对方致以敬意。

我能想起来有一次真生气是在2007年夏天，当时，我正全力以赴想要转会。我与森林狼队已经走到了道路的尽头，太阳队、凯尔特人队和湖人队三支球队可供我选择。我想知道科比是否认为他的湖人队是我的正确选择。我给他打电话，没人接。又打了一遍，还是没人接。我检查了下有没有打错，确认号码是对的：科比·布莱恩特。仔细检查数字，电话号码也没错，就是这个号码。让我再打一次，五次，六次。

打了13次之后，我问老婆："还要不要再给他打？""要。"她说，"这关乎你的未来。"我甚至联系了和我俩关系都很亲近的泰伦·卢，让他转告科比来联系我，但"阿豆"始终没有联系我。打了20次电话之后，我觉得够了。后来，我才知道他在中国待了很长时间，但这不意味着他没有收到信息。

地球照样旋转。那年夏天，凯尔特人队交易得到雷·阿伦，事情突然变得明朗起来。卢告诉我："'票哥'，就是这儿了。"昌西也这么说。"没有更好的机会了，你得去波士顿了，宝贝。"那年夏天，加里·佩顿在洛杉矶重新举行婚礼。我要去表达祝贺。安托万·沃克也在场，他之前随热火队拿到了总冠军。为自己赢得了一枚戒指。安托万和我聊了起来，他的看法跟昌西和卢的一样。

"波士顿很棒，大个子。你一定要这么做，你一定要拿到戒指。"

我能感受到安托万的真诚，他把我的最大利益放在心上。兄弟给了我一些人生中最好的建议。

我做了决定，非常有信心，非常有决心。我放弃了与"阿豆"做队友的幻想。不容易，但我得做我必须做的事情。

在我做出决定之后，在新赛季开始之后，11月23日，我们在斯台普斯球场再度交手，我为凯尔特人队，"阿豆"为湖人队。当有球员在罚球，我不想和他站在一边，因为我不想听他不回电话的借口。然后，他也换了位置，又站到我身边。我又换到对面去。最后，裁判不得不说：“你们差不多得了，赶快消停！”

当他走来找我，我的第一句话是：“哥们儿，你一直没给我回电。”

“就没收到你的信息。”

“扯淡。”

“你打的是哪个号码？”

“对的号码。卢给我的号码。”

“你知道的，KG。我们换号码就像换内裤一样勤。”

“我觉得你收到信息了。”

“信息会传丢的。”

“一条信息发了20次时可不会。”

“嘿，哥们儿，我在中国。我有了新的耐克球鞋系列，我经历了比以前更复杂的事儿，我同时要向8个方向移动。”

“这我都知道，但你绝对没有朝我的方向移动。”

我们吵了一两分钟，并且被镜头拍了下来，人们大肆渲染。我感觉有点受伤，最后，“阿豆”向我道歉，这对我来说已经足够了。

我和科比之间的糟糕感受总会消失，那是因为“阿豆”是一个美丽的人。他有一种冷幽默，是从乔丹那里学来的。事实上，科比是有意识地模仿乔丹。我们这代球员都是如此。“阿豆”搬去了橙郡，因为那里离乔丹的家不到一小时车程。他甚至走路都像乔丹，他会给小指打绷带，像乔丹一样。后来，他开始相信自己比乔丹更强。如果你和“阿豆”一样伟大，你必须说服自己相信这一点，否则你无法进步。没人能吓倒你。

与此同时，科比总是支持我。2000年，湖人队4比2击败步行者队，他获得了自己的第一个总冠军。那时候，我们用一种带个人识别码的Sky Page设备。我给他发了条短信说：“恭喜。”他回我说：“哦，老兄，这真的很疯狂。”后来，他开始赢得一枚又一枚戒指，打电话过来说：“老兄，别担心，你会夺冠的。”

我的反应是："哥们儿，给我滚。别给我整大哥这一套的，现在我成小老弟了？"

"剧本已经颠倒了。"他说。

"还会再倒回去的，你小心点儿。"

我看着他经历低潮，失去所有赞助。事情看起来就像"蛋头先生"从墙上掉下去，摔得粉碎，但他把"蛋头先生"重新拼了回来。他变得更坚强、更聪明、更谦逊。他让这件事发生了大逆转，"阿豆"3.0版是最好的"阿豆"。

爱和尊重。这是2006年1月22日他面对猛龙队砍下81分时我的感受。我认为那场比赛是他的信念和巅峰。他进入自己的节奏，一直不停地进球，不停地进球。60分不够，70分不够，甚至80分也不够。最终的数字是81。真的难以置信。我以为自己在看电子游戏。对手还是我最好的朋友之一——萨姆·米切尔，当时，他是猛龙队主帅。我甚至很恼火，因为我希望科比能超过威尔特在1962年砍下的100分纪录。

然后是2010年的总冠军。"阿豆"投篮手的食指带着伤，他还是战胜了我们。那才是真正的野兽模式。

抢七大战中，我们告诉自己要阻止科比，这就是我们的策略。但科比还是找到了取胜的方法。当他手风不顺时，很快就找到了状态好的队友。当时还叫罗恩的梅塔·桑迪福德·阿泰斯特，手感火热。他砍下20分，最后那记三分球最为重要。

那个关键回合我们打得很好。第四节比赛还剩1分钟，湖人队领先3分。"阿豆"在侧翼持球，雷·阿伦贴防着他。这座球馆的人都知道他要出手。不，我们不会让他得逞的。拉希德上去夹击，科比向右运球。但雷·阿伦截住了他，不让他杀入禁区。于是，科比跳了起来，艰难地把球传给三分线外的梅塔。皮尔斯已经轮换到位了，一只手封在他的脸上，这是很好的防守了。我们做了该做的一切，但球就是进了。

赛后，我们在更衣室里痛哭流泪，拥抱安慰。十多年过去，这场失利仍然让人难以释怀。那支凯尔特人队太优秀了，不该只拿到一枚戒指。但“阿豆”的传球和梅塔的三分球让我们输了。

科比的最后一个赛季，每座城市都向他表达爱意，这是篮球历史上最温情的时刻。全世界都在给他加油，拥抱他，说：“我们爱你不仅因为你的比赛。我们爱你，因为你的性格、你的智慧、你的尊严，你对乔丹所开创事业的奉献——把篮球这项运动带到世界各地，跟肮脏和媒体斗争，最终站到了比珠穆朗玛峰更高的地方。”

他的谢幕战拿下了60分。这样的结局当然会这样。

如果我还有什么遗憾，那就是没能让我们的友谊更进一步。我们退役后，本可以更多地接触。我多希望自己这么做了。但科比去了橙郡，而我在洛杉矶。我们过着两种不同的生活，朝着不同的方向前进。

得知科比和宝贝女儿，还有其他好人都上了天堂时，我第一个电话打给了保罗·皮尔斯，他和我一样痛心。我必须与他说说话，但我什么也说不出，我所做的只有哭泣。我像个婴儿一样哭，没事儿的。想到科比的生命就这么突然结束，我就想哭。其他的反应都是不真实的。这种悲伤不会消失，后来，我从悲伤转为信念。我去寻求精神，精神是真实的。精神是我们能感觉到的。精神上的事实是，我，以及世界上的其他人，都将在余生中感受科比的精神。

L

Land Cruiser
陆地巡洋舰

刚到一个新地方时，你需要向导。凯文·麦克黑尔是土生土长的明尼苏达人，那时已经升任森林狼队总经理。他介绍我认识球队训练师克莱顿·威尔逊，他是一个老派的家伙，总是喝着啤酒，穿着运动短裤到处闲逛，期望有派对。

克莱顿说："拿好这条短裤，我们本来是留给达蒙·斯塔德迈尔穿的，不过给你穿也很合适。"

"小飞鼠"达蒙·斯塔德迈尔身高才1.78米，这条短裤连我的屁股都遮不住。

我花了一段时间才理解克莱顿的幽默感。当时，我也不知道克莱顿是柯比·帕克特的得力助手。柯比是带领明尼苏达双城队两度获得职业棒球世界大赛冠军的王牌击球手。"王子"如果是明城的国王，柯比则是市长。没有人比柯比更了解明城了。他是我最早的也是最好的向导，他对双子城的风景了如指掌。他带我去了普利茅斯、卡尔霍恩湖、北区、南区，以及索马里裔和埃塞俄比亚裔聚集的地方。这两群人的人口数量都在增长。明城到处都有很有趣的人。

在明城，我第一次看到黑人和白人约会，他们手牵着手，生下卷头发、漂亮、健壮的孩子。我努力地观察，努力地汲取这里的一切。这座城市古雅而又时髦。在圣保罗，名为"黑人之声"的R&B/福音唱诗班唱着《乐观》和《精神》等曲子，让人心生愉快，甚至忍不住发出欢快的声音。

在芝加哥，我很少出去探险，我被困在城中。我没钱，基本靠高架轻轨出行，我的活动半径相对很小。在明城，情况完全相反。我住进一座公寓大楼的顶层，对面就是里奇戴尔城郊购物中心。这是完美的起点。我喜欢住在可以开车上高速公路，直接前往训练馆的地方。

我的队友特别棒，包括萨姆·米切尔、J.R.莱德尔、道格·韦斯特和特里·波特等。他们都是向导，因为明城不是很有黑人味，所以我需要这些哥们儿带我认识真正的街区，也就是北区，哈罗德炸鸡店。明城的一部分似乎在模仿芝加哥，我喜欢这种模仿。

我也喜欢城郊，那里很安静。我雇了老妈的妹妹——贝蒂阿姨来管家。我清楚美味的家常菜对我来说有多重要，与家人相伴也是如此。

唯一讨厌的是下雪天气。早些时候，我有几辆车，不过它们的轮辋和低轮廓车胎无法穿过雪地。我又买了一辆陆地巡洋舰，因为Biggie在*Machine Gun Funk*里提过这辆车——“10马赫、大空间的吉普车”。我没有考虑过路虎揽胜、雪佛兰太浩或是萨博班。不，我要开和Biggie一样的座驾。

一天晚上，我还在学怎么在雪中开车，和“虫子”在空停车场里吃甜甜圈。我们玩游戏累了，就去商店买了零食。店里没什么顾客，只有两个家伙——吉米·贾姆和特里·刘易斯。此前，我没见过他们。我当然知道他们，也喜欢他们的音乐。他们和莫里斯·戴、“王子”曾经一起组过“时间乐队”。乐队里还有能让我起鸡皮疙瘩的吉他手杰西·约翰逊，他可能是吉米·亨德里克斯之后最厉害的家伙。吉米和特里还剪辑了SOS乐队的音乐，更不用说谢蕾尔和亚历山大·奥尼尔的*Saturday Love*，每次我听到这首歌都会陷入痴狂。在R&B方面，贾姆和刘易斯是明城的权威。

“嘿，KG，”吉米说，“你早上要训练，是吧？菲利普知道你这么晚还在外头吗？”

我忍不住大笑，向这俩兄弟表达敬意，但也忍不住追问：“你们在这里干什么？老年人早该上床睡觉了。”

“我们还没老到不能请你们来家里玩的程度。”贾姆说。

“现在？”

“有何不可？”

房子在湖边的大厦里。室内仿佛是伊夫·圣罗兰设计的，像一座城堡，太完美了，就像杂志里出现的房子。贾姆是我认识的第一个拥有自己的放映室，里头挂着100英寸（约254厘米）电视机的人。房子里有室内游泳池，屋内电梯，三台发电机以及六车位的车库，车库里停着法拉利。

我才知道，柯比·帕克特住在埃迪纳，就在市区外，贾姆和刘易斯的“飞翔时光”录音室也在那里。我随时都可以过去，看看玛丽亚·凯莉（录制曲目），看看 Mint Condition 乐队和重组的 New Edition 组合。明城的音乐文化传遍全球，何其有幸，我能与幕后制作人一起待在控制室里。

我喜欢市中心一家名为“南海滩”的夜总会，这里特别不错。我和“虫子”以及其他哥们儿在一起。我们会遇到各种各样的兄弟，有明尼苏达大学的兄弟，有南达科他的兄弟，还有来自堪萨斯或内布拉斯加州社区大学的兄弟。我听他们聊校园生活，想知道有什么是我错过了的。

我甚至称这座城市为“醇美明州”。以橄榄球兄弟为例他们很有侵略性，比如约翰·兰德尔，他是维京人队历史上最好的球员之一。几年后，外接手兰迪·莫斯加入球队，我们叫他莫西。这些家伙在NFL所向披靡。同时，他们却把我当成多年没见的好朋友，对我充满尊重。

我需要做的就是到市区的标靶中心，带领球队开始前进。我下定决心，我是为了战胜艰难险阻而生的。我的目标只有总冠军。

说起来容易，做起来难。

我最爱的橄榄球员

1. 劳伦斯·泰勒

2．沃尔塔·佩顿

3．兰迪·莫斯

4．兰德尔·坎宁安

5．迈克·辛格尔特里

Lawyers
律师

关于NBA，我学到的第一件事就是，联盟有三分之二的人都是法律顾问。这些律师正在研究合同，寻找需要改变的言辞，寻找调整的内容，寻找替代方案，寻找取得有利因素的方法，制定策略。NBA对附属细则的重视不亚于篮球。

Leadership
领导力

老妈总是告诉我：“如果你在房间里，寻找房间的领袖，但你找不到，那是因为你就是领袖。”

事实确实如此。

Eldrick Leamon
埃尔德里克·利蒙

埃尔德里克是我认识的第一个把眉毛弄断的兄弟。大块头。身高

1.93米，体重超过90千克。因为他长得比实际年龄老，有些孩子叫他“埃尔叔叔”。1992年，在格林维尔，当南区高中赢得州冠军时，埃尔德里克还只是高二学生，我的堂哥沙蒙德·威廉姆斯读高三，也在校队打球。埃尔德里克是我认识的第一个年轻有钱的哥们儿，他也在街头活动。有段时间，我们效力同一支AAU球队，那是我在卡罗来纳第一次去其他城市的球馆。埃尔德里克比我敏感，他能指出来自全黑人学校的哥们儿的不同之处。

“看看他们的招摇劲。”他说。以白人为主的学校的黑人哥们儿则有不同的气质，可能更低调一些。

埃尔德里克能看出细微之处，同时也有博大的胸怀。他很慷慨，生意好的时候，他会帮助社区的人付房租。他什么都发，从食物到运动鞋。他会照顾好自己的人。埃尔德里克是个地道的人物。

然而，在1994年夏天。

电话铃响了，是我的一个哥们儿。

“埃尔德里克死了。”

这不是我希望听到的事情。

“说啥呢？”我说。

“埃尔德里克·利蒙，他死了。”

我深呼吸，然后大叹一口气，心脏都快跳出胸膛。我在理解这句话，沉默了一两秒钟。

“街头上的破事儿？”我问。

“不是。他死在默特尔比奇。他在骑摩托车，突然别人闯红灯了。”

每年夏天，在默特尔比奇，他们都会举办“黑色海滩周末”。黑人大学生也会前往。埃尔德里克喜欢骑着川崎摩托车闯入狂欢的派对。他是第一个骑车穿越街区的家伙，开始是助动车，后来是摩托车。我们喜欢看这些车，喜欢车发出的巨大响声，喜欢埃尔德里克带来的噪音。

当我得知他的死讯时，这些就是盘旋在我脑海里的想法。就在几周前，“埃尔叔叔”刚刚从高中毕业，他才18岁。现在回想起来，我记得埃尔德里克的队友默尔·科德在克莱姆森大学有过精彩的生涯，另一个队友迈克·门尼菲尔德进了圣约翰大学。

现在，埃尔德里克的未来变成了他的过去。我们只拥有他的过去，他的过去一直陪伴着我，不仅因为他是个好球员，更因为他博大的胸怀。刚进联盟与森林狼队签约时，他的过去就坐在我身边，我把铭记他当作责任。在标靶中心的入场仪式前，我会确认自己左边的座位是否空着，那是埃尔德里克的座位。我希望每场比赛他都与我在一起，我希望他的过去成为我的现在，我希望他现在与我在一起。他过去在，现在在，永远都在。

Learning
学习

和其他人一样，我的生活也区分为不同的时节。卡罗来纳的童年时节，痛苦与快乐交织。芝加哥的那一季非常紧张，我从未经历过比那座城市的冬季更寒冷了，更重要的是，芝加哥锤炼了我这个乡下孩子。

现在，到了明城，这个时节持续了12个赛季。其中又分为不同时节——希望的时节、心碎的时节、凯旋的时节，也有极度沮丧的时节。

我的NBA新秀赛季并不容易。“虫子”是我的室友，这很不错，我们花了很多时间听CD和玩Sega游戏。我不喝酒也不抽烟，这有助于稳定我的情绪，不会像坐过山车一样。比尔·布莱尔教练每日两次训练非常严格，不过，当我进NBA时，就对此有所预期。在正式比赛中，布莱尔让我给前锋汤姆·古格里奥塔和克里斯蒂安·莱特纳当替补。回想起小时候，我和比利打球，他假装自己是莱特纳。如果比利现在能看到我就好了！我没有马上入选首发阵容，我也不期望。森林狼队开局不顺，取得6胜14负的战绩。圣诞节前，凯文·麦克黑尔解雇了布莱尔，任命他在明尼苏达大学的队友、球队总经理菲利普·桑德斯担任新教练。菲利普与我志同道合，互相尊重。菲利普很懂篮球，他看出了我的潜力。他提升了我的篮球智商。

我还有很多东西需要学习，这是我第一次与克里斯·韦伯交手时意识到的。我学习韦伯的打球方式，他从不上篮，他要在对手头上暴扣。他有一双大手和一颗大心脏。

第一次交手，他使出了标志性的跳投。我了解韦伯的比赛风格，我知道他要跳投了。背打，运两下，中路小勾手，然后在你左肩上出手，这是他最喜欢的开场招式。我以前见过，但没有在和他交手的正式比赛中见过。我的反应是站在那里，惊奇地看着。几分钟后，我走回板凳席时，萨姆·米切尔教育了我。

“我知道那是你的偶像，KG，我知道他是你最爱的球员，但你不能在这儿当球迷。你必须竞争，这不是当球迷的时候，你得踢他的屁股。”

然后，萨姆轻轻地扇了我一下，把我叫醒了。

下一次对阵韦伯，我把他的第一次出手扇飞，球飞到了观众席第二排，虽然这是一个干扰球。

“让那玩意儿滚出这儿！”我大喊。

“哦，现在我们要这样说话了？”韦伯说。

“见鬼，没错！”

克里斯冷静地回应我。“嘿，少年，为什么我们不能就专注于打球呢？”

他说得对，我明白了他的意思，冷静了下来。韦伯是一头野兽，每次与他交手我都很期待，但他的那种冷静，帮助了我塑造性格。

说到性格塑造，萨姆·米切尔是关键人物。不过，开始并非如此。赛季开始前，我们的第一场训练课，萨姆·米切尔和道格·韦斯特对我做了一些坏把戏。我不喜欢那样，我也不喜欢别人叫我“菜鸟”。当然，我确实是个新秀，但“菜鸟”这个词让我觉得有辱人格。

我和道格吵了起来。那不是我与队友唯一的争吵。我发现与队友争斗的频率远超预期，而我被斗得很惨。

这就是为什么我远离社交，自己一个人待着，只和“虫子”在一起。

第一次客场之旅，我待在自己的酒店房间里。电话响了，是萨姆·米切尔。

“我们聊聊。”

我挂断了电话。

“咚、咚、咚……”有人在敲门。

我打开门，门链子还拴着。萨姆·米切尔在门外。

“你要干吗？”我问。

“想和你聊聊。”他说。

“聊什么？”

“开开门吧，哥们儿。”

我开了门，萨姆走了进来，坐在床对面的安乐椅上。

他开门见山：“听着，哥们儿，你认为事情都是针对你的。我们只是想看看你的能耐，就是这样的。我们是一个战壕里的战友，我们要确认你有没有本事扛下来。我们面对世界上最好的球员，乔丹、哈基姆、巴克利、卡尔……没时间胡闹了。”

萨姆接着教我如何与队友建立联系，而非专注于个人。这意味着为了团队的进步，我得放下自己的破事。萨姆说得越多，我就越喜欢他。他是佐治亚兄弟，和我这个卡罗来纳兄弟有联结，我们来自同一片土地。不过，现在他向我呈现的是一个成熟男人。他有孩子，有生意，有资产。他穿着时髦的正装，他在意外表。他还是个斗士，又强又硬，像一只疯狗，像一个拳手。他是一个老派的家伙儿，有话要对赚了很多钱的新人说。他理解我需要什么，他看出来我实际上迫切需要一个导师。那天晚上，我们产生了联系，最后聊了 3 小时。我要赞美萨姆，因为他耐心地处理了我尖酸刻薄的态度。

另一个帮我卸下心理防线的队友是马利克·西利。马利克在1998年离开底特律活塞队，来到明尼苏达森林狼队。萨姆教过我不要成为球迷，但在马利克身边，我就是忍不住。我之所以选择21号球衣，因为马利克在圣约翰大学就穿这个号码的球衣。而现在我和他成了队友。

马利克的根基扎得很深厚。他的爸爸曾是马尔科姆·X的保镖。马利克的名字来自马尔科姆的全名——哈吉·马利克·沙巴兹。马利克充满智慧，性格安静。接受一切，少即是多。

与马利克在一起待得越久，我越喜欢他。我俩甚至长得都很像，他的大眼睛让我想起了自己。他留着渐变寸头。与我不同的是，他并不冷淡。虽然我不打算向着友谊迈出第一步，但他却这么做了。马利克打电话到我的房间说："伙计，楼下有个特别不错的小餐厅，我们随便吃点东西吧。"

"我可以。"我只说了这么多。

"好，我会下去的，如果你想要去的话。你懂我？"

我下去了，很开心看到萨姆和他在一起，是萨姆让他打电话给我的。萨姆、马利克和我成了三人组。这俩哥们儿把我带进了舒适区。马利克有我缺乏的东西——耐心。他教我慢下来，不要打断别人说话，听到谈话中有适当的停顿时再插话。马利克的平和令我印象深刻。

进入NBA的世界并不容易。萨姆和马利克陪我走过了整个过程，这不是他们必须要做的。他们本可以让我继续过着自己冷漠的生活方式，但他们闯了进来，让我意识到，通过善意和关怀，我们都需要彼此。

萨姆在一次采访中说得最好。

"他们说我帮到了凯文，但我是他的大哥或叔叔。马利克才是对凯文帮助最多的人。他有了一个同龄人可以交谈，他教会了凯文享受做自己。凯文曾经开玩笑说，设身处地为自己着想是件苦差事，但是马利克出现之后，突然间，做凯文·加内特变得很有趣，他让这不再是件苦差事。"

Bruce Lee
李小龙

见“昌西·比－比－比－比卢普斯”“大歌舞伎”。

Lil Wayne
小韦恩

见“格伦·戴维斯”“*King Kunta*”“大一参选”。

Loyalty
忠诚

忠诚的基础是爱。如果你有爱，如果你付出并得到爱，你就坚守。如果没有，你就离开。

球队就像家庭，有的球队很和谐，有一些则机能失调。如果你处在机能失调的家庭，你会想尽快离开。如果你找到一个充满爱的家庭，就像我在明尼苏达森林狼队和波士顿凯尔特人队那样，你就会坚守。

不过，更深层次的事实是，那些用对地方的忠诚最后挽救了我的人生，比如，我对兄弟“虫子”和教练“老狼”的忠诚。就算回想起不忠对我的伤害，我还是积极地看待这一点。比如，我在卡罗来纳的朋友们出卖了我，差点把我送进监狱。我可以放心地说，我几乎总是积极地看待发生在身上的每一件事。如果没有逃离卡罗来纳，我就会错过芝加哥。芝加哥迫使我长出了第二层皮，让我变得强硬，可以面对NBA。高四那年，老妈不允许我在加州和保罗·皮尔斯一起打球，这个决定让我当时很不开心，最终，这也让我回到了“老狼”的身边，他比任何人都更关心我的利益。我不知道在英格尔伍德高中将有怎样的经历，但法拉格特职业学院绝对是我需要的训练营。

我不后悔，只有特别的感激，感谢那些力量将我塑造成一个努力在这个世界里保持稳定，在迷宫中开辟自己道路的大男孩。

Tyronn Lue
泰伦·卢

卢、卢、卢、卢、卢…… 又叫赫夫。

赫夫纳的赫夫*。

女人喜欢他，因为他温文尔雅。女人都喜欢皮肤光滑，能打搏击的矮个后卫。

我们第一次认识是通过训练师乔·阿布纳赛尔，乔以“Impact Basketball”项目而闻名。乔是我见过最有活力的人，他出身于印第安纳大学，入选过校队二队，在鲍勃·奈特手下担任经理，提出了一套全新的健康体系，包括营养、身体成分分析、马拉松跑等。越野跑一直是我的强项之一，所以我立刻明白了乔的想法。乔和“老狼”一样，让我对抗后卫，防守小前锋和得分后卫，以提升内线能力。

我进入联盟大概三年后的夏天，我和乔一起训练，他招来安托万·沃克加入训练项目。安托万与我有嫌隙，所以和他一起训练很有趣。我们练得特别卖力，这时候，我注意到有个小后卫，速度非常快。

“那是谁？”我问。

“泰伦·卢，来自内布拉斯加。”昌西一直在这儿，他叫泰伦·卢过来和我认识。

---

* 休·赫夫纳，《花花公子》杂志的创办人。——译者注

他非常兴奋，像喝多了一样兴奋。“‘票哥’！你是我偶像！这是我的表弟，我们都是你的忠实球迷，我们特别喜欢你。不敢相信我们能在这儿遇到你。”

泰伦·卢和昌西关系很密切，他们在内布拉斯加交过手。（多年后泰伦·卢成为快船队主教练，他第一时间找到昌西来当首席助教。）那个夏天，泰伦·卢和我一见如故，仿佛我们已经是一辈子的朋友了。他是完全不同的兄弟，人很好，性格狂野，但不会失控。他是个急性子，速度特别快，充满战斗精神，突破犀利无比，头脑非常聪明，总是说些花言巧语，一直积极乐观。他一进入我的生活，就留在了我的生活里。无论我们的事业发展到哪一步，我们之间没有任何矛盾。

泰伦·卢和“票哥”之间有不少故事，我最喜欢的一个如下。

周六晚上，我们坐在我家附近，看看电视，放松放松。电视节目通常不会令我太激动。我就那么靠着，随便看看。但这个节目不知道为什么，让我沉浸其中。这个节目是吹牛老爹的《打造乐队》，我喜欢节目中的概念。一群新人来到节目里，去击败一支占据统治地位的乐队。我喜欢这支新乐队，他们的波普音乐应该能让他们过关。问题是他们不够坚持立场。他们必须强势出击。我和他们产生了共鸣，因为我看得出，只要他们努力，就能成功。

我真的在和乐手们说话，我的好胜心燃烧起来了。

“他们听不见你说话，‘票哥’。”泰伦·卢说，“你知道这事儿的吧？”

泰伦·卢很理智，我则不是，我不停地大喊大叫。

“就这么上！击败对手，把他们赶出去。”

我仿佛看到自己在场上打球，抓下篮板球，然后扣篮。这些家伙要用力灌篮！

“放轻松，‘票哥’。”泰伦·卢说，“这就是个愚蠢的真人秀。”

“这一点也不愚蠢！这些哥们儿需要团结起来，他们需要团结在一起。”

但他们没有团结在一起，没按我说的做。他们互相争吵，表现得不像一个团队，没有做他们应该做的事。我脑子里冒出了一个想法，我把他们想成一支篮球队，如果我的球队表现得像他们那样，我会多么生气。我特别大声地冲他们尖叫。

"'票哥'，"泰伦·卢对我说，"你在没事找事地生气，你愚蠢的脑袋要冷静下来。"

那时候，我已经走了。我对电视里的乐队感到很愤怒，我用拳头在墙上打穿了个洞，墙皮撒了一地。这都是因为某个疯狂的电视节目。

"'票哥'！"泰伦·卢大声叫道，肆无忌惮地大笑着，"你疯了！"

Lynching
私刑

在卡罗来纳，我见识了私刑是如何被用来对付我的。这太疯狂了，所以我回头去了解一些原始的故事。历史事实常常被遗忘，因为我们太专注于当下发生的事情。

1932年，富兰克林·德拉诺·罗斯福当选美国总统，他成为未来几十年自由主义者的英雄。我能理解。他发起了新政，击退了经济大萧条。1934年，他的夫人埃莉诺与美国有色人种协进会（NAACP）共同合作，立法禁止私刑。好好想想吧，在那之前，不存在禁止私刑的法律！罗斯福夫人和NAACP争取了一些参议员支持法案，但她的老公却不赞成。美国总统在意白人选民，不愿意出来反对公开谋杀黑人。现在，你还能找到那些照片——黑人被吊在小镇的广场上，白人在围观，有人在笑，有人喝彩。这是美国历史令人作呕的一部分。今天，这一现象依然存在。私刑可能改变形式——扼喉、绞杀、背后开枪、头部重击……但冷血谋杀就是冷血谋杀。

有人对我说："黑人总在抱怨，无法忘怀过去。但是你，唯独你，没有权利抱怨。美国对你很好，你名声显赫，赚了大钱。"

事实，但更重要的事实是，雇用我的球队老板更多有钱。另一件事实，之所以我能取得成就，是因为前人撞开了紧闭的大门。1947年，杰基·罗宾逊加盟MLB的道奇队，3年后，厄尔·劳埃德成为第一个在NBA效力的黑人球员。我之前提到过斯潘塞·海伍德，他通过美国最高法庭才获得了从高中直接进入NBA的许可。

他们毫不畏惧，是勇敢的兄弟。他们配得上赞誉，是先驱，也是勇士。当白人说"不"的时候，他们说："去你的。"

所以，在我看来，美国没有施舍我们任何东西。那都是我们争取到的。我们能争取到，因为我们那么优秀，让他们无法否认。我们不仅将体育运动变成了艺术形式，还在不断改进，以至于球迷们，无论他们种族主义倾向有多么严重，他们不得不服软。所以，有人说"要感谢美国"时，我会说："美国，要感谢我们。"我们娱乐你，我们令你兴奋，我们在不断革新与发明。无论是棒球、橄榄球、篮球、网球、百老汇舞台、电影屏幕、科学实验室、音乐厅，无论是小说、诗歌、说唱还是商业，我们都付出了残酷的代价，最终改变了游戏规则。不管你付出了什么，不管代价多大，作为遭受恶毒虐待的人群，我们都付出了更惨痛的代价。

最后一句：你欠我们的，比我们欠你的多得多。

这就是我的看法。

M

Karl Malone
卡尔·马龙

见“查尔斯·巴克利”“勒布朗·詹姆斯”“科比”“菲利普·桑德斯”“硬汉”“拉希德·华莱士”。

Gucci Mane
古奇·梅因

见“耳机”。

May 19, 2000
2000年5月19日

我庆祝生日一直很低调。2000年5月19日，我的24岁生日，我和两个最亲密的朋友——雷吉·戈尔德史密斯、马利克·西利共进晚餐，这就足够了。雷吉·戈尔德史密斯是格林维尔的明星球手，刚搬来明城时给了我很多帮助。1999/2000赛季是我当时表现最好的一个赛季。我场均得到将近23分和12个篮板，第一次入选NBA最佳阵容一队，帮助森林狼队连续第4年打进季后赛。马利克和萨姆·米切尔是我的依靠。

那天晚上下着雨，很不舒服，但我们仨到了我在明城最喜欢的蒙特卡洛餐厅，一切就都好起来了。我们聊了一整晚上。马利克总能平息我亢奋的状态，让我觉得这个世界没有问题。过了一会儿，萨姆·米切尔也来了，气氛变得更好了。我的两个老大哥并排坐着，他们是我的军师。马利克谈到“基线”，那是他和Jay-Z合作打造的录音室。马利克演过电影，参演了由乌比·戈德堡主演的电影《埃迪》，还提到其他想拍的电影。他还聊到了夏天的自由球员，以及可能实现的球员组合。萨姆则谈到了自己未来当教练的计划，他最近还开始打高尔夫球了，和我们说高尔夫如何有助于放松。我们嘲笑萨姆穿上傻乎乎的高尔夫球服的样子。反正就是一群黑人哥们儿在寻开心。

凌晨2点左右，有人提议去一家名为Déja Vu的酒吧，看看那儿有什么好玩的。我被拉上台，女孩们围上来，为我唱生日快乐歌。那里不是很拥挤，差不多只有一半的人。我们大声播放音乐，跳着舞。讲着笑话，全是轻松的事情。

凌晨4点，该回家了。没人喝醉酒，也没人闹事。我们出去等车，相互拥抱。萨姆邀请我们明天去打高尔夫，但现在已经是第二天了，而且我也不会答应。兄弟们最后和我说了一遍生日快乐，我送戈尔德去明尼通卡，然后我回自己在湖边的家。

24岁，听起来不错，生活也很不错。我真的很感激马利克全心全意地接纳我。像他和萨姆这样的哥们儿不常有。他们关心在自己手下长起来的小兄弟，他们比家人更亲，甚至比血缘关系更亲。

高速上都没人，开车是种乐趣。戈尔德在他家下车，我匆忙开车回家，上床后打开《体育中心》，想着开心的事，睡觉。

故事的结局全世界都知道。那天晚上，开车回家时，一个醉酒司机逆向行驶，迎面撞上了马利克的车。马利克死了，才30岁。

我的震惊、失落，以及灵魂上的空洞难以言表。

每个人都在看我，每个人都想知道我将如何处理。

我没有。我没能处理，至少在情绪上没有。我照规矩行事，悼念，葬礼。他下葬在纽约哈茨代尔，他所深深敬仰的马尔科姆·X的身边。

但我有没有崩溃，以我的方式哭泣呢？我有没有像贝蒂阿姨告诉我这则消息时那样呜咽吗？我有没有因为悲恸而发疯呢？我有没有向上帝尖叫：“为什么这种事会发生在马利克这样的好人身上？”

没有，我没有，因为我害怕失控。所以，相较于失控，我选择利用。我利用悲恸来推动自己，激励自己，在挚友的精神里，我更加努力地打球。他活着时，我清楚他对我有多么重要，但当他去世时，这种意义变得更加清晰，也更加痛苦。我的悲恸没有尽头。

除了把悲恸转化为球场上的动力，我另外的发泄方式就是开着保时捷，从明城开到芝加哥，打开敞篷，调响音乐，响到能让天堂听到。

我希望从悲恸中解脱，依靠保时捷的动力，从一个地方飞驰向另一个地方。发动机的轰鸣，闪烁的星辰，皎洁的月光，播放着 DMX 的歌，押上韵，把所有的伤痛化作歌声。让情绪从负面流向积极的一面，不要让情绪摧毁我，打扰我。我想尽一切办法不让这辆德国跑车冲出公路，保持在车道上行驶。我不要崩溃，让我带着创伤活下去。

现在回想起来，我或许应该去寻求帮助。保持心理健康常常需要咨询，而我就需要心理咨询。我希望遭受过巨大创伤和痛苦的读者，没有因为太骄傲而拒绝寻求帮助。你应该寻求专业支持，保护你的头脑和精神。

记得当初，我曾害怕与队友交朋友，因为他们可能被交易，但我从来没想过他们可能去世，压根没有这种念头。现在，这成了日常生活中的现实。我多么希望自己告诉过马利克，他对我有多么重要。现在我意识到，我们不能把一切想成当然，明天并非一定会到来。告诉我们爱的人，我们爱他们，现在就告诉他们，每天都告诉他们。

下一个赛季，昌西·比卢普斯与森林狼队签约了。有时，我觉得是上帝让昌西来陪我，以免我在失去马利克后陷入疯狂。正是昌西的人格魅力帮助我度过了情绪危机。

时间也许可以治愈，但这种悲恸比时间更为长久。森林狼队退役了马利克的2号球衣，这很好。我在阿迪达斯加内特3代球鞋的鞋舌里写了“2Malik”，这也很好。2013年，我从波士顿交易到布鲁克林，球衣号码选择了马利克穿过的2号。2014年，当我回到明城，在森林狼队的最后一个赛季时，我戴着2号的防汗带。

这些姿态发自内心。在这本书里记下马利克和埃尔德里克·利蒙，是又一个姿态。在写这本书时，我看到了他们的脸，听到了他们的笑声，感受到了他们的温暖。他们的精神活在我体内，但他们血肉的离去仍将我的灵魂灼烧成灰。他们死亡的悲剧并没有减轻痛苦，这种痛苦是永恒的。

Kevin McHale
凯文·麦克黑尔

“KG，看看罗伯特·霍里能干什么。”凯文·麦克黑尔总是对我说，“他能投三分，他是冲击型球员。看看肖恩·坎普的比赛。再看看斯科蒂·皮蓬，他可能是做得最好的家伙。现在轮到你了，轮到你做到这些。大个子球员不擅长防挡拆，你需要克服这个难题。观察哈基姆、拉里·约翰逊和查尔斯·奥克利的挡拆，他们都是你的老师。”

凯文成了我的顾问和导师。我是年轻的卢克·天行者，他是尤达大师。我总觉得，拉希德·华莱士、安东尼奥·麦克戴斯、科利斯·威廉森、乔·史密斯这些球员愿意牺牲代价和我换球队，只是为了能得到麦克黑尔的指导。我想要多少时间训练，凯文就会花多少时间为我一对一教学。他总是说：“做一个能控球和传球的大前锋，把简单的技术练到精通：show the rock，吊传，转身起跳，然后打板，假动作，要有创造力，抓准时机。永远不要满足于自己会的，去掌握你不会的。”

麦克黑尔是个动作大师，他像一条滑溜溜的鳗鱼。他能轻松得分，有自己的招牌绝招。他可能是NBA最好的大前锋之一，因为他强大的低位能力。面对不同的防守时，他有不同的应对动作，对任何问题都有解决方案。麦克黑尔用一种没有人能做到的方式打磨了我，教给我一套只有他知道如何演示的技能组合。他是绝对完美的教练，出现在绝对完美的时间点。

“一切都关乎创造性。”他说，“创造空间，创造革新，创造信心。”

凯文教会我——满足是进步的敌人。如果你对自己的比赛感到满意，就无法成长。把挫折化为无惧的勇气，不要让错误摧毁了你。要感激错误，因为它们是进步的关键。胜利很美妙，但从失败中你能够学到更多。而在明城，我已经经历了不少失败。

到 2002/2003 赛季结束时，我们已经连续 7 年打进季后赛，但是，每次都在第一轮出局。我也没有了支持体系。马利克死了，萨姆·米切尔在 2002 年退役了。同年，昌西·比卢普斯去了底特律。以现有的阵容，我们永远无法争夺总冠军。所以，2003 年夏天，麦克黑尔又施展了一些动作，就和他如鳗鱼般滑溜的动作和轻松得分一样令人印象深刻。

Sam Mitchell
萨姆·米切尔

见“科比”“陆地巡洋舰”“学习”“2000 年 5 月 19 日”“凯文·麦克黑尔”“沙奎尔·奥尼尔”“菲利普·桑德斯”“硬汉”。

Alonzo Mourning
阿朗佐·莫宁

见“德里克·科尔曼”“扣篮”“*King Kunta*”“鞋子”“约翰·汤普森”。

MV3
“三头怪”

在2003/2004赛季前，凯文·麦克黑尔的第一笔交易是从雄鹿队换来了萨姆·卡塞尔。接下来，他在四队交易中从尼克斯队得到了拉特雷尔·斯普雷威尔。媒体称我们为“三头怪”，还有一些记者称我们为“三巨头”，这是我第一次听到这个词。《体育画报》将我们放在了封面上，并引用卡塞尔的话：“这些年来，他们一直在这里迈着小步，是时候纵身一跃了。”

我喜欢卡塞尔的态度。在辗转多支球队之前，他早已随火箭队赢下两个总冠军，而且在争冠之旅中扮演着重要角色，命中了关键三分。他还是中距离投篮大师。他的背景很强大，是巴尔的摩那些简单粗暴的老派兄弟教出来的，充满了信心。同时，他也暗怀着耐心和冷静，会在关键时刻发挥作用。

我、卡塞尔和斯普雷之间的关系一触即燃。3月初，我们的战绩是40胜16负，高居全联盟第三。我和卡塞尔都场均超过20分，而斯普雷的表现一如既往地好，场均得到接近20分，这可是他的第十二个赛季。媒体的说法是，斯普雷是个“难搞”的球员，但这不是事实。他是超优秀的队友，也是我最喜欢的队友之一。为了帮球队赢球，他什么都愿意做。斯普雷总是充满激情，48分钟比赛中都带着同样激情的能量。如果球队中有谁的精力或注意力出现问题，卡塞尔就会盯着他们，确保他们打起精神。如果说斯普雷是我一起打过球的最有激情的球员，卡塞尔就是最能说的那一个。他说得太快了，我几乎都听不清楚。他就像以前迷你汽车广告中的家伙。他总是对队友叽叽喳喳，总是在推动我们。他生涯前两个赛季就随火箭队赢下了背靠背总冠军，他知道夺冠需要什么。就像他对《体育画报》说的那样：“你把斯普雷的情绪、我的情绪、加内特的情绪都混在一起？这是原子弹…… 有人说我和斯普雷已经老了。是吗？好吧，我们要狠狠地教训那些年轻人。”

关于斯普雷，有一件鲜为人知的事：他是一个天才，一个真正的技术宅。能在 30 分钟内把电脑拆开再装回去。他有一台自己的电脑，上面有一张外星人的脸，这是一些高级的玩意儿，都是他自己造的。

“三头怪”组合非常奏效。我们以 58 胜 24 负的战绩结束了赛季，那是我森林狼队生涯的最佳成绩，也是森林狼队第一次成为西部头名。有卡塞尔和斯普雷分担压力，这让我把自己的比赛推向一个新的高度。在此，我向其他队友致敬：加里·特伦特、特伦顿·哈塞尔、特洛伊·赫德森等。

那一年，我成为 NBA 历史上第一个在单赛季里 4 次获得 NBA 月度最佳球员的球员。我在篮板数和总得分上领先全联盟，这是 29 年来的第一次。我打破了 11 项森林狼队史单赛季纪录。我还赢得了常规赛 MVP，对于来自卡罗来纳的乡下男孩来说，这可相当不错了。不过，更重要的是，我从来没有像现在这样喜欢在这支球队里打球。

在对阵国王队的西部半决赛开始之前，斯特恩总裁在标靶中心为我颁发了 MVP 奖杯。我们在季后赛第一轮中 4 比 1 击败掘金队。终于在季后赛中突破首轮，这真让人感觉愉快。举起 MVP 奖杯也是如此。像九年前的选秀之夜一样和斯特恩总裁握手，这真是太疯狂了。一想到从那时起人生中发生的一切，就觉得疯狂。

我并没有品味太久。我一手握着奖杯，另一只手挥手示意队友过来。荣膺 MVP 与夺得总冠军比起来根本不算什么。要想夺冠，我们必须战胜国王队。这将是我与偶像韦伯之间的史诗对决。

N

Nas
纳斯

见“哥城”“*Illmatic*”。

The National Anthem
美国国歌

回想过去，我的新秀赛季极其混乱。我跑东跑西，拼命训练，赚了前所未有的钱。但是，我也看到了一些事情，虽然当时没有留下深刻印象，现在却令我印象深刻。

向马哈茂德·阿卜杜勒－拉乌夫致敬。我很早就听说过他，当时，他的名字还是克里斯·杰克逊，在路易斯安那州立大学老虎队打球。他有超酷的球鞋，为人特别有范儿。大家都把他比作“手枪”皮特·马拉维奇，但他的风格没那么浮华，更像一个冷静的杀手。他是转换进攻三分的大师，比斯蒂芬·库里早了20年。有一个著名的故事，他的高中教练在训练中会让队员们罚球，直到投丢为止。有一天，这家伙走上罚球线，连中283球，导致训练推迟了45分钟。我认为他是世界上最疯狂的球员之一。大一那个赛季，他场均可以得到30分。

1990年，他被丹佛掘金队选中，我也继续关注他的NBA生涯。有一个赛季，他的罚球命中率是令人不可思议的95.6%。更让我印象深刻的是，他患有妥瑞氏症，但还是找到了成为伟大球员的道路。这让我不再为自己的阅读障碍和学习困难而感到丢脸。越了解他，我就越意识到我们有很多共同点。我们都是在贫民区长大的南方孩子，从不了解自己的父亲。他向我展示了，这些问题都是可以克服的。

进入 NBA 的那一年，他信奉伊斯兰教，几年后改名为马哈茂德·阿卜杜勒－拉乌夫。他与迪肯贝·穆托姆博携手，让丹佛掘金队成为总冠军的争夺者。1993/1994 赛季，他们创造了新的 NBA 历史纪录，在季后赛首轮比赛中，丹佛掘金队击败了西雅图超音速队，这是 NBA 历史中的第一次“黑八奇迹”。1995/1996 赛季，掘金队是少数几支击败过 72 胜公牛队的球队之一，马哈茂德在那场比赛中狂砍 32 分。

也就是那个赛季，他决定在比赛前奏美国国歌仪式时拒绝肃立行礼。他不是第一个以这种方式抗议的篮球选手。卡里姆在 UCLA 的时候就做过，导致约翰·伍登教练把全队关在更衣室里，直到仪式结束。

问题是，一开始没人在意马哈茂德的抗议，甚至没人注意。当然，他没有大肆炒作。奏美国国歌时，他要么待在更衣室里，要么在场边拉伸。直到记者注意，并就此行为询问了他。这又是一个媒体想方设法挑事的例子，媒体就是干这个的。

之后，联盟说如果他拒绝肃立行礼就要禁赛。

“你做你该做的。”他回应联盟。

于是，联盟判他禁赛。马哈茂德停赛 1 场，罚款 3 万多美元。他甚至做好了永远离开篮球的准备，但最终，他还是决定利用自己作为 NBA 球员的影响力来引起人们对压迫的关注。他回归了，从那时起，在奏美国国歌时，他摊开手掌，低头祈祷。这是强有力的声明，当然，媒体还是为此抨击他，说他的回归是抛弃了理想。在把马哈茂德变成“贱民”之后，媒体马上把矛头转向别的故事了。

马哈茂德希望继续前进，但是现实不允许。虽然他是掘金队内的得分王和助攻王，但那年夏天，掘金队把他交易到了萨克拉门托国王队，换一个二轮签和有着伤病隐患的老将沙鲁纳斯·马丘廖尼斯，后者仅仅为掘金打了 17 场比赛便退役了。马哈茂德在萨克拉门托打了两年，他的上场时间逐步被缩减。在萨克拉门托的第二个赛季，他才 28 岁，本应处在职业生涯的巅峰时期，却不再担任首发。与萨克拉门托分手后，他只收到一支 NBA 球队的报价，而且报价低得似乎在侮辱人格，于是，他去了土耳其联赛打球。后来，因为土耳其球队欠薪，他离开了球队，两年没打球。2001 年，他与灰熊队签下了老将底薪合同，但没打多少比赛。那一年，他在路易斯安那的新房子被烧了。在那之前，房子已经被故意损坏过好几次，车库也被拆掉，墙上被漆喷上大写的“KKK”。马哈茂德对此并不感到惊讶。在搬进来之前，他就预测到会有此遭遇。他说：“这不过表明了在这个国家的人际关系方面，我们还有多远的路要走。”

过了 20 年，类似事件再次出现，这一次，柯林 · 卡佩尼克在奏美国国歌的仪式中单膝跪地。然后，又过了 4 年，全世界才看到科林，以及马哈茂德的做法是正确的。

马哈茂德 · 阿卜杜勒 – 拉乌夫所采取的勇敢姿态不应该被遗忘。那时我 19 岁，我多么希望自己当初能有更高的觉悟。我多么希望世界不需要过了 25 年才明白，运动员绝对拥有抗议社会不公的权利。马哈茂德为此付出了巨大的代价，他的抗议行为缩短了自己的生涯，他在 NBA 少待了至少五六年，他本来可以替补出场，迅速砍下 15 分到 20 分，他就是那么厉害。在结束灰熊队的赛季后，他去了其他能打球的地方，比如俄罗斯、意大利、希腊、沙特阿拉伯、日本等，他赚到的钱与他的能力完全不匹配。

“总而言之，我希望带着自由的良心和自由的灵魂活着和死去，”马哈茂德在几年前接受“The Undefeated”网站采访时表示，“这是我正处于的旅程。”

马哈茂德，现在我们终于倾听你说的话，感谢你看到了我们没有看到的东西，感谢你启迪我们的心灵，唤起我们的灵魂。我们花了太长时间才了解你的勇气和信念，但迟到总比不到要好。

Negotiating
谈判

我们都处于旅途中。当我们身处其中时，很难看清自己到底在哪里。不过，这有助于我们铭记，旅途总是充满曲折，有高潮也有低谷，而那些我们感到迷茫的关头，实际上正是我们需要到达的地方。

我的职业旅途很早就开始了。刚从高中出来时，我很轻信，也很天真，我甚至相信牙仙子的存在。我觉得自己走进的这个世界是一场梦，一场完美的梦，我把 NBA 摆上神坛。

进入 NBA 的时候，我以为每个球员都在球场上全身心投入，付出百分之百的努力。现实并非如此，有些哥们儿在拼命训练，有的则不是。然后，我发现自己陷入了迷惑。NBA 并不仅仅关于篮球，而是关于金钱、营销和市场。我在卡罗来纳和芝加哥见过在街头生活的人想尽一切办法赚钱，但谁想到还能大规模化地赚钱？NBA 这个机构从未停止赚钱。

我被选中的那一年，也就是 1995 年，NBA 第一次制定新秀工资帽。在那之前，新秀可以作为自由球员进行谈判，而我不行。一年前，“大狗”格伦·罗宾逊签下了 10 年 6800 万美元的大合同。老球员们极力反对。他们清楚像“大狗”这样的年轻球员拿到大合同，将影响他们从老板那里榨取更多的钱。他们喜欢工资帽，当然，老板们也喜欢。老板们喜欢用便宜的价格锁住菜鸟球员。

当年，我是第五顺位被选中，乔·史密斯是状元秀。金州勇士队与他签了 10 年 853 万美元。我的合同是 3 年 540 万美元。新秀赛季，我赚了 160 万美元。

第二年，也就是 1996 年，明星球员转会频繁，沙克去了洛杉矶，巴克利去了休斯敦。也就是那时，我深陷于替我说话的经纪人的世界里，我不喜欢那样。我不想别人替我说话，我必须为自己的生意亲力亲为。

一切必须直接来自我，来自我的话或者我的情绪。1997年，我的合同即将续约时，我必须表现得特别冷静。我可从没接触过那么多的钱。

我尽可能快地阅读、学习和研究高级金融知识。我开了无数次会，讨论保险、资产规划和延期付款的事项。这都是我年轻时从来没有接触过的知识。我在突击学习，希望追上进度。

我在《谈判101》中学到的第一条守则：不要接受第一份报价。

第一份报价是6年1.035亿美元。我不得不咽一口口水，我不得不提醒自己遵守第一条守则，我拒绝了。

有时，我坐在经纪人的办公室里，他开着免提与森林狼队管理层交谈。管理层不知道我在旁边听着。我听到他们如何露骨谈论我，如何想方设法贬低我。我觉得这是在针对我，直到记起《谈判101》的第二条守则：不要把任何事情当成针对个人的，这都是生意。

然后是第三条守则，可能是最重要的一条。守则三可以用一个词概括：冷静。有耐心，不要表现出急切或焦虑。让森林狼队慢慢来吧，我不会焦急地等待新报价。我飞往牙买加，享受岛屿上的假期，看看碧海晴天，看海鸥在水面上飞翔。我尝试了气管潜水和水肺潜水。我大口吃着烤鸡，大口喝着果汁朗姆酒，看那粉色、橙色、金色、紫色的日落，尽情享受吧。

不过，当我去游泳池看《今日美国》时，有人直接把报纸递给了我。上面大幅报道凯文·加内特刚刚拒绝了森林狼队1.22亿美元的报价。

什么!

我与经纪人通电话，他试图让我冷静下来，说谈判就是这样的。我不那么认为，我不开心被排除在外。我急忙飞回明城，解雇了经纪人，让他的助理接手续约谈判。最终，我们把合同报价敲定为1.26亿美元。

到了晚上，合同文件都写好了。我在飞翔时光录音室听珍妮·杰克逊新专辑《天鹅绒绳索》的初步混音。我特别喜欢的一个专辑。

“你可以来标靶中心签合同了。”我的人说。

“现在？”

“嘿，他们花了很长时间才敲定这笔交易，所以你也可以慢慢来，想什么时候来就什么时候来吧。”

“很好，因为我想先把珍妮的新专辑听完。”

合同签好了，但庆祝活动并没有持续太久。媒体不开心，他们指出1.26亿美元只比格伦·泰勒三年前买下整支球队花的钱少3000万美元。我应该为此感到内疚吗？当然不。我与泰勒买下森林狼队没有一毛钱关系。媒体还指出，这是体育史上最大的合同，超过了沙克与湖人队签下的7年1.2亿美元的合同。其他老板很生气，甚至引发了1998年NBA停摆和顶薪合同制度的确立。

突然之间，格伦·泰勒对我没那么风趣了，凯文·麦克黑尔看我的目光变了。菲利普也变了。曾经的随意和轻松的氛围变得冷淡。现在一切都是生意，更加职业了。人们开始讨厌我。我要去读有关商业和篮球的书，我发现商业的书就是篮球的书。联盟从神坛上坠落。尽管，或者说因为我的谈判策略很成功，我受到了来自各方的打击。这种时候，我感谢芝加哥，教会了我关于艰难困苦的残酷现实的一切。

在我签了大合同后，有人说我会被金钱冲昏头脑。现实情况完全相反。我一直用金融知识充实自己，不断研究投资的艺术。我不断学习金融知识这门课程，做一个认真的学生。我身边有一群很厉害的专家，我向他们寻求明智的建议，一起寻找创新的方法，最大化我的收益，优化我的投资组合。

在停摆事件中，我也学到了谈判的技巧。我经历过四次停摆事件。第一次是1995年，我还是新秀。我很安静，很专心，关注事态的进展。我坐在那里，看着大卫·斯特恩缓慢而耐心谈话，那是典型的大卫·斯特恩式风格。我看得出他是个独裁者。谈判时，他就像头野兽。他用贬低人的名词谈话，谈论等级制度。他是烟幕弹大师，使用受过高等教育、精心设计的词汇，操纵着我们的心理。

同时，乔丹也在场，他很有存在感。乔丹在篮球商业方面受过良好的教育。我在学习乔丹，从乔丹的行事方式中观察细节。就像在球场上，乔丹也在寻找出手的角度。我发现乔丹是唯一被允许从联盟买回冠名权的球员，这是凭着他对比赛的影响。在此，我向乔丹致敬。

不过，我有个问题。我们支付的罚款去哪儿了？斯特恩不喜欢这个问题，他说与这次讨论的事情无关，现在先别提那事。好吧，就这么着了。但这个问题并没有消失。

与此同时，我在研究学习，我像海绵吸水一样汲取信息。那时候，互联网已经开始普及了，比如“美国在线”。我一头扎进网络，学习、学习、还是学习。现在，我很高兴他们把我当成靶子。没有这个靶子，我就没有动力学习。

第二次停摆事件发生在第二年，只持续了几小时。

第三次停摆时间很长，长达 191 天，从 1998 年 7 月 1 日到 1999 年 1 月 6 日。在此期间，双方基本上都在谈劳资协议。我穿着西装赴会。我穿着黑衣服，准备好出招。我有话要说，我充满自信。我提出的问题很尖锐，如果对方的答案一无是处，我就会直接反驳。

老板们坐在台上，俯视着我们。我不喜欢那样，我叫他们站出来。我有自己的观点。我始终不坐下来，一直站着，在应该出击的时候出击，寸土不让。

第四次停摆事件将 2011/2012 赛季的开赛时间推迟了 161 天。比利·亨特是球员工会执行主管，大卫·斯特恩是联盟总裁。渐渐，越来越多的球员参加我们的会议。一开始，主要是普通球员参与，但很快我就看到了勒布朗·詹姆斯和凯文·杜兰特。事态在不断升温，我们陷入了僵局。但我不知道的是，斯特恩正在制定策略，希望科比出面解决事情。科比领取着巨额薪水，对重返赛场的兴趣可以理解。科比对所有人，包括老板和球员都有着巨大的影响力，他可以参加那些非公开会议。停摆事件在圣诞节时解决了，但我并不开心。我们参与的很多人感觉被排除在决策之外。

我感觉就像科比告诉比利说，“你只需要我”。科比和我的看法不同。这并不总是让人愉快，我们的兄弟情谊陷入了紧张之中，不过挺了过来。

2020 年夏天让我想起了九年前发生的事情。这一次，联盟希望知道要不要进入奥兰多“泡泡”园区打完赛季。帕特里克·贝弗利在社交媒体上说：“球员们，说出你们的想法。如果詹姆斯说他打，我们都打，与个人无关，只是为了生意。”

像乔丹、科比、勒布朗这种球员有着惊人的影响力。在 NBA 历史的不同时期，无法否认的是，无论你喜不喜欢，他们的影响力始终比联盟更重大。

Nicknames
绰号

有很多运动员的绰号都是“小子”—— 向小肯·格里菲致敬。人们曾经叫我“那小子”。我记不得谁第一个这么称呼我，但耐克采用了 —— 围绕这个绰号做了一则完整的广告。问题是，绰号“小子”的人最终都会长大，总会有另一个“小子”出现。于是，我变成了“票哥”，因为我卖出了很多门票。我不确定谁第一个这么叫我，可能是森林狼队的某个解说，可能是特伦特·塔克，也可能是凯文·哈兰。

每次我砸下一记特别凶猛的扣篮时，哈兰总会说：“草菅人命！”我特别喜欢这个词儿，这正是我在球场上的感觉。我特别喜欢哈兰在实况解说时激动的样子。有时，我在球场上奔跑，眼角的余光看到他从椅子上跳起来，大喊大叫，口水四溅。他经常让我想起著名的摔角解说员吉姆·罗斯。不管是“那小子”还是“票哥”，拥有绰号让我感觉像是自己小时候的摔角英雄。

Nike
耐克

见“查尔斯·巴克利”“扣篮”“父亲形象”“拳头”“哥城”“好莱坞”“阿伦·艾弗森”“1995年6月28日”“科比”“绰号”“鞋子”。

The Notorious B.I.G.
The Notorious B.I.G.

1997年2月，我第一次入选全明星阵容，全明星赛在克利夫兰举办。我在街上，走进酒店，这时候，Biggie和吹牛老爹正好从一辆豪华轿车里出来。Biggie裹着一件毛皮大衣，大衣长得拖到雪地上。吹牛老爹瞄到了我，说：“Biggie，过来。你一定要见见凯文·加内特。”

我对自己说：“哦，该死，我就要见到说唱界的王者了。”自从有人为我播放了那盘叫《麦克风杀手》（*Microphone Murderer*）的样带后，Biggie的声音就在我耳边盘旋。

他好像有点哮喘，说话声音低沉，呼吸沉重。他每说一个字之前都要停顿很长时间。“嘿，伙计……想要……想要上来和我们一起抽烟吗？”

“我太想去了，但我现在有事要办。”

“我们以后……再见……大个子。”

他搂着两个漂亮的女士，她们站在他巨大的毛皮大衣下。女士们比他矮，但看起来像在扛着他。与此同时，我感受到了Biggie的气场。他像个指挥官，像一个真实的匪帮，有一张令人永远无法忘记的脸。

Biggie和其他人走他们的路，我走我的路。我对遇到的第一个哥们儿说：“老兄，我刚遇到Biggie了。”

“啥时候？他在哪儿？”

“他去套间了。他当时就在街上，千真万确。你真该看看他，看看他的毛皮大衣拖在雪地上。他就像俄国沙皇，吹牛老爹也在。他们打扮得像亿万富翁，还邀请我和他们一起玩。”

“你怎么没去呢？”

“也许我被镇住了。”

“你？”

“每个人都会被镇住。萨姆·米切尔教我不能被球场上的任何人镇住。但这是在场外，这是Biggie，我看到了活生生的Biggie。这得好好消化消化。而且，我说不出什么话来，除了‘哇，你是英雄，你是我的英雄’。所以我给他们自己的空间，让他们自在。”

即使在最疯狂的想象之中，我也没想到，一个月后这位天才说唱歌手去世了。

我最爱的饶舌歌手

1．Biggie

2．纳斯

3．贾达基斯（Jadakiss）

4．Eric B．& Rakim

5．史努比狗狗

6．Jay-Z

0

Barack Obama
巴拉克·奥巴马

有时候，我会回想起芝加哥的那一年，想知道自己有没有遇到过奥巴马。他看过我在法拉格特的比赛吗？他看过午夜联赛吗？当他在外组织社区活动时，有没有敲过我的门？

如果什么能让凯尔特人队的那个总冠军更为美妙，那就是我们能在奥巴马担任总统时参观白宫就好了。别误会，我很荣幸能前往那里，见到布什总统。不过，奥巴马是第一位热爱篮球运动的总统，他对这项运动的热爱是认真的。他入住白宫后，把网球场部分改造成了篮球场。

我从未参加过他组织的著名比赛，这可能是件好事，我很难控制自己体内的野性。记得有一则重磅新闻，有个家伙在比赛里不小心弄破了奥巴马的嘴唇，他缝了12针。如果我们交手，肯定会发生类似事情。话说回来，你知道后来奥巴马对那个人做了什么吗？他送了一张事发时的照片给那个人。奥巴马就是这样的人，他了解篮球就像政治——强硬又难搞。

总统先生，如果你在洛杉矶，想一对一比赛，就来找我吧。我们可以在史努比狗狗家打球，和你一样，史努比狗狗打得也很不错。

OGs
老前辈

知识。没人知道存在着选项，没人知道联盟有那么多微妙、看不到的东西。只有那些有知识的人才知道，只有那些在探求的人才知道。这时候，你就要融入NBA的人际网络。这就是为什么你要与前辈谈话，这就是为什么前辈会出现在更衣室里。这样，你才能变得更好。待在更优秀的人身边，你才会做得更好。

新人需要理解前辈的重要性。需要理解，有时候，球队说一个球员年纪太大了，所以不与他签约，那不是真正的原因。球队另一个常用的理由是“有受伤倾向”。这不总是事实。有时候，事实是，球队不希望前辈待在新人身边。因为球队知道，前辈会把圆滑的处世之道教给新人。有时，球队把前辈赶出更衣室，是因为信息在传递。球队不希望我们交换信息，因为这是我们自我保护的方式。

如果联盟把一群啥都不懂、也接触不到别人的球员关在更衣室里，你猜会怎么样？联盟可以更容易通过一些事情。这就是你要始终尊重前辈的原因，不仅在NBA，在任何行业都是这样。不要觉得他们老了，不与他们接触。不要不屑地说：“好吧，老年人。”向前辈了解你能学到的一切，他们可以帮助你提升自己。

Official Block Family
官方街区家庭

见“团队”。

Hakeem Olajuwon
哈基姆·奥拉朱旺

见“查尔斯·巴克利”“扣篮”“学习”“凯文·麦克黑尔”。

One-and-Done
大一参选

我缓一下，我需要缓一下，这场关于跳过大学直接进入NBA的讨论让我想到了2005年，大卫·斯特恩总裁推行了一项规定—— NBA球员必须年满19岁，高中毕业至少一年。这项规定被称之为“大一参选”，很多球员为了获得参选资格，去大学上几个学期，然后退学，参加NBA选秀。

NBA选秀制度在1995年改变过，当时，我从法拉格特直接进入森林狼队。之后10年，其他人也这么做了，包括科比·布莱恩特、路·威廉姆斯、德怀特·霍华德、特雷西·麦克格雷迪、勒布朗·詹姆斯等。他们具有顶级天赋，对这项运动产生了巨大的影响。

那为什么联盟要在2005年做出改动呢？

这与NBA的制度性权力和NCAA的权力有关，与我们的社会影响力和缺乏知识有关。年轻运动员常常不知道自己有选择的机会。现在，他们需要知道。

斯坦·范甘迪教练说得对。他把篮球与其他运动进行比较。他指出，如果一个孩子高中毕业就进入棒球联盟或冰球联盟，没有人会抱怨。因为这些运动的大多数选手都是白人，更重要的是，这些运动不涉及大量金钱。

NCAA完全关乎金钱，而且，主要是黑人孩子赚了大钱，他们大多出身工人阶级或贫困家庭。

为什么年轻球员要把他利用身体赚取财富的一年交出去，还要冒着膝盖或脚踝伤病而被毁掉的风险？

“密歇根五虎”的纪录片里有一个片段，杰伦·罗斯和克里斯·韦伯路过一家百货商店，看到韦伯的球衣摆在橱窗里。可是，他们却买不起！学校利用他们的球员吸引力来提高生源质量和名声，这已经够糟糕了。更离谱的是，学校制造印着他们号码和名字的商品，而他们却没有赚到一分钱。

当NCAA邀请乔治·布什总统的国务卿康多莉扎·赖斯关注此事时，她说大一参选制度“大大破坏和动摇了大学篮球……限制了球员的选择自由”。在这件事上，她展现出了正义。

反方认为，球员需要一年的时间才能成熟。对于有些人来说，也许是正确的。对于另一些人来说，简直是胡说。篮球运动发展至此，年轻球员掌握技能的年龄越来越早。大学教练的存在是为了帮助运动员变得成熟，不仅仅是运动方面，也包括社会和心理方面。如果NCAA利用自身权力来控制球员，那就大错特错了。体育运动靠的是这些为学校赚了数百万美元的球员。这些球员应该在生活的各个方面从中受益。看到这些球员被当成摇钱树，我非常生气。

我完全赞成教育。如果年轻球员希望上大学，那很好。那就让他去上大学吧，想上多久就上多久。不过，有些孩子像我一样，甚至还在高中，就已经达到NBA水准了。如果你真的想上大学，还是可以在生涯结束后继续深造。比尔·威洛比就是很好的例子。我打电话向他征询成为职业运动员的建议时，他正在法利迪金森大学读大一。最终，他在44岁时毕业。乔丹和奥尼尔也是重新回到大学，完成学业。我要为朱万·霍华德喝彩，在华盛顿子弹队的新秀赛季，他参加了自主学习课程，并且在那年春天毕业。

还有文斯·卡特，2001年，他穿着学士帽和学士服，接受了北卡的文凭。然后，他跳上猛龙队老板的私人飞机，飞去费城，参加猛龙队与76人队的东部决赛抢七比赛。文斯·卡特在最后一秒错失了扳平比分的三分球。当然，刻薄的媒体没忍住批评他参加毕业典礼。

最重要的是，黑人统治的篮球和足球这两项运动与NCAA有千丝万缕的联系。NBA只要求高中毕业一年后才能进入联盟，而NFL要求至少上三年大学。

小史蒂夫·旺达 11 岁就开始赚钱。

阿蕾莎·弗兰克林 18 岁就开始挣钱。

小韦恩 14 岁就开始挣钱。

天赋就是天赋，天才就是天才。美国是一个金钱至上的国家，尽管篮球和艺术不同，但我非常清楚篮球是一种艺术形式，篮球运动员也是艺术家。

限制神童艺术家赚钱是犯罪。当被铐上手铐的艺术家主要是黑人时…… 好吧，我别无选择，只能引用马文·盖伊的歌词："这让我想要大喊，高举双手。"

Shaquille O' Neal
沙奎尔·奥尼尔

他比我大 4 岁。他进入联盟的时候，看起来犹如天神下凡。沙克身高超过 2.1 米，他能够彻底掌控全局，球场属于他，比赛也属于他。他带来了我们从未见过的超能力。我在模仿他。沙克成了一个家喻户晓的词，一个品牌。他从未陷入麻烦，在商业上，也取得了杰出的成绩。在球场上，他看起来总是和我一样，像一个巨人。我一直庆幸沙克不是一个易怒的人，如果他是个恶棍，我们谁也不会有机会了。我感激他是一个伟大的人和榜样，他和乔丹都是如此。

我第一次见到沙克在 1994 年，在电影《火爆教头》的片场。他们拍摄的一场比赛中，我扮演一个无名角色。我没有和奥尼尔或他队友兼搭档"便士"哈达威在一起待太久，不过，在近距离看到他时，我想："该死，怎么会有人要去防守这家伙？"

然而有一天，我真的需要干这活儿了。虽然，我有着"谁也镇不住我"的态度，但这回得提醒一下自己。得记住萨姆·米切尔教我的事情，我必须找到那个坏的自己，但我内心那个曾见过奥兰多魔术队的奥尼尔统治球场、扣碎篮板的孩子，现在即将踏上论坛球馆的地板，面对这个穿着湖人队球衣的巨人。

我咽了一口口水。

然后，比赛即将开始前，绰号“大柴油机”“大亚里士多德”，体重超过150千克，NBA无可争议的“超人”过来了。沙克走过来时，我在想，他会说什么？他将如何让我丧失勇气？不用多少气力的。

沙克直视着我的眼睛，好像和我认识了一辈子，微笑着问：“你好吗，兄弟？最近过得如何？你的母亲怎么样？大家都好吗？我看到你打得很不错，看得出你能留在联盟里的。”

沙克一边说着，一边快速和我握了握手，不是轻轻一碰，是老派的握手。我受宠若惊，非常激动。然而，当比赛开始时，我马上意识到，沙克用自己温柔的方式让我失去了勇气。

每次我俩交手都很神奇，我们相互之间不喷垃圾话。他只会瞪我，用眼睛传达了许多东西——惊讶、蔑视、佩服等。沙克在克利夫兰时，我们在波士顿大展身手。在森林狼队，我被他和科比打败了那么多次之后，我感觉这对我来说是个小小救赎的机会。一次对阵骑士队时，道克和我说：“我需要你防守沙克几分钟。”通常负责防守他的珀克正在休息。防守沙克就像顶着房子，两分钟之后，我都不能抬胳膊与人击掌了。毫不夸张，我的胳膊就是那么累。如果你打我，我都不能抬手自卫了。

接下来的赛季，那是他最后的一个赛季，他来到了凯尔特人队。他穿了紫金战袍那么多年，现在看到他身披绿白球衣，我花了一段时间才习惯了。一起参加全明星赛时，我知道了他是一个很棒的队友，在波士顿也是一样。他为球队带来了那么好的氛围，如果球队没有把珀克交易到俄克拉荷马，我预感沙克可能会得到他个人第五枚戒指。奥尼尔想尽办法去做几乎所有他想做的事情：表演、广播、DJ，甚至说唱。篮球迷们因为他的说唱而责骂他。我没有，我支持他，我喜欢和他聊音乐。沙克的歌里，我最喜欢的是和Biggie合作的*You Can't Stop the Reign*，里面有一段来自英国R&B乐队Loose Ends的*You Can't Stop the Rain*。这是不同风格和才华的不可思议的融合，而沙克靠着尊重和勇气让自己的音乐脱颖而出。事实上，整张专辑，他邀请了Jay–Z、Mobb Deep、拉基姆和博比·布朗等明星合作，每首歌都很给力。

Onyx

Onyx 乐队

DMX对我作为一名球员的风格和范儿的影响是最大，但皇后区嘻哈组合Onyx也对我产生了很大的冲击。他们是扑面而来的说唱版朋克摇滚。他们1993年的热门单曲*Slam*是对劲舞的颂歌，我也把这首歌当成对扣篮的颂歌。我听着那首歌，感觉他们在激励我把篮筐扣碎。

他们还让光头造型看起来很酷。在*Atak of Da Bal- Hedz*这首歌里，他们讲述了拿起剃刀、把头发剃光的智慧。这首歌里有大道理。在新秀赛季时，我有头发，留着很短的寸头，但我意识到自己在这上面花了太多时间。我太虚荣了，作为NBA的新秀，保持谦逊已经够难了。所以，我剃了光头，在职业生涯中始终保持这个造型。

这让我想到了帽衫。很多人问我，我是怎么做到让帽衫卡在后脑勺上而不滑落的。甚至有人说我用了胶带。不，关键是刮。你逆着纹理刮，那会让头皮有砂纸的质感。就像滑板上贴的防滑纸，帽衫的布料会抓在上面。

P

Pain

疼痛

征战NBA21个赛季，其中4个赛季我打满了82场，还有4个赛季我只缺席了一两场比赛。我职业生涯总共出场1462场比赛，排在NBA历史第7位。这还没算上143场季后赛，15场全明星赛和8场奥运会比赛。有10个赛季，我场均出战超过38分钟；有7次季后赛，我场均出战超过40分钟。我说这些并不是为了吹嘘自己，而是为了强调我的身体承受了多少压力。所有球员都要忍受多少身体上的惩罚。

球员很容易扭伤脚踝，掰断手指，或者拉伤跟腱。那些令人印象深刻的，不幸缩短职业生涯的伤病，可以列很长的单子。想想格兰特·希尔、“便士”哈达威、德里克·罗斯、安德鲁·拜纳姆等，这些哥们儿令人惋惜，我的心与他们同在。

有时，你很幸运，很长一段时间都可以避免受伤，有时则不。2009年2月，我走了霉运。凯尔特人队当时的战绩是44胜11负，很有希望重返总决赛，卫冕总冠军。然后，在对阵犹他爵士队的比赛第二节，我跳起来接球，落地不稳，扭伤了右膝。我错过了此后的13场比赛。我尝试复出了几次，结果却让伤势加重。这意味着我赛季报销了。球队还是打出了了不起的一年，取得了62胜20负的战绩。不过，我们在分区半决赛里输给了奥兰多魔术队。我知道如果我在的话，可以带来改变。我确信我们本来可以再次闯进总决赛，与湖人队再战一次。算上下个赛季，那将是连续3年总决赛凯尔特人队对阵湖人队，那将是历史性的。而在2009/2010赛季总决赛中，我们又一次走了霉运。珀克在第6战中膝盖受伤，缺席了抢七大战。如果珀克在场，我觉得我们能赢下那场比赛，夺得总冠军。当然了，我不会找借口，把失利归咎于此。

2008/2009赛季结束之后，我做了膝盖手术，切除了拇指大小的骨刺。伤愈复出之后，我感觉很好，但不可能避免疼痛。NBA可没有这回事。你可以从伤病中痊愈，但疼痛不会消失。在处理好恐惧心理之后，即使你不再恐惧，在场上像恶魔一样肆虐，你仍然还要处理疼痛。

我进联盟的时候，如果能在NBA活跃10年或者12年，那相当可以了，你要心存感激。篮球不被认为是一项高龄且长寿的运动。然后，现代医学取得进步了，多喝水、拉伸、举重，但不要举太重。增强式训练也很有帮助，阻力带、平衡球、游泳、旋转、降落伞冲刺、高原训练、反重力跑步机、先进的超声波、冷水浴缸、气动恢复装置、低度激光治疗，以及睡眠。尽可能充足的睡眠，至少8小时，包括午睡。还要喝更多的水和碳水计划，包括低碳水、无碳水、无糖、无谷蛋白、原始人饮食、生酮饮食、素食、生食等。强调营养、均衡、灵活性、忍耐力。

我很早就掌握了这一智慧。哪怕在高中，当孩子们直接拿起球开始投篮时，我也会先伸展20分钟。扭伤了几次脚踝后，我学会了旋转脚踝，一种强壮脚踝周边肌肉的训练。我虔诚地做这些事，但不能阻止疼痛的冲击。正确的饮食，正确的锻炼，按照专家的建议行事——这些都不能制止疼痛。

看看我的脚吧。我的脚掌总是起大水疱。休赛期，当我没有频繁打球时，我的脚会变形，它们会肿起来，我需要冰敷。我的脚底会变软，我需要在袜子里擦凡士林。

有一次夏天，昌西邀我跟他和他儿子们一起玩。我忘记带袜子了，但是我没当回事，还是打了比赛。我们打得很卖力，比赛进行到一半，我脱掉鞋，脚上全是鲜血。

“天啊！”昌西说，“我们送你去医院。”

“不新鲜。”我说，“水疱、血，正常玩意儿。”

“你会搞坏你的脚，KG。”

“它们早就坏了，继续打球吧。”

一旦意识到篮球将是我的生命，以及生计。我就想尽办法处理情绪和身体上的疼痛。我回忆自己经历过的疼痛时刻，9岁还是10岁时，我给妹妹做三明治，不小心切到了手指，差点把整个手指切掉了，痛到无法忍受。还有一次，我和一个孩子打架，他把我的脑袋打破了。然后，长大一点，我在学校惹了祸，老妈大发脾气，狠狠动手，那要更痛。13岁时，我在克罗斯比球场打球，因为之前刚下过雨，场地相当湿滑。起跳扣篮时，我滑倒了，脑袋着地，不可思议地痛。

成为职业球员时，我把这些疼痛瞬间都记在心里。没有比那些事故更糟糕的了。如果小时候我能忍过来，那么成年后也可以。我开始把疼痛看作瘙痒，瘙痒很烦人，但如果你够努力，就能忍住不去挠。忍住10秒不要挠，再忍10秒，再忍30秒，很快你就会忘记瘙痒。

我会被击中胸膛，甚至肘击到脖子。疼痛就在一瞬间，锋利无比。疼痛呼唤着一个反应，你想尖叫、报复，或者躺倒在地。但是，至少有一秒钟，你可以离开身体，你可以看着时空之外的事情，说：“哦，我现在要做的就是冷静下来。”

比赛中，汗水和泪水引起的疼痛是一回事，对手造成的疼痛是另一回事。扎克·兰多夫讲了一个故事，他在波特兰开拓者队效力时，我一直对他说垃圾话，他受够了，狠狠给了我一个犯规。这时，我做了一件令他意想不到的事情。我没有反击，而是在地上做了5个俯卧撑。这是美妙的心灵攻击。扎克一头雾水，被攻击了，然后在地上做俯卧撑回应？看完那一幕，不会有人想惹我，他们认为我一定很疯狂。

我希望这始终是我被激怒时的回击方式。但是，在球场上，我不是那种转过另一边脸给对方打的人。你只需要在视频网站看看我觉得自己被激怒后的爆发反应。有时候，我的爆发是因为感到疼痛；有时候，我的爆发是因为我认为有的球员太曲解规则了。我为自己赢得了斗士的名声，我不会为此感到羞愧。

无论如何，疼痛不会消失。如果灵魂出窍法不起作用，我发现还有其他选择。比如，我在抢篮板时弄伤了膝盖，膝盖痛得要死。我可以和疼痛说话，我可以和膝盖说话。我可以说："膝盖，去你的！别喊了，别哭了，别再和我讲伤心事了，克服一下。你只是一个膝盖，我还有一百万个身体部位，它们都运转良好。所以，你先修整一下，让我可以继续工作。"

如果这也不起作用，我会尝试呼吸，把疼痛吸进去，把疼痛呼出来。不要尖叫，不要施加压力，不要思考，就是吸气，呼气。找到合适的呼吸节奏，试一试。

如果呼吸不起作用，总还有止痛片。如果我吃了万络，就不能吃其他药了。要是没有万络，我就吃两粒布洛芬、泰诺或吲哚美辛。平均来说，每场比赛前，我大概会吃5片药。

这些处理疼痛的方法都有一个更深层次的目的：不要把伤害变成憎恨。我想我最好再说一遍：不要把伤害变成憎恨。这需要重复强调，因为这可能是唯一能让我避免憎恨的方式。

我有很多理由去恨，我们都有。我们都被冤枉过。就个人而言，我们都有正当的悲恸。我们都被耍过，甚至那些不知道自己被耍过的人也是。你可以说恨是合理的，你可以争辩，恨是对残酷和不公平待遇的真实反应。所以你想要恨回去，伤害回去，以某种恶毒的方式报复。

但我的所学，这可以追溯到《约伯记》，如果你想到达应许之地，恨不会是车票。就这么简单。无论如何，我们都要听从伟大的O'Jays乐队的指引，他们叫我们坐上"爱的火车"，那是唯一能带我们到想去的地方的火车。

Candace Parker
坎戴丝·帕克

见“WNBA”。

Partnership
合伙人

我不会因为有人给了我一大笔钱就变成了别人的附属品。我相信合伙人制度，而非所有制度。如果把球员当成私有财产，那是直接倒退向奴隶制了。对我来说，这个观念太离谱了，我永远无法接受。

Gary Payton
加里·佩顿

加里是场上场下我希望成为的人。

有加里在的时候，我会坐在后面，吸收一切，学习一切。

看他在球场上，我看到的是：

加里与教练说话。

加里与队友说话。

现在，球迷有话对加里说，加里也有话对球迷说。

现在，加里在朝着裁判七嘴八舌。

现在，加里在对着防守球员七嘴八舌。

现在，加里在突破，然后得分。

加里·佩顿是台机器，是同时执行多个对话和任务的大师。我就是从他那里学会大喊大叫的，我完全在模仿他。加里是说垃圾话的冠军。他不像很多人带着怒气喷垃圾话，他的垃圾话不像查尔斯·巴克利或我那样有侵略性。加里更像是政治家，他的垃圾话根据具体情况而发生微妙变化。他会冲着对方的脸直接喷垃圾话，也可能把手放在对方的肩膀上，冷静理性与他交流。他可以操控所有人以达到目的，并且对方不会察觉自己被耍了。他很早就学会了这门艺术。加里在东奥克兰的球场上长大，他一直在和老前辈们比赛。他希望打出名声，像我在芝加哥一样，从一个街区到另一个街区，挑战最厉害的球手。他会一直喷垃圾话，以确保对方知道他是谁，记住他的名字。一开始很多人想揍他，所以，他很快学会了如何调整和改变招数。

如果你和加里去参加派对，他也会做同样的事情。他会和酒保、保镖、男士、女士说话。"饮料在哪儿？去那儿喝一杯。那帮人是谁？让他们出去。"加里就是这样的人。

在比赛里，加里会直接喊出你的战术。"我们包夹！我们包夹！"当你在低位听到这些话时，不知道包夹从哪儿上来。加里就可以在这种困惑中获利。他拥有各种各样的策略，后来，我也在实施。我欠加里和他那一代的哥们儿太多了。我会把他们的伎俩用在后辈身上，而后辈们搞不明白我在出什么招。

加里还有另一面。尽管他的好胜心很强，但他对自己的篮球知识非常慷慨。2000 年奥克兰全明星赛，就是扣篮大赛文斯·卡特上演史诗表演的那年。训练后，加里把科比和我拉到一边，给我们上了 30 分钟的防守辅导课。再说一次，这是在全明星赛的训练之后。那个周末本来是给我们放松的，加里可不是这么想的，他要训练我们。加里获得过 1995/1996 赛季最佳防守球员，连续 6 个赛季入选 NBA 最佳防守阵容一队，所以，我们就像在上毕加索的绘画私教课，或是路德·范德罗斯的歌唱特训。他向我们展示了自己的秘密技巧，比如怎么抢球不犯规。他说如果你想撕裂对方，就应该穿过他的胸膛。大多数人只是挥手拍球，加里教授的方法是向前一步，把手直接插进对手的身体，就像要掏心一样。这样，对手就不能做体前变向了。逃避的唯一方法是背朝防守人运球，而这会阻碍对手的球场视野。所以，哪怕没有抢到球，也对对手造成了干扰。

全明星赛后，我在电视上看到科比打球时，他用上了加里教我们的那些技巧。那时还没有短信，全明星赛后，我有段时间没见到他，之后见面，我说："你用了加里教我们的技巧。"

"你看到了？"他说。

"当然，我看到了。"

那年结束，科比第一次入选 NBA 最佳防守阵容一队，而加里当然也入选了——连续第 7 次。

Peanut Butter and Jelly
花生酱加果酱

我在五星级饭店吃过饭，我喜欢五星级饭店，就算菜单上念不出名字的菜品我也不怕，我敢于尝试。我可能在巴黎、罗马、柏林、曼谷、悉尼或檀香山，新食物大冒险非常有趣。我愿意去旅行，尝尝美食。

我不是美食鉴赏家，但确实学会品尝一些外来的食物，比如日本和牛和鱼翅汤。但是，在一天结束时，特别是比赛前，我一定会回归基本——白面包涂花生酱加果酱。

回归基本意味着回归童年，回归童年意味着回归舒适，回归到食物简单，篮球纯粹好玩的时候。也许，这就是为什么赛前的花生酱加果酱是必需品。这成了一种仪式，而仪式非常重要。仪式为你提供锚点，让你的世界有意义。你可以信赖仪式。

在明城，球队工作人员知道我对花生酱加果酱的痴迷，为我提供方便。那儿总有三明治。但是，当我去了波士顿，提到这是我生活习惯的一部分时，没有任何回应，没人在意。好吧，我在乎，我太在乎了。所以，我让工作人员开始做三明治。他们做得很棒，非常棒，以至于不知不觉间，在每场比赛前，队里一半人都会吃三明治。也许，这就是帮助我们横扫全联盟，赢得总冠军的神奇秘方。不要低估花生酱加果酱的力量。

Rosie Perez
罗茜·佩雷斯

见“问题”。

Perfection
完美

此前，我提过特别喜欢电影《棒球之爱》，电影里，凯文·科斯特纳试图在自己最后一场比赛中投出完美比赛。但世界上没有完美，哪怕是完美比赛，有多少球能够正好在投手预期的位置落入捕手的手套呢？

人生中很长一段时间，我都纠结于完美这件事。1993 年一次 AAU 锦标赛上，我贡献 24 分、21 个篮板、10 个盖帽和 6 次扣篮。但是，离开球场时，我非常生气，因为我错失了一个很简单的盖帽。当时，我以完美为目标，但完美是不可能的。以完美为目标会让你发疯，我就疯了。我花了很长时间才明白，完美是一回事，臻于完美是另一回事。完美是一个目标，臻于完美是一个过程。

在个人生活中，这是一堂更难学会的课。直到现在，每一天我还在为完美主义而挣扎。我致力于自己，我希望进步。每个人都应该要求进步，自我完善是种本分。但当我们犯了错，开始因为不完美而自责时，要记得，完美只是一种幻觉。

Kendrick Perkins
肯德里克·珀金斯

珀克和我的关系一开始不太好。他是来自得克萨斯州的彪形大汉，盖帽就像拍苍蝇一样，他还是新生代年轻人中第一个说垃圾话的球员。他到波士顿时我还在明尼苏达。我们第一次交手时，他直接冲我过来。

“小子，”他说，“你没那么厉害，我看过录像。”

“好吧，老黑，”我说，“这可不是录像。另外，你觉得自己是老几？”

“一个打爆你的老黑就是老子。”

这就是珀克的心态，我也予以强硬的回应。头几年，比赛中我们打过架，被赶出球场。我们都不打算让步，非常残酷。

后来，我被交易到波士顿，将要在伟大的旗帜下打球。我做的第一件事就是找到道克，说：“我不太认识这个叫珀克的孩子，但每次交手，我们都想把对方揍扁。我不需要每个人都爱我，但这兄弟显然对我恨之入骨。”

“KG，”道克说，“你大错特错了。珀克爱你，你是他最喜欢的球员。你来波士顿，他无比高兴。”

“你确定没弄错？”

“我很肯定。”

那天，珀克打电话给我。

“‘票哥’，”他说，“咋了，傻了？你不知道，你来这里我有多高兴。

这辈子都梦想和你一起打球。哥们儿，现在梦想成真了。有你在队里，我们会夺得总冠军。我能告诉你我真实的感受吗？”

“你已经说了。”

“我爱你，老哥。我们会创造历史的。”

结果证明珀克是对的。结果还证明，他是我人生中见过最深情的家伙之一。

2011 年，我们在客场，珀克来到我的房间说：“‘票哥’，我被交易了。他们送我去俄克拉荷马换杰夫·格林。”珀克事先不知情，我也一样。他眼里含着泪，我眼里含着泪。哭吧，不用不好意思。因为我们之间的兄弟情谊不是假的。

“什么都不能改变我们的兄弟情。”珀克说。

确实，什么都不能。

如果珀克和你搭同一趟车，他会陪你很长一段旅程。

Paul Pierce
保罗·皮尔斯

来到波士顿花园，你会感觉完全不一样，这支球队是一个我从没见过的团队。在明城，我有幸能师从凯文·麦克黑尔。但森林狼队是一支相对年轻的队伍。1960 年湖人队搬离了明尼苏达，直到 1989 年那里才又出现了新的 NBA 球队。这种新的球队有自己的活力，我就在这种活力中茁壮成长。但波士顿有种老派味道，让我觉得很迷人。

我会很早就来到球场，只是为了把手放在球衣上，看看球衣上面的 G”“A”，我会仔细看着两个“T”的缝线，我会研究球衣背后的 5 号。在我的储物柜中，列出了此前所有穿过凯尔特人队 5 号球衣的球员——“王牌”约翰·汤普森、比尔·沃顿、约翰·巴格利。我感到自己对他们有责任，我感到自己好像加入了他们的兄弟会。这种感觉很神圣。

当然，2008 年总冠军是这一切的顶峰，也证明了我刚来这儿时所保持的态度。尊重凯尔特人队的传奇传统是一回事，但更重要的是，我与保罗·皮尔斯的关系。在我来波士顿之前，有些人说我们的自我意识会引发冲突。但那些人不了解我和皮尔斯，他们也不了解我。

他们也不了解，交易达成后，我第一个打去电话的人就是皮尔斯。我不仅把他当成我的兄弟，他还是篮球历史上最蓄势待发的球员之一。他始终把这股势能藏在表层之下，直到需要爆发时。然后，你就瞧好吧。只有萨姆·卡塞尔也有这种势能。

在打电话给皮尔斯之前，我回想起了上赛季森林狼队与凯尔特人队交手的一场比赛。我们两队都在经历一个悲惨的赛季。皮尔斯告诉我，那晚他冲凯尔特人队老板威克·格劳斯贝克大喊："如果你真的想赢得总冠军，那么你把那个家伙交易来。"皮尔斯指着我。在那场比赛中，他说："KG，你知道将会发生什么吗，兄弟？要么你到这儿来，要么我去明尼阿波利斯。"

皮尔斯预见将会发生的事，所以后来给他打电话时，我必须向他表示尊重。

"听着，"我说，"这是你的球队。我知道我参加派对迟到了，我也知道你是在这儿建立了伟大事业的人。所以，别担心我会想站在聚光灯下。站在你的阴影里，我一点问题都没有。"

"你太大了，无法站在任何人的阴影里。"

"你懂我的意思。"

"我知道你是谁，'老票'。你是来取得胜利的，没什么比这更重要。"

"事实。"

在回想自己和皮尔斯在凯尔特人队的所有美好回忆时，比夺冠更先想起来的是我们在花园的第一场比赛。2007 年 11 月 2 日，对阵华盛顿奇

P

才队，我们103比83取胜。皮尔斯得到28分，我得到22分和20个篮板。不过，必须说实话，我作为凯尔特人队球员的第一次投篮彻底打铁。正如道克在赛后告诉记者的那样：“他今晚太兴奋了，以至于第一个投篮差点砸碎了篮板。”

比赛还剩两分半钟时，道克把我们换下场。尽管是一场大胜，几乎所有的观众都留到了最后。凯尔特人队球迷已经很长时间没有欢呼了。就和比赛开始时一样，他们为我们起立鼓掌。他们知道这支队伍多么特别，希望能珍惜每一分钟。

当我和皮尔斯走向板凳席时，我伸出手臂搂住他。在麦当劳全美赛结束十五年后，我们再次成为队友。我们做好了准备，要向波士顿和全世界展示我们的能力。我们向欢呼的观众竖起了手指，他们还什么都没看到呢。

Scottie Pippen
斯科蒂·皮蓬

见“好莱坞”“邀请”“以赛亚”“凯文·麦克黑尔”。

Players First
球员第一

在我来之前，波士顿一团糟，没有合理的结构。道克·里弗斯、皮尔斯、雷·阿伦和我协助建立了一套结构，我们围绕球员第一的心态打造了球队文化。

我们来管理更衣室，这是我们自己的小避难所。

有人，无论是谁试图入侵我们的空间。

我们中的一个人，通常是我，很快会说：“滚出去！你为什么在这儿？保安呢？让他出去。”

如果对方反对，我会回击。“这不是老一套了，不是去年了。我们就是这么做事的。”

我们一起晚饭，一起电影，一起采访。

道克在灌输这种铁幕心态起了很大作用。铁幕心态的强硬保护我们不受任何外部负能量的影响。正能量是自我产生的，正是球员第一的正能量帮助我们攻克难关。

Prejudice
偏见

2012/2013赛季结束时，贾森·科林斯公开同性恋身份。这是一桩大事，因为他是篮球、棒球、橄榄球、冰球四大联盟里第一个公开同性恋身份的人。后来，他改穿了98号球衣，马修·谢泼德在1998年因同性恋身份而遭到折磨和杀害。科林斯的98号球衣成了NBA商店的畅销款，贾森为每一件球衣签名，把收入捐给马修·谢泼德基金会。

那让我的心有宽慰。职业生涯后期，我和贾森在布鲁克林篮网队当过队友。他是一个特别好的队友，他是我们中的一员。小时候，我继承了我们这代人很多的偏见。作为年轻运动员，我从来没有指责过同性恋，或者试图羞辱他们。说实话，我甚至都不关注他们。但随着我成长和同性恋运动公开化，我的心态也经历了转变。我审视自我，发现自己有一些根深蒂固的偏见。我不喜欢这种偏见，也不喜欢任何偏见。所以，我必须勇敢正视自我。这种偏见关于什么呢？与大多数偏见一样，是对未知的恐惧。因为恐惧是一种相当不舒服的感觉，于是，恐惧转化为憎恨，因为憎恨比恐惧更简单。

Prince
“王子”

我们会在老妈家和阿姨家里开派对，皮博·布赖森、柯蒂斯·梅菲尔德、阿蕾莎、史蒂维等人参加，派对的音乐开得很大。大家都围坐在牌桌旁打牌，喝着皇冠威士忌，吃着烤肉和饼干，直到午夜时分。与此同时，我们这些孩子在院子里跳来跳去，一直玩到凌晨。

老妈有很多唱片，包括萨姆·库克、格拉迪斯·奈特、萨姆和戴夫，各种珍贵的唱片。我和姐姐妹妹打扫房子时，她会大声播放音乐，看到我拿起扫帚跳舞，老妈捧腹大笑，她看出我有自己的动作。只有当“王子”的歌播出时，她才让我不好过。我听着“王子”的歌长大，我在理解他的音乐之前就已经爱上了他。击中我的不是那些故事，而是韵律。《亲爱的妮基》是我最爱的一首歌。我不断循环播放，我并不理解这首歌的歌词。我没在听歌词，我在跳舞。

老妈打断我的舞蹈，关掉机器，问：“你对这首歌了解多少？”

“我喜欢这首歌。”

“不准唱这首歌了。”

“为啥？”

“你不必知道为什么，你只要知道不准播放。”

当然，这让我更爱《亲爱的妮基》了。

第一次见到“王子”是我在森林狼队生涯的早期。我在他的“探索”俱乐部里，后面有个房间，足够容纳八九个人。凌晨两点时，我请求进房间里去。

“王子”就在这儿，衣服闪亮，礼帽很漂亮，穿着厚底鳄鱼皮鞋。

他向我点点头："想聊聊吗？"

你知道我愿意和"王子"聊聊。

他的保镖"大鸡哥"在边上盯着，确保没人打扰我们。"大鸡哥"像一座白色大山，有时会把"王子"扛在肩上。"王子"想聊聊篮球，他懂篮球，他在北社区高中打过球。他有很多想问的问题，有很多话想说。不过，他说的话里，我最喜欢的一句是："嘿，我们要去佩斯利公园，跟我来。"

我的心跳开始加速，我跳上车，跟上至少有十辆车的车队。又一个梦想将要成真了。

佩斯利集博物馆、球馆、舞池、办公楼和礼堂于一体。我们到了那里，"王子"消失了大概一小时。我们在下面，那里被打造为音乐会空间的区域，大大的舞台，空间很大，没有椅子。大家都站着，都在期待，都在欢呼，乐队出来了，后面就是"王子"。他换了服装，穿着金闪闪的黑色皮衣皮裤，银色长筒靴。就像准备在"超级碗"上表演了，尽管我们只有五六十个人在等着，不过我们没有等太久。

砰！演出开始。他演唱了一些老歌，比如 *Kiss* 和 *Let's Go Crazy*，还有一些像 *Cream* 比较新的歌，他还唱了一些我们都没听过的歌。他非常认真，他唱得就像是命悬于此似的。吉他在尖叫，他用高亢的假声歌唱，仿佛摔得粉碎，从一种刺耳的旋律切到另一种。"王子"不只是表演一两个小时，而是三四个小时，他始终卖力。我们比他更疲惫，我们从没见过或听过这样的演出。

而这家伙依然不累。

"让我换身衣服，我们去吃早饭。"他说。

一小时后，我们走出佩斯利，沐浴在炽热的阳光中。已经是上午 10 点了，邮差已经在投件了。新的一天开始了，他充满魔力的音乐让我像风筝一样高飞，那些音乐还在我脑海里回响。

我们去了一家偏僻的火腿蛋店。"王子"、我和另外三个人。"王子"

不吃肉，只吃了西红柿和一点莴苣。我买了煎饼和培根。他嘲笑我，质疑我。他想聊更多关于篮球的话题，他想聊什么我们就聊什么。他告诉我他对明城的了解——社区如何改变，为什么他不喜欢待在城郊。

“我喜欢站在外面观察。”他说，“距离给你不同的视角。”

我产生了共鸣，回想起童年时住在尼科尔敦，远眺树林，看到远方的汽车。

“王子”将话题从地理转向身体能量中心的概念。我之前没听过这个概念，我对此着迷。他谈论起瑜伽、形象化、精神超越物质的显化、呼吸训练等。他懂得很多，他的声音低沉有磁性，说话就像波浪。你貌似真的能看到波浪就在眼前。就像他唱歌时吸引你进入每一个音符，他说话时会吸引你进入每一个单词。每个词都是对的。当他意识到我和他是同一个教会的成员时，事情就更顺利了。他正式皈依要到几年后，但是，当时他已经沉浸在信仰之中。教会兄弟间有一种说话的方式，我们述说真理，我们述说经文。我不是来争论的，重要的是我理解他从何而来，他找到了自己需要的东西。我们了解彼此。从我眼里，从我过去的经历里，他可以看到一部分自己。我们是有趣的一对，我几乎比他高60厘米。但他是我的大哥，年龄比我大。我内心很有张力，但他更紧，以一种令人着迷的方式。他证明了高度与身高无关。在某些方面，“王子”是我见过的最高的家伙，他俯瞰众人。

我不必告诉他，他唱片里的哪些内容让我变成忠实歌迷。我意识到他已经成熟了，没必要再像以前那样，把自己的事说出来。他走出去，占领了世界市场。他不怕自己的头发垂下来，这是字面意思。他不介意在头发上卷发夹，不介意看起来不那么男性化。他突出柔和特征，强调那些特性，让都市花美男变成一件很自信的事。女士们爱他，弟兄们效仿他。他以自己希望的方式确立了身份。他改变了文化，他始终坚持自己的本色。

那些凌晨四点的即兴冲动，比如佩斯利的表演很疯狂，但更疯狂的是他在明城市中心，在电影《紫雨》中著名的夜店“第一大道”前的户外表演。我很幸运能够坐在舞台上。我远远看过去，人山人海，摩肩接踵，队伍一直排到标靶中心。似乎全明尼阿波利斯的人都站在那里，看这家伙表演。

“王子”从街上走上舞台，喇叭无处不在，人群的嗡嗡声像十亿只蜜蜂。“王子”穿着合身的火星人服装，走到麦克风前，嗡嗡声持续了仿佛永恒那么久，直到他举起手，声音渐渐消逝。然后，死一般的安静。静得能听到一根针掉在地上。他望着他的城市，望着成千上万张注视着他的脸。他呼吸，他叹气。他让这安静一直持续，我感觉自己再也受不了了。然后，他把麦克风举到嘴边，唱出歌词：“我认识一个叫妮基的女孩……”兄弟，全世界都跳了起来，晃动如同地震，明城陷入了疯狂。他把我们都震出了心神。“王子”喜欢写歌，他喜欢录歌，但没有比现场表演和把歌迷的精力耗干更让他喜欢的了。当演出结束时，他完成了自己打算好的一切，而演出似乎没有尽头。他损耗了我们，他让我们精疲力竭。他给了我们消化不尽的快乐，更多纯粹的愉悦，更多的他自己，更多的灵魂乐。

在明城扎根多年之后，我记得有位作家称“王子”为“文化领袖”，而我是“酷劲儿领袖”。当然，我很荣幸能和“王子”出现在同一个句子里。每个人都喜欢被称为“酷”，但我觉得自己配不上这个头衔，两个头衔都应该属于“王子”。他是“文化之王”，也是“酷劲儿之王”。他的文化和酷对我的影响是一种礼物，一种通过认识一个不可认识的人而得到的特别福利。他的神秘性是魔法，拥有魔力。如果你能发现魔法背后的秘密，魔法就会死去。就这方面而言，据我所知，“王子”还依然活着。

Promenade
步道

2013年，我效力于布鲁克林篮网队。我很激动能生活在曼哈顿的西村。这是一个很容易的选择，我一直希望生活在纽约。这些年，来到这座城市时，我已经探索过一些社区。我喜欢西村，因为那儿古色古香，非常安静，看起来像故事书里描写的。中城的摩天大楼很宏伟，我知道有些人喜欢住在90层楼，但我希望要一栋六层楼高，有足够空间供家人居住的房子。

我很冷静。我融入了这片社区的艺术气息，我陪孩子逛哈德逊河，看看船，去画廊和餐馆，过我从未体验过的城市生活。所有的东西都能在街区或拐角处找到。

一切都很好，除了一件事。在此之前，我没意识到尼克斯队的文化在这座城市有多深厚。尽管我已经离开了波士顿，球迷们还是会朝我走过来，说："干死凯尔特人队"，或是"干死布鲁克林"。第一次遇到这种情况时，我没有在意。但是，这种情况不断发生，哪怕我还带着小孩。我不是那种会朝无知傻瓜开枪而被捕的人，但我挺想这么干的。

夏季训练营在新泽西，训练很折磨人，但我一直全力以赴。然后，出于无法解释的原因，我发现自己在神奇的夜晚经历了神奇的时刻。

和队友吃完晚饭后，我一个人在哈德逊河滨的步道上散步。天空清澈得像水晶，闪烁着星星。水面很平静，几只海鸥扎进黑暗的水里。我听到了雾角的声音，看到了拖船。河对岸，宏伟的曼哈顿天际线在熠熠生辉。摩天大楼如钻石般闪耀，远处西城高速路上来往的车流的灯光。我一直走，一直看。经过一个足球场，找到板凳席，坐下来凝视河对岸。看月光在水面上荡漾，抬头望见飞机盘旋着飞向拉瓜迪亚还是肯尼迪机场。回忆起自己在尼科尔敦时，越过林子去看汽车，看到的完美景象。我想着安静坐着的感觉多么美好，多么舒服，多么让人满足。我想着身处万物交杂之中很有趣，但有时远远地看交杂万物更有趣。我想象整个曼哈顿上上下下现在在发生什么。出租车在鸣笛，餐厅在忙碌，市中心在忙碌；翠贝卡社区的亿万富翁把时髦的老阁楼变成了宫殿，华尔街的富翁坐着豪华轿车，流浪汉住在公园里；瘾君子、热情的大学生、医院里新生的婴儿和死者。星星在空中闪烁，我畅快呼吸。你停下来，什么都不做，只是看。放空大脑，凝视河对岸。在更远的更远，在太空中，行星在旋转，宇宙中的宇宙，无尽的空间，无尽的时间。源头、力量、创造者、创造力、赋予生命的创造力，永不停止，现在和永远。

Kirby Puckett
柯比·帕克特

见“陆地巡航舰”。

Q

Questions

问题

哪些单词以字母 Q 开头？这简直要拼字游戏的冠军来回答。嗯，让我想想……

“榅桲”（quince）——电影《黑白游龙》中罗茜·佩雷斯参加智力竞赛节目时提到的答案。但“榅桲”唯一的重要之处就是让我回想起罗茜·佩雷斯的美貌。我很感谢“榅桲”，但它不配在我的书里单列一个词条。

还有 Q 伯特（Q*bert），一款老式街机游戏，我小时候玩过。游戏中一个可爱的橙色小家伙，长着大圆眼睛和管状的鼻子，老是在骂人。那时候，我觉得特别有意思，现在回想起来，这可能在潜意识里与我为什么总骂人有一丁点关系。但那不是我最喜欢的游戏，这事儿我们在字母 V 的部分会讲到。

当然了，还有 Q-Tip 和 Questlove，向这两个家伙致敬。我喜欢他们做的所有音乐。

最后，我在字母 Q 的部分只有一个词，一个重要的词，甚至是整本书中最重要的单词之一——问题（Questions）。问题是学习的关键。

如果读到这里的你是年轻人，我建议你多向长辈问问题。

如果读到这里的你是长辈，我建议你鼓励孩子问问题。

读到这里的任何人应该都知道我是个充满问题的人。

我没有很多答案，但我确实有很多问题——有些问题从童年起就一直在脑海里萦绕。作为成年人，我现在已经意识到提问是件好事。我在教会长大，那给了我很多帮助。但教会更感兴趣的是提供答案，而非鼓励提问。

我对任何信仰都没有坏话要说。无论人们从各自的信仰中得到什么，愿上帝保佑他们。与此同时，如果我要做个诚实的人，就得吐露那些不断在我脑中跳出来的问题。

有个关于《圣经》的问题困扰了我很多年：为什么耶稣不写东西呢？

《圣经》上只记载他写过一次，而且写的内容没人知道。当时，一个通奸的妇人被带到他面前。执法者说，根据摩西律法，应该用石头砸死她。耶稣说："你们中间谁没有罪，谁就可以先拿石头打她。"没有人扔东西。耶稣在地上写字，然后让她走了，说："我也不定你的罪，去吧！从此不要再犯罪了。"

我很喜欢这个故事，但还是好奇他写的是什么。我还好奇，如果耶稣希望被理解，而非被阐释，为什么他不把自己的想法、感受和命令都准确记录下来呢？为什么要让追随者来写下这些故事呢？为什么不自己写下故事呢？他是上帝，上帝有能力做自己想做的事。我猜，上帝希望我们不停问问题。

还有另一个问题。这是关于恶的。

为什么上帝不能消灭恶？他为什么允许希特勒之流发起战争？你可能会认为，上帝为我们安排了一场战役，以在恶的面前找到善。但你也可能会问，为什么这场战斗永无止境？回顾历史，再看今天，你会发现战役始终在激烈进行。战役就不能停止吗？难道上帝不能结束那些给我们带来了无法想象的痛苦的战争吗？

好人死于癌症。为什么？

城市被海啸夷为平地。为什么？

疾病摧毁了全世界数百万人。为什么？

技术爆发，技术看起来像是善的力量，结果坏人掌握了技术，用来传播恨。为什么？

为什么人们不能停止相互仇恨和残杀？

为什么和平不能永远盛行？

为什么上帝不能赶快——现在、今天、此刻——把我们人类的苦难变成欢乐？

写下这些问题，并不是说我不信仰。我信仰终极创造者和终极力量。我始终信仰，但作为一个会思考的人，信仰的存在并不意味着那些问题不会困扰我。我会被困扰。

让我保持信仰的是信念。信念对我说："你的问题是有理由的，是正确的。你想问什么问题都可以。但如果你有坚定的信念，如果你过着充满爱的生活，你就会表达出一种爱的精神，会传播给其他人。你可以做到这一点，哪怕怀着你的那些问题。你可以做到这一点，哪怕你的问题还没有得到解答。"

R

Referees

裁判

见“拉希德·华莱士”。

Retirement

退役

退役，对我来说不存在，我不喜欢这个单词，尤其不喜欢与“累”(tired) 联系在一起。

球迷会问：“那篮球呢？你怀念吗？”

我的回答是：“不。”我并不是总喜欢打球时的我，那个我是个不一样的人。我变身了，我不是凯文·加内特。我打球，我希望到处走走，让你们记住我，记住看我打球的经历。这就是我的打球方式，全力以赴比赛，全力以赴训练。我一直想说：“当一切结束时，我再也不会想到篮球了。因为我要把一切都留在这里。”

我一点也不怀念这项运动。我不会把球捡起来，不会去打球。你可能觉得有时我还会去打打。打完球后，我的身体非常疼，疼到两三天都不能工作。我必须找到一种新的运动方式，既保持自律，又适合我的后篮球时代的身体状态。

现在，早上起床，我去慢跑，在海滩上散步。回到家后，我健身四十五分钟，照一会儿红外辐射理疗。然后游半小时的泳，在 11 点钟开始我的一天。晚些时候，需要处理很多事务，所以我把早上这几个小时留给自己。

我不怀念篮球，我已经给了篮球自己的所有。然后，多少有一点。我不会因为自己不再打球而垂头丧气。我看电视上 NBA 比赛时的心情是开心，而不是后悔。我不会想象自己在那里，我对现在的自己很满意。我依然活跃在很多方面，对我来说，活跃总是与快乐相伴。

Pat Riley
帕特·莱利

见“勒布朗·詹姆斯”“1995 年 6 月 28 日”。

Dennis Rodman
丹尼斯·罗德曼

最变态的篮板手，也是所有体育运动中最耀眼的兄弟之一，无论你怎么形容“大虫”，我最佩服的是他的体力。我亲眼所见。

森林狼队和公牛队刚刚在标靶中心结束了一场血战。粗暴、肮脏、男人对男人。打了加时赛，加时赛比常规时间更强硬。我们最后险胜公牛队。这可能是明城第一次打败芝加哥，我们像拿到了总冠军，现场撒起彩条庆祝。

赛后，我去健身房，不是为了锻炼，而是为了释放压力。我坐在那儿，这时候，有人大摇大摆走了进来，是罗德曼，他穿着超大的军靴，长度都到膝盖了。他穿着运动裤和军靴！他和他的训练师一起走进来。他很快看了我一眼，说：“打得好，小伙子。喜欢你的激情。”然后，他走上跑步机，像刚抢完银行被警察紧追一样狂奔，边跑边和我聊天。

“明天要去新泽西和那个孩子交手，他们说他是最好的篮板手。放狗屁，我要抢45个篮板，看我的。”

我看着他，他毫不减速，汗流浃背。

我心想：“大哥，该回家了！”

但是，不，这哥们儿开始加速了。他期待着下一个挑战，并投入额外的训练来迎接挑战。他超级疯狂。他和我说他早期的伤病，说力量训练如何增强了他的身体，提高了他的体力。罗德曼穿着军靴跑步，语速每分钟一千米，而且一点儿不喘。

我心想：“这是我需要有的疯狂劲儿。”

Rajon Rondo
拉让·朗多

在凯尔特人队运营总经理丹尼·安吉把我交易到球队之前，他先邀请我飞往波士顿见他，向我展示其设想。在摆出来给我看时，他消失了，而我真的可以看到那玩意儿就在我面前，就像幻视或全息图。这就是丹尼·安吉的伟大之处，他知道如何引诱人们进去。我甚至都没有意识到，这就是他的厉害，让你觉得这都是你的主意。

“你们那个非洲小后卫怎么样了？”我问他。

为了准备这场见面，我一直在看凯尔特人队的比赛录像。其中，一个特别突出的回合在麦迪逊广场花园对阵尼克斯队。这个新秀小后卫得分，然后抢断界外发球，再次得分，还造成了加罚。我喜欢他的激情，但是由于阅读障碍，我不知道他的名字该怎么念。我以为他是非洲人。

丹尼奇怪地看着我。

“非洲人？”

该死，我心想，丹尼要我试着念出他的名字。

“是的，”我说，“拉—— 忠。”

“哦，你说的是拉让·朗多，他来自肯塔基大学。”

“是的，”我说，“朗多。你得留下他，我会来波士顿，但你得留下他。”

丹尼犹豫了一秒钟，他们本来打算把朗多也打包进来交易我。

“不，”我说，“我们那就不干了。”

于是朗多留在了波士顿。我叫他“多多”，也叫他小弟弟。当皮尔斯、雷·阿伦和我在波士顿聚首时，他们给我们打上了“三巨头”的标签，但“多多”在胜利方程式上和我们一样重要。

“多多”和我一开始就处得很好。也许因为我把他看成年轻版的自己，或者因为他把我看成年长版的他。他的身高只有1.85米，年龄比我小10岁，但他充满激情的程度与我相当。有时候，和我一样，他会做一些离谱的事。他的怪癖很疯狂，我也是。他的想法不合常规，我也是。我们是两条平行线。

比如，我们在哥城与公牛队交手那次。星期五，冷得要死，雪大得不行。球迷们朝球队大巴扔雪球。芝加哥人非常有信心，他们有一个年轻球员 —— 德里克·罗斯，每个人都充满激情。公牛队带着巨大的能量开场，导致我们早早落后。我们看上去很糟糕，不停失误，一点都不专注。一个回合，“多多”把球带过半场，发起战术，不过，他不是简单传球，而是开始花式运球，背后、胯下，然后把球传出界外。没人抱怨。下次过半场，他做了同样的事情，同样的战术，同样的花式运球，然后又一次把球传出界外。现在，我们都很生气，尤其是我。

“认真点，‘多多’！”我大喊，“你在干吗？就直接传球，别搞花的。”

他回了我几句垃圾话，我也回了他几句。又过了几个回合，道克叫了暂停。

“什么，你觉得只要出场就能赢球吗？”道克暂停时说，非常激动，

“你觉得对手会被镇住，因为你们是无敌的凯尔特人队吗？”

球童递给我一杯水，我把水递给“多多”，这样球童就不用把手从我们上方伸过来了。“多多”没理我，假装没看到水，假装注意力都集中在和道克说话上。好吧，这下我真的生气了，我把水一饮而尽，然后把纸杯在脑袋上按扁。随后，“多多”站起来，走到我身边，自己拿了一杯水，绅士般抿了一口，表示他不怕我。但是，他被水呛到了，开始咳嗽，他想止住咳嗽，转过身去，不希望别人看到，因为现在他很尴尬。我看着他，说：“哦，孩子，呛到了。”

我把其他人都推向背后。

“小心点，珀克，给他点空间。他呛到，别杀死自己！”

我喊的时候，还在暂停。每个人都像看疯子一样看我们。

“现在，有人说传球，”我喊道，“你就传球！”

他终于止住了咳嗽，喘了口气，眼泪流了出来。他真的快呛死了。

“每个人都伸手。”道克说。

我们把手伸到一起，结束了暂停。然后，我们击败了公牛队。

我和“多多”的关系就是这样。我们互相依靠，如果有谁比我更固执，那就是“多多”。如果有谁比“多多”更固执，那就是我。他和道克也有类似的关系。天啊，他们会冲动。有时，他们看起来想要动手，但这是出于爱和尊重，因为他们都非常渴望胜利。

关键比赛，有的家伙会崩溃，“多多”正好相反。在大场面下，他打得很好。我从不怀疑，一次都没有，他在重大比赛中表现精彩。

如果有事情困扰“多多”，他可以和我聊上几个小时。我们喜欢把事情拆开，深入审视每一个问题，从每个角度去看。我们喜欢分析。

“多多”是个思想者，他是最聪明的篮球运动员之一。他的篮球智商爆表，他会成为一个伟大的教练。我永远不会，因为我缺乏耐心。我与那些有着巨大潜力却不努力的人处不来。如果不具备良好的勤奋品格，我会很难忍受。相反，“多多”有耐心去激发他人。

Routine
固定程序

作为年轻球员，我当初必须掌握的一件事就是认真对待固定程序。初入联盟，你有一整套必须遵守的时间表，包括投篮时间，健身房时间，吃饭时间。一开始，这对我来说很难，尤其我有注意力缺陷症。但过了一段时间，我就适应了。

大约进入联盟 3 年后，我有了自己的固定程序。当时，我的腿有点问题，朋友建议我去海滩跑步，这是特别棒的建议。我非常喜欢海滩，尤其喜欢夏天在马利布海滩上跑步。

凌晨 4 点钟。我关掉闹钟。

4 点 20 分。我穿好衣服，出门。

4 点 30 分。我把车停在海滩边，往前跑 3000 米，再跑 3000 米回来。软软的沙子，我感到特别有动力，因为我知道东海岸的球员在 7 点 30 分已经起床训练了。我得跟上那些家伙。

第二段 3000 米的路，我会做跳跃练习。这有助于我二次起跳抢篮板球，有助于我把握时机。我跳 50 下，然后休息，再跳 50 个，再休息。整个 3000 米都这样做。接下来，防守脚步训练。然后在走和慢跑之间切换。

唱歌是关键。碧昂丝的老师教我怎么打开肺部唱歌。所以，我大声唱着："选左，选右。"我唱："你需要爱，爱，爱。"我大唱在脑子中突然冒出来的一切，对着无人的海滩高唱，对着由灰变蓝的空荡荡天空高唱，对着微弱的晨光高唱，唱到太阳从水里升起，照在我脑袋上。

然后前往球馆，进行篮球训练。热身 10 分钟，从 2 米外开始跳投。一圈 7 个点，罚 10 个球，再退回来。退到三分线以里，大学比赛的三分线，投 15 个，7 个点。再退回来，罚球。更多的三分球。在投篮间隙，练习之字形前进，之字形防守。跑到到半场，退回来，到另一端投篮。

然后 10 个后撤步，两边禁区。随后罚球区动作训练，正面动作，运一下球攻击篮筐。肘区训练，打板训练。全场各处，5 个点，回到罚球。

接下来是力量训练，不能忽视力量训练，不要忽略力量训练。练臂日、练腿日、推举、弯举，连续 5 天，连续 20 年。

作为一名精力充沛的球员，我迫切需要固定程序。如果出了岔子，我一整天就都乱了。

但总是会岔子。在生活中，每天都有那么多的噪音袭来，有那么多意料外的事情发生。在 NBA，人们尽最大努力让你待在“泡泡”里，确保你不受干扰。但现实生活并非如此。伙计，现实生活的特点就是——充满干扰。固定程序能帮你解决这个问题，这提供了一个稳定的基础，无论事情变得多么混乱，你都可以依靠。固定程序可以是非常小的事情，就像呼吸，每天固定几分钟，坐下来，就是呼吸。你甚至不能称之为冥想，不用那么深入。固定程序可以是任何事情，甚至可以是早上起床第一件事就整理床铺。就一个小小仪式，给人类的混乱生活提供结构。

没有固定程序，我就会乱成一团。有了它，我就可以运转起来了。

我最爱的夏季篮球场所

1. 洛杉矶
2. 拉斯维加斯
3. 芝加哥
4. 亚特兰大桃树街
5. 纽约城

Rubber Band
橡胶手环

初入联盟时，我会拿马克笔在鞋子上写："莫尔丁""巴斯伍德大道"和"春田公园"。我想提醒自己来自哪里。我从来都不希望忘记这一点。类似却略有不同的是，我左手腕上一直戴着橡胶手环。

实际上，我从十三四岁时就开始这么做了。这主意来自唐·斯特利，我早期的偶像之一。唐是弗吉尼亚大学女篮的控球后卫，她是一个小个子，但是她特别犀利，充满能量。我喜欢看她打球。她戴着橡胶手环，每次犯错或失误时，她就会扯手环然后弹回去。我觉得这是很好的方式，是对自己负责的方式。

所以，如果我忘了家庭作业，我就会弹手环。如果我没做老妈安排的家务，弹手环。体育比赛也一样，传球失误，或者简单上篮没进，弹手环。不是惩罚，而是用来提醒自己下次要做得更好。

向为我指路的唐致敬。后来，她有一段了不起的职业生涯，2001 年她随夏洛特螯针队打进 WNBA 总决赛。我进入 NBA 后，非常激动有机会在全明星赛上遇到她。我对她如此敬畏，以至于都不好意思和她打招呼。不过，另一位了不起的球员谢丽尔·斯伍普斯做介绍，事情变得很顺利，唐还拥抱了我。我见过许多名人，但那个拥抱始终是我生命中的高光时刻。

Bill Russell
比尔·拉塞尔

见"约翰尼·乔""*King Kunta*""约翰·汤普森""毫不在乎"。

S

Arvydas Sabonis
阿尔维达斯·萨博尼斯

见“欧洲球员”“*King Kunta*”“毫不在乎”。

Craig Sager
克雷格·塞杰

向克雷格致敬。

安息吧，亲爱的兄弟。

我想说自己多么思念你，我想证明大家多么思念你。我要说出来，因为区分胡说八道的记者和值得尊重的人非常重要。

媒体可以把任何人都变成疯子。媒体是无情的机器，是吃人的怪物。媒体塑造你，为的是摧毁你，媒体毫无顾忌。媒体靠收视率运作，而提高收视率依靠肮脏的把戏。事实不重要，如果能吸引读者或观众，那就编吧。如果能为采访带来关注度，那就冒犯球员，让他说不该说的话。攻其脆弱之处，不尊重其隐私，尽你所能制造争议。

但那不是你，克雷格。你卓尔不群，开创了自己的领域。你了解篮球，问题始终只关于篮球。你按下正确的按钮，你推动正确的议题。

你第一次采访我在选秀大会，我作为五号秀刚和总裁握完手，戴着森林狼队的帽子走下台之后。我还在慌乱之中，甚至不知道自己说了什么，你似乎感觉到了。你的态度温和，令人安心，令我放松下来。你不像其他记者，只把我当成一张数据表。你对待我就像对待一个既欣喜若狂又紧张得要命的19岁孩子。你问我篮球之外的兴趣，而当我开口时，你愿意倾听。

你为自己的工作而骄傲，却从不把自己当大腕儿。你会开玩笑，也可以接受被人开玩笑。当然，你的穿着很鲜艳，却有自己的风格。兄弟们都很喜欢。

你那些夸张的穿搭是你的发明。你的格子运动外套与细条纹休闲裤完全不搭，紫色圆点袜子与奶油色高帮鞋完全冲突。我总是在嘲笑那些穿搭。我记得在凯尔特人队的第一年，那天晚上在波士顿，我们以104比59横扫尼克斯队，赛后你采访了我。

“有话直说，”我说，“你不能简单抓住20世纪70年代的东西，试图把那些给拽回来。复古是一种造型。”

“好吧，你也在试图把凯尔特人队的荣耀拽回来。”你说。

“但你看，那有效果。而这个，”我指着你的西装说，“不行。”

我最喜欢你的采访——每一次我都喜欢，但这次特别喜欢——是在2008年新奥尔良全明星赛结束后。我刚走出更衣室，准备开车。你抓到了我，问能不能占用我几秒钟时间。你穿着巨难看的粉红色格子西装，配套的方巾、红色鞋子，还有红色细条纹衬衫。摄像机就在那里，已经在运转了。我直入主题。

“听着，”我说，“我知道在直播，但给我10到15秒钟和你说点事儿……我要向你强调……”

我用手指夹住那件丑西装的领子。那件西装采用上等材料，意大利工艺。你的衣服让人看了会瞎眼，但不廉价。不重要，我必须让你知道。

“听着，克雷格，我知道你从不穿旧衣服，我从没见过你穿同一套衣服两次。你把这件衣服带回家，然后烧掉——”

我更加用力地抓住领子。

“我不管这是不是范思哲——”

“Isaia。”克雷格说。

“不重要”，我说，“你把这件衣服烧掉，烧得只剩灰烬。”

“一点都不能剩吗？”

“不能，烧光。所以干完这件事后，你应该光着屁股蛋。”

在那之前，你一直在很职业地进行采访。你知道我正说得上头，我们正在制造经典，电视上真正的宝藏内容。你知道要让我尽情释放，不要打断。但是“光着屁股蛋”戳中了你，你忍不住咯咯笑了起来。

“鞋子也是，”我说，“烧掉。不要问问题，就是烧掉。还有红色的袜子，观众们在家里没看到。方巾、绿色丁字裤全都烧掉。可以吗？汽油，或者煤油，随便选一个。”

你笑得不行了，克雷格，牙都笑掉了。后来，我得知你真的弄了个焚烧仪式。

这些都是为了说明，你的灵魂依然燃烧着光明。媒体是个大染缸，不知为啥，你出淤泥而不染，干干净净。

你给我们的爱，我们给你的爱，都不会消失。

Adam Sandler
亚当·桑德勒

见“《原钻》”。

Flip Saunders
菲利普·桑德斯

凯文·麦克黑尔在 2005 年 2 月解雇了菲利普。当时，森林狼队的战绩是 12 胜 20 负。我看不出这有什么意义。菲利普是个很棒的教练，6 年前，正是他的战略举措帮助球队扭转局面，3 个赛季两次取得 50 胜。

此后几年，令人沮丧，非常难熬，但我没有把责任归咎于菲利普。显然，凯文觉得自己可以干得更好，因此他任命自己为主教练。球队的气氛特别奇怪，就像我和“虫子”一样，凯文和菲利普也是最好的朋友。我远远看着这一切。凯文从没有和我谈过究竟发生了什么。萨姆·米切尔的离开已经够糟糕了，而森林狼队又在拉特雷尔·斯普雷威尔的合同上压低报价，斯普雷就这样离开了。我认为这是个大错误。萨姆·卡塞尔也是我最亲近的兄弟之一。他和我一样不希望菲利普被解雇，而他也没有得到合同续约的报价。总结一下：我们 9 年来第一次错过季后赛。不久之后，我就去了波士顿。

最终，我还是获得了和菲利普重聚的机会。他是第一个带我来到森林狼队的人，也是最后一个带我回来的人。

2013/2014 赛季，凯尔特人队做了交易，把我送到布鲁克林篮网队。那是篮网队从新泽西搬到全新的高级球馆巴克莱中心的第二年。我喜欢的 Jay-Z 是球队的小老板，我喜欢的保罗·皮尔斯也在交易里，我们可以继续当队友。超级巨星贾森·基德成为我们的主教练，球队中锋布鲁克·洛佩兹场均得到接近 20 分，超过 10 个篮板。洛佩兹是出色的内线球员，但他有伤病问题。不重要，球队的前景相当好。皮尔斯、基德和我都在不久前赢得过总冠军，所以，我们有那种精神。但基德始终在寻找波士顿的凯尔·加内特和波士顿的保罗·皮尔斯，可惜，他们已经老了。我们不再能够每晚扛起球队，这让我们所有人都很沮丧。

球队的开局不顺，战绩为 10 胜 21 负。不过，我们不会一直那么糟糕，我们有太多充满天赋的球员，包括皮尔斯、乔·约翰逊、德隆·威廉姆斯，还有我。在基德的执教下，我们开始找到默契，最终胜场比负场多 6 场，球队在东部排名第 6。首轮对阵多伦多猛龙队，抢七大战战至最后一个回合，皮尔斯封盖了凯尔·洛瑞的压哨投篮，我们以 104 比 103 的比分取胜。下一轮对阵迈阿密，5 场比赛后，我们被淘汰出局。

下个赛季更具挑战性。皮尔斯以自由球员身份与华盛顿奇才队签约，基德去执教雄鹿队。那个赛季过半时，我接到了菲利普的电话。在先后执教活塞队和奇才队后，他在2014年再次被森林狼队聘为主教练，并找来了我的大哥萨姆·米切尔担任助理教练。在2008/2009赛季开始几场比赛后，萨姆就被猛龙队炒掉了主教练职务。真是瞎搞。萨姆荣获2006/2007赛季年度最佳教练。2007/2008赛季，他超过了伟大的伦尼·威尔肯斯，成为猛龙队历史上赢球最多的主教练。他不应该被这么对待。把萨姆招进教练组，显示了菲利普的智慧与忠诚。菲利普是我爱戴的人，是我希望职业生涯末期为之效力的人。我回到了明尼苏达森林狼队。

我受到膝盖伤势的困扰，那个赛季只为森林狼队打了5场比赛。不过，下一个赛季，我有几个重要的职业生涯里程碑时刻：我成为NBA历史上第5个出场超过5万分钟的球员；我的总得分超过26000分，成为第15个达此成就的球员；最特别的是，我超越了卡尔·马龙，成为NBA历史上防守篮板数最多的球员。但是，这一切都因为菲利普的遭遇而不堪回首。

有段时间，他经常抱怨耳朵附近的肿块，但一直没去检查。当8月份去检查时，他们把他送进了医院，他再也没有出来。萨姆接任主教练，菲利普则于2015年10月25日死于霍奇金淋巴瘤，享年60岁。我再也不是原来的我了。

你无法想象菲利普会死得那么早，因为他有无尽的精力和乐观的态度。在篮球知识方面，他是伟大的老师；在理解和爱护球员方面，他是伟大的教练。

得知消息几天后，我开车去了标靶中心的地下车库。我在菲利普空着的停车位前坐了下来，墙上还写着他的名字。我不敢相信他已经离开了，我现在还是很难相信。我高中的时候，他来到芝加哥参观选前试训。他看出了几乎没人看得出的潜力，他给了我一个机会，他信任我。我永远不会忘记菲利普，我珍惜有他的回忆。

Screens
掩护／屏幕

我不喜欢现在比赛风格的一点是，球员们在遇到掩护（screen）时会自动换防。我甚至不管那些叫掩护，掩护人仅仅向防守人移动，然后就是换防。掩护人甚至不用站住位置。

在我的家乡，如果有人想做掩护挡住我，他最好像橡树一样，把根扎在地上，因为我会拼了命挤过去。我做掩护时也一样，你挤过了“票哥”的挡拆吗？伙计，我当场就要恭喜你。我不会让持球人轻松甩掉我，我不会轻易让他们占到利好。队友们都清楚我的这一点。他们知道我会紧盯着我的人，而他们的责任就是拼命穿过掩护，咬住他们的人。拼命穿过掩护并不轻松，这是份苦差事，但是值得。

我对场下的屏幕（screen）也有同样的感觉。我说的是手机屏幕，可以理解为社交媒体。

我清楚那有积极的力量，也有负面的力量。我清楚已经回不去了。社交媒体很容易让人上瘾，整个世界都已经上瘾了。今天，很多人为了正当目的而使用社交媒体，对我来说，我必须管理自己的手机，要施加限制。否则，手机中的虚拟世界将取代真正的现实。

当 Instagram 出来时，我觉得很酷。那时候，不是所有人都在使用。所以，我去度假时，会把照片发在 Instagram 上，与朋友分享美景。后来，Instagram 变成了赤裸裸的商业应用软件，每个人都利用它骗钱、推销等。

今天，如果我和儿子们同处一个房间，我不希望他们整晚都盯着手机看。如果我去参加商务会议，我不喜欢见面的人每 10 秒就检查一次邮件或短信。更重要的是，如果我在一座我从未见过的岛屿上度假，我希望看看那座岛，而不是琢磨怎么才能拍出最酷的视频。

我希望享受当下。

摆弄手机或iPad，我们会错过生活，我们不是在经历这种体验；实际上，我们是在经历记录经历的体验。对我来说，这是很蠢的事情。

生活需要用我们的眼睛去发现，人们需要用我们的耳朵去倾听，情感需要用我们的心去感受。

手机没有心，手机可以测你的心跳，这很厉害，但手机无法取代人类在现实生活中呼吸的能力。

有一天，一个我很尊敬的哥们儿花了一大笔钱来NBA现场，在很好的座位上看比赛，他受够了在电视上看球。

“如果不把大部分时间花在看球场上方那块巨大的屏幕上，”他说，“我一定要死了，我没法把眼睛从屏幕上挪开。”

屏幕已经占领了世界，屏幕无处不在。但是，看着屏幕时，你看到的不是生活，你看到的是生活的映射。

我受够了映射，受够了每个人都渴望得到这些先进的设备。设备不是奇迹，生活才是奇迹。生活，无论有多少悲欢离合，那才是我不想错过的。

Malik Sealy
马利克·西利

见“一切皆有可能！”“德里克·科尔曼”“福睿斯”“学习”“2000年5月19日”“凯文·麦克黑尔”“决战”“文身”。

Shadowing
投影

我通过训练来为比赛做准备，当我在训练中出现错误时，我会及时改正，将其用于比赛。要做到这一点，我必须进行高强度的训练，与比赛强度一致。一次训练，道克对我的强度很恼火，他认为我的训练强度太过了。他想用利昂·波换我下来，让我休息一下。但是我不想下场，我对自己的表现不满意。埃迪·豪斯一直在狠狠教训我。如果被换下场，我就没有机会去克服问题，也无法在正式比赛中发挥更好的表现。

“利昂，你上场换KG。”道克说。

“该死！”我大声喊，猛踢篮球，我不想让利昂换我下去。

“换别人下去。”我对他说。然后，我像个废人一样，坐在地板上，想要把训练弄成一团糟，就像在说：“你们必须把我拖走才行。”

这不是我第一次发脾气了。道克和大家都知道只需要等待一分钟，情绪过去了，我就会站起来，走下场。我经常如此。不过，那天我有了一个想法，我仍然想投入训练，于是我在场边，假装自己还在比赛，就在利昂的位置上。朗多带球过半场，利昂过去挡拆。所以，我迈出同样的步伐，做一个想象中的挡拆。当利昂拆往篮下时，我也会跟着拆。

我称之为“投影”。一开始，所有人都看着我，就像在说：“这家伙在干什么呢？”他们经常用那种眼神看着我。但道克看出了其中的奥妙和智慧。在那之后，我们都开始这么做。如果你在训练赛中看向边线，你会看到两三个人，甚至不在场上的任何人，在参加想象中的比赛。对于不知道在干什么的人来说，这可能看起来很傻，但这是严肃的行为。“投影”迫使我们集中注意力，利用好训练的每一分钟。

Shoes
鞋子

当我还是孩子的时候，我买得起的球鞋只有 Payless 鞋店的假乔丹。当我穿着假货上学时，孩子们大肆嘲笑我：“看看凯文穿得什么破烂玩意儿。”

“没那么烂。”“虫子”说，“虫子”总是支持我，“我认为这双鞋很棒。”

然而，它们就是破烂玩意儿。

年轻时，身份地位很重要。长大后，身份地位更加重要。朋友告诉我，有个唱片公司经理的鞋子是在英国手工制作的，每双价值 1200 美元。他的柜子里摆了 125 双鞋子。还有个人喜欢收藏各种材质的牛仔靴，包括鳄鱼皮、鸵鸟皮、水牛皮、小牛皮、母牛皮 …… 你能想到的他都有。我猜他的收藏价值 7 位数。他的全部身价，他的自我价值都被绑在靴子里。当你获得一些智慧以后，你意识到地位并不意味着任何东西，这需要很长时间才能领悟。但你可能只有在获得一定地位后才能这么说。我花了很长时间，才到达能够穿品牌运动鞋的地步。

我买的第一双品牌鞋子是英国骑士牌，但那并不比 Payless 店里的鞋子好多少。不仅不好，这双鞋子还给我打上了贫穷的标签。我讨厌被打标签。最终，当我强到足够进入一支又一支球队时，那个标签才消失。也许也没消失，那个签记实在太深了，永远都不会消失。也许只是我们把它掩盖了起来。

我相信炫酷的运动鞋确实能减轻一些痛苦，至少让我感觉良好。我也相信，对于数百万孩子来说也都是如此。有趣的是，这种全球范围的球鞋文化现象专门建立在篮球鞋之上。跑鞋很重要，普通的休闲鞋也很重要，但球鞋文化的根基是篮球鞋。原因大家都很清楚，篮球鞋能够增加你的弹跳。篮球鞋还拥有自己的风格。最好的球鞋反映了与之联系的球员的风格。

这一切在1989年变得明确，当时我13岁。消息像龙卷风在社区里传开来。一个孩子被杀了，因为他的红黑配色飞人乔丹篮球鞋。

那个时刻，警报拉响了。一个世界停止，而另一个世界开始了。后来，乔丹篮球鞋成为世界上所有运动、所有运动员中最畅销的鞋，卖了超过一百万双。

仔细听我说：作为成年人，当我回顾这场暴力时，一个孩子就因为一双运动鞋而失去生命，令我感到恐惧。这是我现在的想法。让我回到小时候，当我听到这则消息时的心态，那才是我需要与你分享的：什么！是什么鞋那么厉害，竟然引发谋杀？

于是，我和兄弟们跑去商店，它就在Foot Locker店里，高高地摆在有机玻璃柜上，上方照着一束光。

那是“圣杯”。

我们问了所有孩子都在问的问题：“多少钱？”

120美元！

没听过一双鞋需要120美元的。

那时候，球鞋卖三四十美元，甚至是五十美元。那个定价只会增加其诱惑和传奇性。

还记得我英年早逝的哥们儿埃尔德里克·利蒙吗？他在街头大赚一笔后，给社区里的每个人都买了乔丹球鞋。我们穿上鞋子，心脏都快跳出来了。我们低着头看着鞋子，一开始慢慢走，然后快一点，最后跑起来。但是，我们不会穿着去打球，不能冒弄脏这双宝贝的风险。乔丹球鞋不仅是球鞋，那是一种令人痴迷的文化。有趣的是，并且重要的是，鞋子上没有白色，只有红色和黑色。在那次轰动美国的谋杀事件之后，耐克放弃了红黑配色，开始生产其他配色的鞋子，包括白色、红色、黑色等。可是，什么配色都无法取代原版。圣杯之所以神圣，是因为人们为它而喋血，是因为它激发了数以百万计的崇拜者。

也就是在那时候，耐克开始利用和押宝乔丹。耐克和乔丹深度绑定，耐克带着他去巴黎，把乔丹的比赛集锦变成广告，他们把乔丹送到舞台上，告诉他：“穿上这双鞋，然后扣篮。穿上这双鞋，然后投三分。穿上这双鞋，然后尽情跳跃吧。”

在乔丹之前谁能这样扣篮？J 博士，没错。但乔丹是更强的 J 博士。J 博士还可以跳投，但和乔丹的跳投技术不能比。乔丹是我们都必须遵循的脚本，他是篮球的化身。而耐克是推动这一切发生的企业怪兽。

我 19 岁时进入联盟，就选择了穿耐克球鞋。我想说我向耐克跑去，但事实是耐克朝我跑来。当然，我很喜欢这样。很快，我就穿上了各种款式的耐克球鞋。

我与耐克首次会面是一个签约活动。第二次会面发生在我的第二个 NBA 赛季，当时我随狼队去波特兰打客场，这次会面是与设计有关的。里克 · 威尔逊是我在耐克公司的联系人，他和联盟的人关系紧密，在史蒂夫 · 里金斯和霍华德 · 怀特手下工作。霍华德是引进乔丹的那个人，这些家伙都体现了黑人在商业领域的杰出代表。

他们带我参观耐克园区，园区里有许多建筑，风景优美。然后，他们给了我一份令我震惊的声明：“我们将为你的签名鞋命名为‘加内特 1 代’。”

会面的时候，“虫子”和我在一起。我永远不会忘记他脸上震惊的表情。

别忘了，这距离被莫尔丁高中开除还不到两年的时间。

在那之前，我已经代言了 Nike Jumpman 系列球鞋。但 Jumpman 是乔丹品牌的一部分，那是在迈克尔 · 乔丹的庇护伞下营销的，属于第二层级。看看有没有其他球员可以卖鞋，我是第一个，然后有埃迪 · 琼斯、吉姆 · 杰克逊、贾森 · 基德和贾马尔 · 马什伯恩。我穿着 Jumpman 系列球鞋打了很长时间。与此同时，与其他明星球员一样，我也希望拥有自己的签名球鞋。在我看来，加内特 1 代成为一个里程碑。

球鞋如此吸引人的另一个原因是：它们很有趣。无论 4 岁还是 40 岁，当你把鞋系好，你就可以出发去尽情享受了。这就引出了我喜欢耐克的另一个原因。他们让我去演《欢乐警察》。那是一个广告系列，可以宣传我的球鞋，虽然里面没有提到球鞋。《欢乐警察》帮助我成了电视名人，在某种程度上也是演员。

我可能是《欢乐警察》的主要成员，但不是唯一成员。我的兄弟蒂姆·哈达威、加里·佩顿、贾森·基德和阿朗佐·莫宁都在队伍里。《欢乐警察》让球员们扮演便衣警察，确保大家都玩得开心，但总会有转折。例如，在一条广告中，我、阿朗佐和哈达威扮演欢乐警察，在 NBA 比赛中给观众指引座位。当一对有钱夫妇给我们看他们的场边座席票时，我们把他们送到最高的区域。然后，当 3 个黑人小男孩给我们看票时，我们把他们送到场边座位。

这些迷你剧成了流行文化的一部分。球员们装成好警察，寻找乐趣；球员们不用篮球也能成为英雄。

了解耐克文化让我大开眼界。我看到他们把鞋子扔过来的样子：试试这双博·杰克逊的鞋，试试这双戴恩·桑德斯的鞋，穿上这双阿加西的鞋。这是一台一周 7 天、一天 24 小时运转的商品推销机器，这是一个全球性产业，而我可以近距离看到其如何挖掘品牌。

后来，耐克找来了文斯·卡特。当时，文斯想跳出与彪马的合约。那是在 2000 年，我们是那支奥运会夺冠的美国队队友。奥运会美国男篮击败法国后，耐克在游艇上开了个派对。文斯在场，他的经纪人也在场。我看得出生意即将谈妥。后来，我发现文斯不明白，他作为代言彪马的第一个大牌运动员，彪马可以把他推广到全球。文斯就是希望代言耐克。文斯如愿代言了耐克，但耐克从来没有大力推广文斯。他们没有为他拍太多广告，他们没有如期把文斯·卡特的品牌做大。

我目睹了这一切。我反思了，明白了在球鞋生意上，你得小心行事。

我特别喜欢两款耐克球鞋，一款是加内特风二。我在鞋底上写了一段话，向南卡罗来纳和芝加哥致谢。那对我意义重大，鞋子也超棒，透明的变色气泡底，孔雀蓝和黑拼色。另一款是耐克的 Air 3 加内特，尤其是森林狼队绿色配雪白带状的那款。

与耐克的合作并不完全顺利，尤其是当耐克推出新技术 Shox 时。Shox 技术不适合我。我不喜欢 Shox 技术在地板上的感觉，我也不喜欢那款球鞋。看到的样品，我觉得蠢得要命。事情在 2003 年亚特兰大全明星赛上达到了高潮。耐克在更衣室里开了个大派对，镜头无处不在，媒体非常兴奋。耐克想在这里展示加内特 4 Shox 球鞋。但是，当他们给我展示球鞋的时候，我无法掩饰自己的反应，那双鞋无法令我兴奋。于是，耐克高管们找了我的经纪人，要求我表现得喜欢那款球鞋，而我做不到。

当媒体离开后，耐克和我的经纪人之间爆发了冲突。耐克的人大喊，说我要展示出对产品的喜爱，而我的经纪人疯狂嘲讽他们："哦，是的，我的兄弟真的要说自己喜欢你们做过的最丑的鞋子。"

这件事涉及很多钱，而我本来可以演一演的。但对我来说，球鞋就像一幅画。从空白的画布开始，你就全身心投入其中。它一定会反映你的节奏和风格，而加内特 4 代是笨拙的。

球鞋也像说唱音乐，都需要韵律。最棒的说唱歌手都有自己的韵律，最棒的鞋子也是一样。开始，耐克让我也参与创意过程。不过，随着时间推移，他们觉得已经了解了我的品位，然后，设计了根本不能反映我的款式。所以，我选择了离开。

我离开了耐克，怀着对他们技术的极大敬意，耐克的技术登峰造极。不能说他们总是用最好的材料，但他们教会了我关于材料的知识。这对我之后的行动很有帮助。

我与 AND1 品牌签约了，这让很多人感到震惊。我这样做有三个原因。AND1 乐于接受我的创意，这是第一点。AND1 也愿意给我一份包含股权的合约，我认为这很合理。当时，就连乔丹都拿不到销售额的 2%，而我觉得这个数字糟透了，AND1 同意支付我 20%。第三点，因为

AND1 也在打造自己的品牌，所以，他们接受了我的坚持，使用顶级材料。

我把从耐克学到的东西应用到 AND1 上。耐克的产品可能不是最好的，但他们的营销独一无二，除了个别例外，比如 Shox 技术。耐克通常采取一种审美，就像苹果公司的产品，顺滑而具未来色彩的外观。对于球鞋，未来主义就是一切。

球鞋之海满是鲨鱼，但是 AND1 没有那种氛围。开始，听完了我的话，他们有些犹豫。AND1 团队是由一群想融入黑人文化的哈佛男生组成的。尽管我觉得这种态度有点恼人，但不能抱怨太多，正是这种态度为篮球和说唱音乐带来了想不到的财富。白人孩子感受到了黑人兄弟的创造文化，白人对这种文化做出反应。这是传统的美国式跨界，把黑人创造的产品，无论是音乐还是体育，推向大众市场。

有时，与 AND1 的会面可能令人恼火。

他们说："我们做街头篮球的。"

"我来自街头，"我说，"我了解街头篮球，但我现在在 NBA 打球，你们必须为 NBA 做鞋。"

他们遵循我的建议，加上气泡，营造出锯齿感，以拉链为特色，这些都是我从耐克实验室里学到的，现在可以混搭起来，以表现我是怎么样的人。

与此同时，与一群不同路的人待在会议室里时，我感到不舒服。当白人一定要证明他们真的想成为黑人时，我退出了。几年后，我放弃了 AND1。

下一站，阿迪达斯。我爱上了阿迪达斯。他们就像地中海，你停下船，跳进温暖的水中，水很好，不用担心有鲨鱼。阿迪达斯有自己的风格，但他们缺乏耐克的优雅。阿迪达斯希望创造已经被证实的东西，没兴趣跳出限制。但是我有兴趣，我希望得到下一个层级的产品。但阿迪达斯确实有一种努力。与此同时，耐克则踩在每个品牌的身上，占有一切。耐克就像罗马帝国，耐克只有征服了全世界才会开心。

在阿迪达斯，又一轮拉扯开始了。就像我在耐克的联系人是里克·威尔逊，克里斯·珀辛格是我在阿迪达斯的联系人。我不得不激励克里斯，让他变得更有创造力，更大胆，他最终也做到了。我觉得自己是那个给椰子鞋出现设立了源头的人。虽然花了一些时间，但我最终还是说服了克里斯，让不同运动项目的不同选手混合搭配。蒂姆·邓肯和特雷西·麦克格雷迪是我阿迪达斯之旅开始时的搭档。我喜欢让蒂米、特雷西、昌西、约什·史密斯、德里克·罗斯、德怀特·霍华德和我出现在同一则广告中。我喜欢阿迪达斯把一群超级明星堆成一队的做法，但我仍然坚持不同文化潮流跨界的想法。

阿迪达斯终于听到了我的声音，詹姆斯·哈登、利昂内尔·梅西、普沙·T还有其他球星围坐在大桌子旁，说个不停。他们让我和大卫·贝克汉姆一起拍广告，广告里还有凯特·莫斯和扬·吉西。在“赞美原创性”的口号下，我们尽兴了一把。

2010年，当我的合同到期时，却突然一盆冷水浇下来。在谈判中，阿迪达斯非常吵闹和武断。他们带着劣质的宣传材料来见我，那些以我为主角的广告看起来很陈旧，一点儿不新鲜。我不喜欢。我认为在我的帮助下，阿迪达斯重新定义了文化。我知道自己的价值，而他们试图用无形的小手段来打扰我，以贬低我的价值。在那之前，我看得出自己的广告变得不太优质。我明白了，他们那样做是为了提升谈判优势。这一切令我非常生气。我决定不与阿迪达斯签约了。

我继续前进。我找了家亚洲公司，他们收购了耐克在中国的很多工厂，为中国消费者生产球鞋。他们从没签下过任何大牌球员，这给了我很大的筹码。我的专业知识和经验可以帮助他们为职业运动员设计和制造球鞋。我们在审美上一拍即合，我有许多设计创意，而他们有能力让其实现。问题在于材料的质量，他们的质量在标准线以下。他们雇了更多人来提升质量，球鞋得到了进一步改进。我很高兴自己的意见被采纳。

但是，即使改进之后，球鞋还是让我的脚非常难受。我在球场上跑来跑去，总觉得不对劲。尽管这家公司为我的品牌在亚洲的传播创造了奇迹，但我不得不再次放弃。我不能代言自己不信任的产品。

球鞋的最后一个章节就发生在几年前，退役后，我回到了 AND1。我担任 AND1 的创意总监和品牌大使。就在 AND1 公司给我这份职务几个月后，Jay-Z 被任命为彪马的创意总监。我想自己又开了个先例。

AND1 正要推出他们的 Attack 2.0、太极和太极混音版。我成了他们的最高层级代表。我的部分工作就是把他们的球鞋设计得漂漂亮亮，同时确保工程设计得正确。那时候，我对整个球鞋制造流程已经有了很深的理解，从设计概念到制造，再到品牌营销。我还肩负招募球员代言 AND1 的任务。

这是个微妙的过程。有时，我问球员："你在乎鞋子的质量吗？"

"我完全不在乎，我只希望拥有自己的签名鞋。"

问别人同样的问题，他们可能回答："我只想要很多钱。"

但有的球员确实在乎产品的完整性，拒绝代言二流球鞋。

情况各异，我必须见机调整，这并不容易。当时，我在 TNT 有自己的电视节目——《21 区》，我采访了 WNBA 球员苏·伯德和坎达丝·帕克，歌手、演员卢达·克里斯，以及韦德等人。AND1 开始过度插手了，告诉我在节目里该穿什么，不该穿什么。今天我会听到："我们希望你穿灰色连帽衫。"明天我会听到："穿白色连帽衫。"这是我的节目，我有自己的赞助商，与 AND1 没有任何关系。于是，我告诉 AND1 高管："我不敢相信我们竟然要有这样的对话。"我不干了。

总之，我的球鞋生涯结束了。与此同时，我预感它将再次起步，很快就会。我从来没有，也永远不会失去对球鞋的热情。它把你与街道隔开，它的材质是皮革、橡胶、乳胶或者其他，它让你在冰凉的水泥、坚硬的木料、潮湿的草地、泥巴或砖块上移动，它不只是一双鞋子，也是一种声明。

我最爱的鞋子

1. 耐克加内特3代
2. 阿迪达斯加内特1代
3. 乔丹11 代 Concord
4. 乔丹初代
5. 空军1号（全白款）
6. 添柏岚（小麦色）

Showdown
决战

S

2004年5月29日，一个重要的夜晚。那天是我的28岁生日，也是马利克去世4周年的日子。

森林狼队在第一轮击败了掘金队，这是我们第一次赢下季后赛系列赛。分区半决赛中，森林狼队与国王队战至抢七大战。我一直在思念马利克，就像每个生日一样。我希望这次不一样。我希望为他而取得胜利。做到这一点，我必须击败克里斯·韦伯。

我坐在标靶中心的更衣室里，默默地为自己做准备。无法消除我的兴奋，今晚我必须找到平衡，必须达到那种境界。

球馆里充满了紧张情绪，人群一片喧闹。我有点担心萨姆·卡塞尔，在首战砍下40分后，他一直不大对劲。他的背部和臀部痛得厉害，每次在场上奔跑，我都能看出他脸上的痛苦。但萨姆·卡塞尔的特性是在痛苦中奔跑，顽强不懈。

我爱队友。斯普雷、萨姆、特伦顿、弗雷德、沃利、马克、欧文、加里、达里克和迈克尔。我总是爱我的队友，依靠他们，鼓励他们，需要他们。但我也知道，今晚这场比赛要看我的。

开场跳球时，我的感觉不一样了。我几次上篮的出手感觉很好。防守端，我可以在事情发生之前就预判到。我的时机把握得非常好，感觉自己像个拳击手。与往常一样，我听不到观众的呼喊，甚至听不见教练的喊声。我只能看到自己在做什么，我看到篮筐，看到投篮。我感受到手腕的冷静，肩膀的冷静。我放慢心跳，让我不要上气不接下气。

中场时，我们领先9分，国王队在第三节追了8分。决战最后12分钟。我一直在像恶魔一样进球、盖帽和抢篮板，但我完全不知道自己的数据，只知道比分。

还剩2.2秒，我们领先3分，标靶中心的球迷激动若狂。国王队拥有球权，前场发球。每个人都站着，每个球迷，每个球员。对国王队来说，要么成功，要么死亡。他们一定想把球传给佩贾·斯托亚科维奇，国王队的三分王牌。我在想：我有没有机会提前犯规，让他们在罚球线上得两分，这样我们就能拿回球权，就不用打加时赛了。国王队已经没有暂停了，所以必须在5秒内把球发出来。传奇裁判迪克·巴维塔把球交给国王队后卫道格·克里斯蒂。5秒倒计时开始，国王队球员都像开灯后四处乱跑的蟑螂一样乱窜，试图迷惑我们的防守布置。

克里斯蒂准确地把球吊到球场的对角。我跳了起来，但篮球就在几厘米之外飞过我指尖，正好落在克里斯·韦伯的手里。我赶快回位，韦伯轻轻做了个假动作，我中计了。我尽全力起跳，试图干扰他的大空位投篮，可惜我没干扰到。谢天谢地，我跳得那么高，整个张开的手臂和上半身都没有对他犯规。如果我犯规，他的三分球还进了，我们就输了。

节奏很好，韦伯投出了一记漂亮的投篮，完美的瞄准，完美的弧度。球落在篮筐内……然后……不可思议地，不可能地……球转了出去。韦伯出手时多加了那么一丁点旋转。

结束了。我得到32分，21个篮板——马利克的球衣号码——5个盖帽。

我兴奋得浑身发抖，我把这种喜悦之情献给马利克。我还要走过去，给韦伯一个大大的拥抱。我爱这个男人，他激励我成为今天的我，我必须告诉他这一点。

我跳上记分台，面朝所有球迷举起双手。后来证明，这场胜利是甜蜜的苦涩。下一轮输给湖人队之后，我在森林狼队的十二年传奇生涯即将结束，我将离开这座已经爱上的城市。

Silence
静默

我憎恨失败，但随着岁月流逝，我看到更多了，我可以接受失败。我这辈子输了几百场球，重点不是失败，而是失败给我的感觉。失败让我觉得自己毫无价值，失败让我感到绝望，失败让我感觉自己就像困在莫尔丁老妈家里的小孩。失败给我的感受就像朋友们把我当替罪羊，而我被学校开除。失败把我带回到中途机场的那一天——老妈把我和阿什莉抛在行李提取处。失败如我的沮丧，而沮丧在内心深处，如一团浓雾，没法摆脱，但是没有人愿意承认。

与其承认，我宁愿什么也不说。在输掉一场球或一个系列赛后，我嘴巴紧闭了，不要问我任何问题，不要和我说话，甚至不要靠近我。让我躲在角落里吧，因为我不知道如何表达这些感受。就算我知道，我也不想表达。我不想分析，或被人分析，就让我一个人待着，让我自己生闷气吧。

我听说沮丧是愤怒转向了内心，似乎有点道理。愤怒的根源可能是小时候发生的事情，或许是昨天发生的事情。无所谓。在球场上，我可以用打球的力量来发泄愤怒，我可以像中了邪一样打球。但在场外，愤怒发泄到哪里？会转向内心。然后，我筑起墙，把世界推开，变得静默。

脏话明显会伤害到你所爱人的心，但有时静默更伤人心。消极的侵害仍然是侵害。唯一有帮助的就是找个可以倾吐的人，哥们儿、姐们儿、朋友，或者职业辅导师。把愤怒藏在内心只会让事情更糟，说出来有助于心理健康。如果是真正的哥们儿、姐们儿、朋友，他们会明白自己要做的事情就是倾听，允许你爆发，并温柔提醒你正确看待事情，天不会塌下来，你的人生还没完，这也一样会过去的。

后来，我才学到，失败是在考验你的品质。每次失败都是一堂课，如果你没学到这堂课，那就是更大的失败。但如果你真的学到了，你会在未来减少失败。无论如何，学会失败是最基本的。

Skateboarding
滑板

见“霹雳舞”“大歌舞伎”。

Snoop Dogg
史努比狗狗

在前面，我说过没兴趣再碰篮球了。唯一的例外是史努比狗狗，如果史努比狗狗打电话邀请我去他的院子里打球，抽几根雪茄，我就会去。史努比狗狗不仅是音乐天才，他还喜欢体育，他喜欢看比赛，也喜欢参与其中。他也是我最喜欢的老黑之一。但我们的球赛不过是一些老家伙在玩玩，寻开心，不会挥肘子，不会冲动。说实话，在人生这个阶段，我们对抽烟比打球更有兴趣。

Sports Illustrated
《体育画报》

我必须教育一下那些在读本书却不了解《体育画报》的年轻人。想当年，没有比登上这本杂志的封面更重要的事情了。我至少上了十次他们的封面。我提到过，第一次登上《体育画报》封面是我参加选秀大会。我才十八岁，在报摊上看到时简直不敢相信。标题是《准备好了……吗？》。我知道他们的意思是我做好进入联盟的准备了吗？但我不是这么看的，我的想法是联盟准备好迎接我了吗？不，我觉得没有，他们不知道迎来的将是什么。

S

Latrell Spreewell
拉特雷尔·斯普雷威尔

见“三头怪”。

Springfield，Massachusetts
马萨诸塞州春田

篮球名人堂的所在地。

我入选了篮球名人堂。我觉得自己应该更激动，但我没有。不是说我不尊重那个荣誉，也不是我不清楚能够获得这份荣耀的球员有多罕见，也不是我不喜欢获得承认。

但 2021 届不一样。我们三个人入选，但只有两个人到场。蒂姆·邓肯和我，科比走了。科比的缺席改变了一切。在仪式上，很难感受到喜悦甚至开心，我甚至有点想缺席仪式。

他们在四月份宣布我们入选，是科比去世4个月后。到那时，一切似乎都已经不重要了。我试着从积极的角度看。科比在每一个赛季都获得荣誉。蒂米，圣安东尼奥“马刺王朝”的基石，他实至名归。科比18次入选全明星，我和蒂米15次，我们的荣誉能列很长一串。

我还得想如何致辞。我的致辞不只是“我爱科比，我爱蒂米，我爱篮球，谢谢你们，再见”。我可能会要装点一下，想出更多话说。

但事实是，我更希望看到整个仪式沉浸在长时间的沉默中，我们什么也不做，只回忆科比·布莱恩特的伟大和他给世界带来的一切美好。

Dawn Staley
唐·斯特利

见“橡胶手环”“WNBA”。

Suits
正装

与凯尔特人队签约的那个夏天，我们在罗马训练。这让我想到了意大利的定制正装。所以，我打电话给一位设计师，让他来为所有队友量体裁衣。不仅仅是球员，还有教练、工作人员、实习生，甚至那些没机会进入球队的家伙也不例外。我这么做不是为了宣传自己而是为了表达我对加入这支球队的感激，以及对即将到来的新赛季的兴奋之情。

当我在森林狼队成为一名老兵时，我会给所有新秀球员买新正装。这样做是为了提醒他们，他们现在已经是成年人了，应该看起来鲜明，举止像个赢家。我希望他们知道，这是成为职业球员的一部分。有些新秀球员在选秀中的位置不够高，不足以穿得光鲜亮丽，而这就成为他们的第一套正装。

在我们的便装文化中，在正确的时间、正确的地点，穿着正式是正确的做法。

Sheryl Swoopes
谢丽尔·斯伍普斯

见“橡胶手环”“WNBA”。

T

Tattoos

文身

我喜欢文身，用艺术和言词来定制自己的身体，这个过程太吸引我了。

向AI致敬，他掀起了这股潮流。不管全世界的人怎么想，他想尽一切办法表达个性。“大虫”丹尼斯·罗德曼是另一位先驱，“大虫”更为彻底，除了文身，他还在身上穿孔，从鼻子到嘴唇到肚脐。他还把头发染成彩虹的每一种颜色，喜欢穿着连衣裙和吊带衫参加派对。为他喝彩，继续去打破常规吧。

对我来说，文身说明我们不属于任何人。我们的身体属于自己，这是我们的皮肤，我们想怎么画就怎么画。为此，向克里斯·安德森致敬。他在脖子上整片的巨大彩色文身写着“自由鸟”，他说这是Lynyrd Skynyrd乐队的一首歌，但我认为这是一个隐喻，我们都是自由的鸟。

我的文身都对我有很深的意义。

“安息MS2”当然指的是马利克·西利和他的号码。

“21”是马利克在圣约翰大学打球时的号码，我在莫尔丁的号码，也是我征战NBA的年数。

“阿什莉”，我的妹妹。

其他文身也有各自的说法，比如“只有上帝才能裁定我”“血水、汗水、泪水”“天空才是极限”。我的文身还有龙、蝎子，以及在波士顿赢下的拉里·奥布赖恩总冠军奖杯的图案。文身是一项进行中的艺术项目。我可能会文更多的图案，我会让生命历程来决定自己需要纪念什么。

这是个美丽的仪式，疼痛是其中一部分。如果你足够相信一件事，就会忍受疼痛，把它刻在自己的身体上。这是一种肯定的行为。新的文身给我新的能量，当我的思想和灵魂进化时，我可以在皮肤上表达这种进化。没有静止，一切都在成长，一切都在变化和重新调整。变化和重整赋予生命新的意义。

Technical Foul
技术犯规

见“拉希德·华莱士”。

John Thompson
约翰·汤普森

菲利普遭解雇之后，森林狼队处于最低谷时，在一场比赛后，约翰·汤普森给我做了电视采访。我爱戴约翰，像其他打球的兄弟一样，我把他当成父亲。他在乔治城大学执教的成功，他对阿伦·艾弗森、帕特里克·尤因、阿朗佐·莫宁和迪肯贝·穆托姆博等球员的责任心；他成为首位赢得NCAA冠军的黑人主教练；20世纪60年代，他作为NBA球员在凯尔特人队给比尔·拉塞尔打替补——所有关于约翰·汤普森的故事都意味着成功。

约翰·汤普森是个大个子，身高2.08米，体重超过104千克，他拥有坚毅的灵魂。即使采访是我最不愿意做的事，尤其是在菲利普离开的情况下，我也无法拒绝约翰·汤普森。我对他就是如此尊重。

他一开始就说不希望从我这里得到任何场面话。没问题，我从不以场面话闻名。约翰说他希望得到坦率的答案。我对菲利普是什么感觉？

我说菲利普是球员的教练，对他没有任何怨言。事实上，我和队友愿意为了菲利普而撞破一堵墙。菲利普喜欢我不遵守按时归还球探报告的行为。如果不及时归还报告，球队将进行罚款。而我提前缴纳罚款，因为我不会归还报告，我会不停仔细研究。菲利普也有相同的心态。他是个录像怪人。看比赛录像时，菲利普和我一起坐上好几个小时，看每一个招式。因为他有一双教练的眼睛，能看到我看不到的细节。菲利普是我的人，但他走了，现在我只能专注于眼前的事。

“你的伤有多严重，凯文？”约翰问。

“我有伤在身，约翰。”

“你被双人或三人包夹，你被抓住，拉住。直接痛快告诉我真相，你现在的健康状况如何？”

“我就在那儿，”我说，“我每天晚上都穿上球衣。碰撞，伤痛……”

“你打球一直很拼，你的动力是什么？”

“我在输球。我在输球……”

我竭力忍住眼泪，但无济于事。

“那是疼痛的眼泪。”我说。

“骄傲的眼泪。”约翰说。

“非常骄傲，那在吞没我。”

“凯文，就个人而言，你做得和去年一样好。”

“这不是高尔夫，不是网球。这不是关于我，这关于我们。这不是我在做什么，显然我所做的还不够，我讨厌自己现在这样站在你面前，老兄。”

眼泪继续流淌。

“不，”约翰说，“我尊重你表露出的这些情绪，我今天对你没有一丁点的不尊重……你把整支球队的担子都压在自己身上，不是吗？你要承担全部责任吗？”

“没有选择……我不喜欢表露情绪，老兄，因为这会暴露自己。你懂我吗？”

“凯文，你觉得自己现在表露出来的是一种软弱的标志吗？”

我激动得说不出话来。

“是力量。”约翰说，“我们现在要一起战斗。你在表露力量，这是在你身上，我之前没见过的。”

“我不愿意这样，约翰。我是个坚强的人，我不希望让他们觉得我软弱。但我确实付出了很多，不是因为我必须这么做。看着我。我打娘胎里出来就是这样。我就是这样的人。你不是因为必须打球才打球，不是因为必须短跑才短跑。我不是因为必须加练投篮才这么做，这都不是我必须要做的。这就是我，我就是这样打造出来的人。”

约翰转而问我，是否后悔这么多年一直待在明城。我说我不知道，我没有撒谎，约翰进一步推动我。

“你确定这不是让你如此烦恼的事情吗？因为你觉得自己是其中的一部分，希望带来改变？”

“不，约翰。我只是不喜欢输，不管我们做什么，我都讨厌失败。我讨厌失败。这是我最大的问题，我不能接受失败，我永远不会接受失败。没有人能对着我说我是失败者。”

采访结束，镜头关闭时，约翰拥抱了我。

“你做得很好，孩子。”他说。

约翰抚慰了我受挫的灵魂。

我去波士顿的时候，用着他的储物柜，穿着他的5号球衣。

现在他走了，但他的灵魂还在，他的灵魂活在我体内。

Tough Guys
硬汉

拼命的球员与硬汉之间有很大区别。我打球很拼，但我不认为自己是硬汉。我不会在斗殴中退缩，也不代表着我是硬汉。联盟中每个球员都要做好打架的准备。整个联盟的重点就在淘汰弱者，哪怕表现出一丝丝的软弱，你都无法在NBA文化中生存。联盟是由那些各自社群的超级英雄组成的。这个社群可能是一个大学校园，也可能是贫民区。无所谓。这些兄弟都是火热地进来，大摇大摆地进来，他们得到各自社群的全部支持。一旦进入联盟，他们将接受考验，不仅是对手，还有担心被取代的队友。竞争程度比海还深，比山还高。你必须拼了命，不然就别打了。

但是，硬汉自成一类，为他们定义的最佳方法是什么呢？

想象一下，你在一个陌生、犯罪猖獗的城市，四周是大片空地，街道上到处是腐烂的垃圾，老鼠横行，警报长鸣。你不熟悉周围的路，你只知道有人可能在最意想不到时袭来。你发现自己面前是一条阴暗的小巷，你必须穿过这里，才能到达目的地。一只黑色公猫从你面前走过，你看到小巷里有五六个人，看起来像在等着你。所以问题来了：进入小巷时，你希望谁跟你一起走？

答案就是硬汉。

我会与查尔斯·奥克利一起。

我会找来肯扬·马丁，你能遇到的最疯狂的家伙之一。

我会指望泽维尔·麦克丹尼尔。

我会问拉里·约翰逊。

我会和奥蒂斯·索普结伴。

我会需要查尔斯·巴克利。

我会找德怀特·霍华德。

我会带上萨姆·米切尔。

我会与卡尔·马龙同行。

我会叫上安东尼·梅森。

我会和扎克·兰多夫一起。

我没有“大宝贝”一起就不会去。

这些兄弟都是强人，会动真格。他们可不是开玩笑，他们毫不畏惧，冲在第一线。

但这不仅仅是承认他们的强硬。至少在球场上，我也很享受他们的强硬。

比如，每次我对上扎克·兰多夫时，都是一场恶战。与肯扬·马丁也是一样。

相比之下，如果我和拉希德·华莱士或蒂姆·邓肯交手，那更像是国际象棋比赛，是技能的比拼。他们的进攻对上我的防守，反之亦然。在激战中，我们搞懂对方。

还有的球员是永远搞不懂的。比如，巴克利就是低位的迈克尔·乔丹。他和奥拉朱旺都不可阻挡，在油漆区，你不可能对上他们任何一个。

还有一些对位是我期待的，比如安东尼奥·麦克戴斯，我总是期待与他交手。我知道将面临一场大战，但是他会激发出我最好的一面，反过来也一样。

很幸运的是，我的队友对我也是如此。我喜欢有鲍比·杰克逊在队里。特洛伊·赫德森特别不错，我和他有着良好的化学反应。还有特伦特·哈塞尔、布鲁克·洛佩兹、扎克·拉文、安德鲁·威金斯、里克·卢比奥、利昂·波、特雷尔·布兰登、“多多”等。我最喜欢与后卫一起打球，依靠后卫，向后卫学习。那么多球员有着新鲜的技能，对如何赢下一场混战有着精准的理解。

如果你想在最高级别联赛打球，你一定要挥出肘子，打破规则。这才是NBA真正的文化。试图改变文化，文化会把你像剁成肉。适应文化，文化将带你达到另一个级别的卓越。

显而易见的事实，你无法避免身体惩罚。一群大个壮汉在硬木地板上奔跑，几乎只穿着内衣，没有真正的保护措施。他们狠狠扇你，肘击你的背。你绝不能掉以轻心，你要做你必须做的，才能留下来。骨头对骨头。

Trash Talk
垃圾话

向老妈致敬。我的嘴上功夫来自她。她教会我只要合理使用词汇，就能给你带来永远的优势。因为我从老妈那里继承了这份天赋，因为我在女性家庭长大，对女性问题有一种敏感性，所以，我总是遵循垃圾话的头号规则：永远不要扯上对方的妈妈或女孩。我从来没这么干过，一次都没有，这是尊重问题。你可以把“马达嘴”作为自己硬度的一部分，也是掌控球场的部分策略，但我从不认为有必要去攻击他人所爱的人。我有底线，每个人都有，至少应该有。

垃圾话规则二：你要撑得起你说的话。大部分说垃圾话的家伙都是垃圾球员，让他们闭嘴的最简单方法就是打球，在球场上展示你的统治力。一旦他们不再叽叽喳喳，我就知道自己打崩他们了。

然后是规则三：一旦开始说垃圾话，你就永远停不下来了。闭嘴是最糟糕的事，你必须保持下去，安静就是退缩。只要闭嘴，就完蛋了。

就这样了，就三条规则。除此之外，什么都行。

说垃圾话很重要，因为每个球员都会对此产生怀疑。我认为自己的任务就是增加对手的疑虑，如果能做到，我就占到了优势。如果你想赢，就得让自己占据一切能占据的优势。

关于我和其他球员之间垃圾话交流的具体内容，媒体的报道大多数都是瞎猜。媒体听不到我说的话，于是就编故事。不过，有一个故事是真的，我第一次遇上俄克拉荷马雷霆队的史蒂文·亚当斯。我只知道这家伙来自海外，并不了解具体是哪里。他知道这点，所以我开始对他说垃圾话时，他说："不会英语。抱歉。"我笑了。后来，我才知道史蒂文·亚当斯来自说英语的新西兰。这招太高明了，史蒂夫。

关于我的垃圾话，大多数人都不理解的一点是，我在与其他球员说的时候，也在和自己说话。这是自我批评、自我激励或自我纠正。整场比赛我都在和自己不停对话。关键是确保这些对话具有建设性，而非破坏性；是给自己打气，而不是把自己搞崩溃。

这就是我爱篮球的原因。篮球允许，甚至鼓励充分挖掘那些深刻、原始的东西。在其他场景下，如果你自言自语，人们会觉得你疯了。但是，篮球允许你使用现实世界中无法接受的方式表达感觉和情绪。想想看，还有哪个行业的人会和同事说垃圾话，不仅可以被接受，而且还会得到尊重呢？你敢想象，走进办公室说："嘿，鲍勃，那是什么垃圾PPT？像一坨屎，伙计，纯粹是垃圾。你得变得更厉害点，孩子。"你会被当场炒掉。

最爱的垃圾话大王

1. 加里·佩顿
2. 查尔斯·巴克利
3. 迈克尔·乔丹
4. 维农·马克斯韦尔
5. 保罗·皮尔斯
6. 安托万·沃克

U

Ubuntu

Ubuntu

道克非常擅长创造动力，还擅长创造语言。你使用的单词，或者不用的单词，比如“波士顿文化”。一直以来，有人说波士顿基本上是一座带有种族歧视的城市，道克当然清楚，但他有自己的处理方式。当那个总冠军赛季开始时，他没有提及波士顿文化或种族主义。他用了一个词，抓住了我们的想象力——“Ubuntu”。他从南非语言中引入了这个词语，其中包含了多重意义，但对道克来说，其本质是——除非你成为你所能成为的一切，否则我无法成为我所能成为的一切。

“你们每个人，”他说，“都有自己版本的‘Ubuntu’。这很好。让它活在你心里，让它在你精神中生长。”

每次训练前，他都在更衣室里走来走去，要我们每个人解释“Ubuntu”。

我可能说：“因为你是，所以我是。”

保罗·皮尔斯可能说：“团队合作。”

“多多”可能说：“为了整体的利益而做出牺牲。”

道克喜欢每一种定义。他喜欢“Ubuntu”能让我们以正确的方式思考，他将其视为一种兄弟会的模式。一个圆，我们所有人都平等。你需要一个防守者，防守者来了；需要一个投手，投手在此。道克本可以说“凯尔特人队骄傲”，事实上，他确实也提醒我们，我们的任务是重现这支传奇球队的荣耀。但把整件事置于“Ubuntu”的概念下，他重新定义了我们的使命，我们不是为了波士顿、马萨诸塞州或新英格兰的人民才这么做的。“Ubuntu”超越了地理和种族。“Ubuntu”是一种智慧，虽然它是古老的智慧，但对我们而言，它是新鲜、重要、动力满满的。这本来是道克的说法，现在变成了我们的词语。赛季开始时，我们团结一致——球队、家庭、朋友、球迷。

Uncomfortable
不适

在球场上时，我总是希望让对手感到不适。20 世纪八九十年代的老派球员就是这么打球的。他们努力尽快让对手感到不舒服，喷垃圾话，肘击对手，使出一切办法。

我从他们那儿学到了这一课，我把令对手感到不适视为自己主要的工作之一。这也需要让我走出舒适区。为了进步，我必须经历种种不适。从不适中学到的，正是我进入下一层级所需要的。这适用于所有的生命。

到波士顿时，我与凯尔特人队老板威克·格劳斯贝克坐了下来。我想和威克早早达成共识，如果有任何不适，我不希望那对我不利。我们都有很强的个性，幸运的是，他从一开始就带着尊重与我对话，我也一样对他。后来，我们变得更加了解彼此。

在董事会中，我的主要联系人是吉姆·帕洛塔。我们几乎成了最好的朋友。吉姆是个勇敢的意大利裔孩子，出生在北角区。后来，他回到了自己的社区，提供帮助，收获了许多爱。他终于成为凯尔特人队老板，这是他毕生的梦想。他希望我和他合伙收购罗马足球队，但出于我不理解的原因，大卫·斯特恩阻碍我参与。不过，这没有阻止吉姆在推出自己的龙舌兰酒品牌时带上了我。

有的老板根本不值一提。有的老板，像吉姆，值得表扬。

Uncut Gems
《原钻》

除了在《火爆教头》里扮演无名角色，我以前还演过一部电影——《篮板：山羊传奇》（*Rebound: The Legend of Earl "The Goat" Manigault*）。唐·奇德尔（Don Cheadle）饰演主角哈林区传奇街球手厄尔·马尼戈尔特。电影在多伦多拍摄，那是在我的新秀年，我扮演年轻时的威尔特·张伯伦。虽然威尔特在电影里是一个小角色，但他是我的偶像。我被电影制作的全过程迷住了。

职业生涯中，我拍了很多广告。制作过程始终让我很感兴趣，也给了我上镜表演的机会。《欢乐警察》就是一个例子。

不过，直到几年之前，我才深度参与电影拍摄。萨夫迪兄弟、乔希和本尼邀请我出演了《原钻》。亚当·桑德勒在电影中饰演一个疯狂的犹太珠宝商和骗子，他沉迷篮球和赌博。亚当饰演的霍华德·拉特纳得到了一块罕见的石头，本该交给我——由KG饰演的KG——以在凯尔特人队对阵76人队的2011/2012赛季东部半决赛中获得额外力量。我很高兴能饰演这个角色，毕竟，本色出演能表现得多烂呢？

我们拍摄的地方从没有人拍摄过，在纽约四十七街钻石区。因为萨夫迪兄弟的父亲曾在那里工作。那个社区令我震惊。留着大胡子、穿着黑色长外套的家伙，拖着一箱箱价值几百万美元的钻石在街上走来走去，好像只是装土豆的手推车。

这部电影属于亚当·桑德勒，他就像用了类固醇的帕西诺。他的那一部分表演精彩至极。我喜欢这部电影的剧本一点都没有粉饰角色，萨夫迪兄弟照实拍摄，让霍华德·拉特纳这个角色尽情发挥。

我对这部电影的投入就像对篮球一样，彻底专注，排练好几个小时，甚至把时间都给忘了。我的坚持是因为演员们都非常投入，我希望能配得上他们的投入。我向每个人学习。亚当进入了霍华德·拉特纳的角色，再也没出来。拉基思·斯坦菲尔德是一位涉猎广泛的艺术大师，我之前在唐纳德·格洛弗的电视节目《亚特兰大》上认识他的。电影中饰演拉特纳情妇的朱莉娅·福克斯是天生的演员。

我不确定自己是不是天生的演员，但我确实感觉到与演员之间的和谐，就和波士顿总冠军赛季的感觉一样。除了和演员们联络感情，相信自己只是一个更大事业的一部分以外，我还开始研究制作过程，镜头设置，与制片人和编剧的协作。在美学上，我达到了更高的境界。

萨夫迪兄弟的思维不循常规，他们让故事按照预期发展。同时集搞笑、轻松、严肃、滑稽和悲剧于一身。

这段经历推动我创建了制作公司“内容卡特尔”，我与合伙人在这里创作关于黑人对生活毫不妥协的故事。与 NBA 一样，好莱坞也如一台机器。同样与 NBA 一样的是，新人也会遭到打击。抓牢你的钱包，有人想偷你的故事。我已经明白了，NBA 的规则应该被改写，好莱坞也一样。规则必须重写，否则永远只有一成不变的肥皂剧喂给我们吃。

是时候讲述新的故事，真实的故事，渴求得到讲述的故事。

最爱的参演广告

1. 欢乐警察（耐克）
2. 他把全世界握在手中（阿迪达斯）
3. 20+10+5（AND 1）
4. 革命不会出现在电视上（耐克）
5. Edge 剃须凝胶（与卡里姆合拍）

Understanding

理解

对于运动员来说，“手术”是我们从来不愿意听到的词。2009 年，凯尔特人夺冠的第二年，这个词出现了。我生涯第一次面对重大的身体问题——右小腿背侧钙质过度生长。

我不想考虑伤病，因为球队的开局非常棒，赛季开始取得 17 胜 2 负的战绩。当时，我们连胜了 19 场，正在创造纪录。我决定用之前提过的方法来克服钙质问题。那是我处理疼痛的方法。

U

首先，我运用灵魂出窍的方法，让自己远离疼痛。疼痛在那儿，我在这儿。这不是我，那只是我从远处看到的疼痛。

这个方法失败了。无论如何努力，我都屈不下膝盖，那条腿跳不起来，无法摆脱疼痛。事实上，我什么都做不了。

下一个方法是吸气然后呼气。吸气……呼气……看着疼痛离开我的身体。但是，疼痛没有离开还是留在这儿，甚至变得更糟。

好吧，是时候去面对疼痛了，和它聊聊。

“去你的，”我对钙化疼痛说，“身体其他部分都在好好工作，我不会为你而发愁的。”

“会的，你会的。”疼痛回答说，“你会的，你别无选择。我哪儿也不会去，只要有我在，你就没法好好打球。我会一直折磨你。”

“那我就把你切下来。”

“你是说手术？”

“我是说手术。”

“你说过永远不会动手术。”

“我说了很多废话。不管我以前说过什么，你个蠢货已经是历史了。”

我痛得厉害，我下定了决心手术，所以，我不得不在 2 月停止比赛。我必须自学正确的手术步骤，和医生会面，认真听他们的建议，选择最优选项，然后大胆面对。

5 月，我屈服了，我进了医院，手术很顺利。恢复期间，我看着球队在分区半决赛里输给了奥兰多魔术队。

那年夏天，我复出了，谨慎而乐观，决心翻倍。

联盟里的一些前辈说："'老票'，你想要下决心，可以，但你再也回不到从前了。"

他们并非阴阳怪气，他们是真诚的。他们不是想吓唬我，只是想让我做好准备。我欣赏他们的直白。

我再也没回到从前，再也没像手术前那么好。但我也不得不说，决心翻倍让我又在联盟里活跃了 7 年。有些年份很精彩，有些年份过得马马虎虎，但没有哪一年是悲伤的。我依然是个快乐的斗士。

当我说是决心延长了我的运动生涯时，我需要解释一下。决心不是说简单地出发，去干掉所有人。我决心研究小腿的性质，记住小腿肌肉的特质，了解手术如何改变了结构，学会处理经过重组的身体部位。我保持耐心，花费时间，一点点找回过去的状态。我变得聪明，学习科学和解剖学，听从训练师的话，只有做到这些之后，才开始在球场上奔跑。

我还学会了控制自己的动作，利用自己对联盟的了解来克服个人的限度。我明白了知识是一回事，理解是另一回事。知识不能让你一直得到自己想要的，理解却可以。

United States Olympic Team
美国奥运代表队

见"扣篮""欧洲球员""鞋子"。

The University of KG

KG 大学

KG 大学只办了几年，只有几个学生，没有任何设施或建筑，只有一个球馆，而且只有一个教练 —— 我。不过，我还是非常喜欢，我喜欢当训练师或者老师。

我离开篮球是因为膝盖受伤。我必须离开了，否则可能留下永久性伤病。我的职业生涯相当长，我常常想，如果在加利福尼亚温暖的天气打球，而不是在明城、波士顿和布鲁克林寒冷的冬天，我可能还会多打六七年。我讨厌寒冷，讨厌寒冷对我身体的影响。

无所谓，2016 年，我 40 岁，再也不用打篮球了。我没有考虑过执教的事情，直到当时在快船队执教的道克 · 里弗斯问我，能不能和他的队员一对一训练。我永远不会拒绝道克。

我的学生是超级巨星布雷克 · 格里芬和德安德烈 · 乔丹。道克认为布雷克有点想得太多，过度分析而不是即时反应。我把我的经验传授给他，当我比赛时，我会研究所有可能防守我的球员，了解每个防守球员的优点和缺点。我知道如何避其长处，攻其弱点，研究到不需要思考的程度，就是做动作。

我的经验也包括震慑对手。我是"把篮筐扯下来"的忠实支持者。你扯掉篮筐时，要表现得像没有人能做到，没有人能打过你，没有人能跟上你。

布雷克吸收了我对攻击篮筐的信念，借鉴了所有的经验，并以正确的方式应用。他很勤奋，和他一起训练很愉快。

德安德烈 · 乔丹有着非凡的天赋，但对自己的进攻能力缺乏足够信心。所以，我们同时对进攻技巧和自信心进行训练。世界上没有人不需要鼓励，哪怕是像德安德烈这样的大块头。我喜欢在激战时打爆别人。但更重要的是，我喜欢支持兄弟。德安德鲁在球场内外都有着高尚的灵魂，看着他年不断提升水平，我心里有着巨大的满足感。

我愿意当训练师的消息传开了，其他球员找了过来，如灰熊队的小贾伦·杰克逊和雄鹿队的扬尼斯·安特托昆博。扬尼斯可能是勒布朗之后最优秀的球员。我不确定自己能帮如此有天赋的球员提升多少。我们的训练课程既关于技术动作，也涉及心理策略。扬尼斯在找我训练后不久，他就拿到了常规赛MVP，这真是太疯狂了。功劳属于扬尼斯，而不是我。

在私人时间里，我和小兄弟“大宝贝”、珀克、利昂·波一起训练，和他们一起投篮，分享我的经验。

打了一辈子篮球，我不会假装谦虚，说自己懂得不多，我确实懂得很多。但我也明白，每个球员都独一无二。让具体某个球员变得更强，我不会有任何预案，我只有仔细研究他，看看能不能把教练们指导我的方法用在他身上，寻找他比赛中不被认为是强项的地方，把这些旧负债变成新资产。

总的来说，担任训练师的那两年是相当美好的转型。

V

Vibrations
共鸣

前面，我谈过“三巨头”以及我们无私的重要性，但你不希望球队的进攻核心完全无私，不存在完全无私的进攻核心。有些比赛，有球员手感很好，你希望他继续出手，无论对手派多少人去防他。有些比赛，打到最后一球，你希望某个进攻核心把球队扛在肩上。即使有足够的时间去传导球，你仍然希望球传到进攻核心的手中，你还是愿意在比赛的关键时刻把一切都交给他。

对于凯尔特人来说，有时是皮尔斯，有时是雷·阿伦，有时是我。在具体某场比赛中，我们不需要讨论或争辩，总是知道今晚接管比赛的那个人应该是谁。打了这么多年球后，你们开始有了心灵感应。每场球都有自己的共鸣，就像声波一样。比赛的流动告诉你谁应该投最后一球，比赛总是最懂的。

Video Games
电子游戏

我喜欢玩电子游戏，一直如此。成长过程中，我的大多数朋友都买不起游戏机。我们总是待在一两个有世嘉或任天堂的孩子家里。在与明城签约，搬进新房时，我做的第一件事就是买了各种游戏机和一台超大尺寸的电视机。我始终忘不了，我和哥们儿玩《麦登橄榄球97》时，一个哥们儿在游戏即将结束时扔出了一记超远传球。当时，我领先3分，布置了四个人在后场深区防守。他的接球手得球达阵，然后，我像个傻子一样，跳起来，把控制器砸向电视，砸碎了屏幕。在体育比赛中，我有过很多次心碎的失利，但这次输得最痛心。说起来，我职业生涯的高光时刻之一就是登上了《NBA 2K9》的封面。

直到今天，我还是游戏玩家。我什么类型的游戏都玩，包括体育类、射击类、潜行类。现在最神奇的是，你可以与世界另一边的人一起玩。游戏能把人们聚在一起，这真是太棒了。

但是，一次待在室内几小时，不出去接触既危险又充满刺激的世界，这不健康，尤其是孩子。你知道外面有什么人吗？准备把你打得屁滚尿流的大孩子。不过，猜猜外面还有什么人？潜在的新朋友、各种人群，甚至全世界。

室内很安全，待在屏幕前很安全，但也可能很无聊。我喜欢玩游戏，但没有什么游戏比现实生活更刺激。

Vulnerable
脆弱

我不得不通过最艰难的方式学会这个词。

还是孩子时，我不想轻易受伤，不想心碎，不想自己的感情被践踏。我希望强硬，希望长出三层皮，到达别人无法伤害我的境界。我想要强硬，不想软弱。我希望自己牢不可破，不可战胜，最不希望的就是脆弱。

人生的重要一课是看到脆弱的好处，这是我学会必须学会的一课。我会像其他人一样犯错。我擅长把球扣进篮筐，并不意味着我就不会有盲区，我们都有盲区。最盲目的人正是认为自己没有弱点的家伙。

作为精英运动员，你很容易变得傲慢。朋友和球迷吹捧你。你名利双收，孩子崇拜你。当这些让你觉得自己是上帝时，你一定要小心。你不是上帝，你不过又是一个即将受挫的球员。几乎没有人不会受挫。但是，相信我，当挫伤愈合的时候，你比过去更坚强，更聪明。

V

W

Antoine Walker
安托万·沃克

见“热狗”“科比”“泰伦·卢”。

Rasheed Wallace
拉希德·华莱士

说垃圾话是扰乱对手的一种方法，技术犯规是另一种。当然，对于大多数球员，技术犯规是偶然发生的，可能是一时冲动，情绪上了头。当然，少数球员的思路相当有条理，明白在正确时间点，利用技术犯规能够改变比赛的势头和最终结果。拉希德是我见过的最擅长这种策略的球员。当我刚进联盟时，他对我不是很好，因为我没上大学。他和加里·特伦特拿我开玩笑，不过，我懂他们的幽默。这很有趣。后来，他们都成了我最好的朋友。（拉希德的妈妈和我妈也成了最好的朋友。）

拉希德在职业生涯中得到317个技术犯规，仅次于卡尔·马龙和查尔斯爵士。我得到了176个，排在历史第7位。拉希德还保持着单赛季最多技术犯规的纪录——41个，每两场比赛就要领一次技术犯规。当然，拉希德的技术犯规并非都是有意的。在我们生涯早期，裁判不插手的情况比较多。如果裁判觉得你过分了，就把你拉到边上，一对一对你说，叫你闭嘴。如果你还是继续，才会判技术犯规。然而，在我们生涯后期，裁判干预变得更多，哨子响得更快了。特别是在2004/2005赛季活塞队和步行者队之间那场延伸到观众席的“奥本山宫殿事件”之后，联盟对球员行为开展了严厉打击，联盟开始把我们当小孩对待。

在那场大乱斗之中拉希德冲了进去，他想要拉架。人们总是说他脑子发热，但那天晚上他努力保持冷静。拉希德比任何人更了解比赛的热度，他控制着比赛的空调板，通过技术犯规甚至被驱逐来实现。（他29次被驱逐出场是NBA历史上最难打破的纪录之一，这个数字是其他人的两倍以上。）如果球队没有激情，他会吃个技术犯规，以此点燃队友。如果对方起势，他就会吃个技术犯规，把比赛节奏拖慢。他是个非常有天赋的球员，利用裁判的哨子来操控比赛的能力，是他最众多技巧中最厉害的一个。我把拉希德视为我的镜像，但他更强，因为他拥有上过大学的优势。

作为兄弟，我们有许多共同的兴趣和爱好。在TNT电视台的《21区》节目中，拉希德和我共同主持节目。他也是个音乐人，DJ玩得超棒。我每天都感谢上帝，为这个我称他为“Ra-Booger”的兄弟。

Way to Do Things Right
把事情做对的方法

我要自吹自擂了，所以我最好停下来，小心一点。你的自我意识既是你最好的朋友，也会想杀死你。你需要自我意识去竞争，去实现，去完成事情。但如果你不审视它，自我意识会把你当中午饭吃了。

我喜欢自己有很强的自我意识，我也喜欢我的自我意识想告诉你，我职业生涯中最大的胜利大概不是全明星赛、MVP、年度最佳防守球员。最大的胜利是我保持洁身自好，谦虚低调，专注于自己的职业。就是上场，拼尽全力，尽我所能打球。不是说球场上不存在激烈的对抗，我的垃圾话远超该有的分量，但我从不记仇。我专注于比赛，努力找出把事情做对的方法。

Chris Webber
克里斯·韦伯

见“杜克与密歇根”“学习”“决战”。

Kanye West
坎耶·韦斯特

见“日本”“肯尼·基”“*King Kunta*”。

Whistling
吹口哨

见“*Illmatic*”。

The Wiggle
摆动

“适应”或“调整”的同义词。摆动是走过人生的秘诀之一。

Bill Willoughby
比尔·威洛比

见“单打”“大一参选”。

Ben Wilson
本·威尔逊

在我来到哥城的12年前，本·威尔逊在这里被枪杀了，但他的传说从未死去。在街头，他的名声从未消失。他是个传奇，死后比生时更是。

他在芝加哥南区长大，曾经就读于西蒙高中。他在高二入选校篮球队。高三的时候，ESPN称他是全美国最好的篮球球员。人们把他比作“魔术师”，甚至说他比“魔术师”更会变魔术。没人见过哪个球场指挥官有如此娴熟的技能。

在毒品泛滥的20世纪80年代的美国，17岁少年在芝加哥的街头冲突中遭枪杀，算不上新闻。谁也不知道有多少兄弟、姐妹、爸爸、妈妈、爷爷、奶奶被毒品夺去了生命，然而，这至今仍在困扰着这个国家。我们停下来祈祷，为无数我们甚至不知道的悲剧。

当我们知道其中一个人，尤其是他本可能成为那一代最伟大球员的时候，痛苦就变得个人化了。我本来也可能成为本·威尔逊，也可能成为任何一个充满希望却殒命的弟兄。我实现了自己的梦想，这不是值得称赞的事。走错路，拐错弯，去得太早或太晚——这些事情本可能发生在我身上。即使没有发生，也不意味着应该自我庆祝。我很小心，但别人可能也非常小心，但还是突然遇难。

Wilt
威尔特

那仿佛是上帝来打篮球。

克利夫兰全明星赛，就是我碰到Biggie的那次。周六晚上的比赛，我看到威尔特·张伯伦在看台上，他就在那里。

那个男人的身材非常巨硕，身子宽得可以坐下三把椅子。他摊着身子，双腿交叉，很放松，但完全掌控着局面。他是全场的焦点，所有人都在注视着威尔特。他一身黑色的装扮，戴着黑头巾，穿着黑衬衫露出粗壮的手臂，搭配黑色牛仔裤和黑色的设计师款便鞋，他的身上还戴着四五条金链子。他就像磁铁一般，半场休息时，女人都跑到他坐的地方，他挥手，面带微笑，命令食品小贩给他这个，给他那个。他为球迷签名，和媒体谈话。威尔特协调一切，主管事务，掌控着局面。

我不能自已，我必须过去和他握手。

我凑过去。

“打扰了，张伯伦先生。”我说，“我只想让您知道我是您的大号球迷。”

“何必这样，谢谢你，年轻人。你是哪里人？”

“南卡罗来纳。”

“哦，我还以为你是个芝加哥孩子。”

“我在芝加哥上高中。”

“啊，我喜欢你的比赛。你需要继续练习，变得更壮，增加技巧，不要让别人说你做不了这个，做不了那个。懂我在说什么吗？”

“是的，先生。您的话对我意义重大，张伯伦先生。”

“照顾好新秀，照顾好年轻一代。这很重要。”

“我听到您的话了。”

“不断给予。”

“我要给予您敬意，张伯伦先生，因为没有你就不会有我。”

“享受这个周末吧。你的未来还会有很多这样的周末呢。”

说着，他伸手过来和我握手。他的手掌一直到我小臂，这是我见过的最大的手。

“不再占用您的时间了。”我说。

张伯伦是巨人，是“篮球皇帝”。

WNBA

WNBA

我在明城开始深入关注 WNBA 的比赛。我买了山猫队（Lynx）的季票，我很喜欢去看比赛。女子选手和男子选手的比赛一样让人激动，或许更让人激动，因为她们必须打破枷锁。打破这些障碍意味着建立一种与众不同的职业道德，她们得以精通篮球。她们没名没钱，也没有得到应有的尊重。

我看着辛西娅·库珀－戴克在休斯敦彗星队所向无敌，获得 4 个总冠军和 3 次得分王。我喜欢看库珀打球，还有夏米克·霍尔兹克劳、我的偶像唐·斯特利、我的好朋友坎戴丝·帕克、伟大的谢丽尔·斯伍普斯……这个名单可以一直列下去。她们是名人堂成员，或者奥运会金牌得主。女性向我们展示了，无论我们多么尊敬詹姆斯·布朗，他可能犯了一个错误——他把自己的一首歌叫作“这是一个男人的世界”（It ‘s a Man’s World）。

4 年前，明尼苏达山猫队走在时代前沿，山猫队球员穿上印有“改变从我们开始：正义与责任”的短裤。当黑暗的死亡开始在美国蔓延时，她们带来了光明。纽约自由人队发起了一年一度的团结日，呼唤人们关注社会不正义。

我关注的不只是篮球运动中的女性，而是所有体育运动中的女性。比如，足球的米娅·哈姆、网球的维纳斯·威廉姆斯和塞雷娜·威廉姆斯（姐妹）、赛车的丹妮卡·帕特里克等。也许，因为我有个坚强的老妈，也许我在女性家庭长大。我知道女性的力量是一种向善的力量。我还知道，女性被限制、被排斥，遭受着被男性所控制的社会的轻蔑。

我的问题很简单：男人想要在生活的一切领域压制女性，是为了什么呢？

Wu-Tang Clan
武当派

没有搞砸任何事情。*

* 《没有搞砸任何事情》（*Ain't Nuthing ta Fuck Wit*）是嘻哈组合武当派的单曲。——译者注

X

Malcolm X
马尔科姆·X

我们还是孩子的时候，老妈信奉的教会不主张操办生日派对。也许这就是我为什么花了那么长时间才知道自己和马尔科姆·X是同一天生日——5月19日。

巧合的是，我发现这件事情正好在哈林区。刚进联盟的一段时间，我和兄弟们在“杰伊博士”（Dr. Jay’s）服装店购物。经理非常好心，为我们关上店门，让我们不受打扰地选购。一个女人带着三个孩子，正在数着硬币凑钱结账。我非常乐意为她买单，这种事总能点亮每个人的一天，她简直是欣喜若狂。然后，我们买了一些东西。我们出门时，消息已经传开，街上挤满了人。好像有一千个人等着迎接我。一切都很美好，充满着爱。

“KG，哈林区永远欢迎你。”

“‘票哥’，很高兴见到你。”

我正在感谢身边的兄弟姐妹，这时，一个老派的家伙走过来对我说：“你知道自己和马尔科姆同一天生日吧？”

“哪个马尔科姆？”我问。

“马尔科姆·X。”

我浑身一个激灵。“你说真的？”

“是的，伙计。”他说，“你在NBA大杀四方，因为有马尔科姆的灵魂。你要意识到自己的力量，伙计。”

“哇哦。”我说不出别的话来。

“愿你平安。”他说完就走了。他没有戴戒指，也没有绰号，只是一个走在街上的普通兄弟。

这对我产生了巨大的影响。回想起在芝加哥的那些日子，在卷入帮派对立，双方互喷垃圾话时，我能够勇敢地站出来说话，让我和兄弟们脱离危险。这种勇气和率直从何而来？想到有时候我会用一种连自己都感到惊讶的语气说话时，当我为朋友、队友或家人说话时，想到自己身上有马尔科姆·X那样改变了游戏规则、勇敢无畏的人的一点点灵魂时，我就倍感谦卑。因此，5月19日变成一个更重要的日子。

这与宗教或政治无关，对我来说，这关乎马尔科姆·X作为黑人，以及一位最杰出人类所坚持的东西。他毫不畏惧地说出真话，没人能让他闭嘴。他毫不妥协地说出真话，没人能曲解他的意思。他的话语清晰明白，他的话语表达出他何等的骄傲，他的话语反映了自我价值感。他用自己独特而有力的方式为受压迫者说话。

他曾说过："跌跤并不代表堕落。"

他曾说过："没有比逆境更好。每一次失败，每一次心碎，每一次损失，都孕育着自己的种子，自己的教训，教会你下一次如何提升表现。"

他的另一条金句："我很早的时候就学到了，如果你希望得到什么，最好发出呐喊。"

他的金句不断："你不能把和平和自由分开，因为没人能得到和平，除非拥有自由。"

也许，他最闪耀的一条金句："如果你还没有为之而死的准备，那就把'自由'这个词从你的词汇表里删掉吧。"

这些话都出自这个男人，他唤醒了美国黑人的灵魂，从此永远不会再沉睡。

X's and O's
战术

起草计划迷人而又有趣，找出策略，科学研究，画出战术，预测即将发生的事情，强化对陷阱的辨别力，考虑透彻。在暂停间，思考这些计算，因为这些计算都基于过去的经验和深入的知识。可是，踏上球场的那一刻，尽管这些战术在大脑中快速运转，但你的大脑最好根据所面对的现实进行反应。现实可能导致这些战术变得毫无用处。现实可能意味着你得扔掉战术本，让直觉取而代之。直觉不仅可以赢下篮球比赛，而且在这个危机四伏的世界上，在某些情况下，还可以拯救你的人生。

Y

Yoga
瑜伽

这花了我一段时间。我看到人们扭成麻花一样，心想，这有什么意义？我是在打架、抓挠、摔跤中成长起来的。然后，从明城前往波士顿时，我开始寻找新的世界观，觉得是时候改变了。

瑜伽的重点在于呼吸，呼吸的意识，重点在于你全身所有部分的有机结合。可能曾经相互交战的元素现在聚在一起，我内心那些相互交战的元素找到和平了吗？我不敢肯定。

我敢肯定的是，除了卧推135千克之外，还有别的方法可以强壮身体，冷静头脑。我不是在反对举重，举重能加强我的力量。我喜欢忍受痛苦，我喜欢肉贴在金属上的感觉。我喜欢跑步和游泳，我用各种形式来保持身材。

当我还是孩子时，我只知道一种形式。去争取，去搏斗，抓住它，掐住它。然后更用力地搏斗、抓取和紧扼，我从不思考呼吸。我花了很长时间才学会去观察一个更广阔的世界，在这里，我可以无怨无悔地纪念过去，同时，我意识到自己的过去只发生在一个小地方。格林维尔有自己的文化。那时的梦想是与青梅竹马的女孩结婚，搬到夏洛特、查尔斯顿，或者亚特兰大。如果幸运的话，考上大学，找一份朝九晚五的工作。生几个孩子，按部就班，最后患上癌症或糖尿病，然后死去。这是一个黯淡的梦想。

也有像奥兰多·琼斯（Orlando Jones）那样的充满希望的生活，他比我早十年上莫尔丁高中，然后前往好莱坞发展，成为喜剧演员，加入《疯狂电视》（*MADtv*）的演员阵容，为《一个不同的世界》（*A Different*

World）编剧。有些兄弟姐妹已经找到了出去的路，但我们的路是什么？我们的路是努力，再努力，更加努力。没有停下来呼吸的事。

回到我在接受约翰 · 汤普森电视采访时的咆哮，说自己多么憎恨失败。我把失败看作诅咒，而诅咒的解药是胜利。胜利是伟大的，在西方文化中，对胜利的需求从我们出生起就植入了大脑。但是，追求胜利的动力，尽管可能带来成绩，也还有另一面。这可能是一种病态的执念，其他事情都变得不重要了。这种病态的执念会摧毁你的灵魂。这种情况下，胜利就转化为失败。

瑜伽让我意识到，大脑需要休息，身体需要不断调整。瑜伽让我打开心扉，让我惊讶，因为说实话，我之前甚至不知道自己被关上了。

Youth
年轻人

不要有代际偏见。不同的时代，不同的文化，不同的球员。我之前的明星永远都是传奇，与我同时代的球员也一样。对于后来人来说更是如此。乔丹是 J 博士 2.0，勒布朗是乔丹 2.0，扬尼斯很可能成为勒布朗 2.0，锡安 · 威廉森可能成为扬尼斯 2.0，某个才出生的孩子未来可能成为锡安 2.0。

就是这样。我们学得更多，训练得更好，吃得更好，发明新的招式，找到更持久的方法。我欣赏勤奋的年轻人们。我感觉到他们的饥渴，他们是新鲜的血液、新鲜的能量。联盟在更新和重塑中蓬勃发展。

这是一种艺术形式，而艺术形式依赖于独创性。我喜欢亲眼见证自己的艺术形式成长于不同时代、不同道路的球员所改变。

Z

Zero Fucks
毫不在乎

我对任何不真实的事情毫不在乎。

毫不在乎人们不喜欢我。

毫不在乎你不喜欢我的音乐或歌单。

毫不在乎你不喜欢我的鞋。

毫不在乎复制、抄袭、试图改进各种人的招式，从比尔·沃顿、帕特里克·尤因、克里斯·韦伯、阿尔维达斯·萨博尼斯、罗伯特·霍里到比尔·拉塞尔。我仔细研究了联盟里的大个子，从他们身上吸取东西，并试图将其升级到2.0版本。我这么做，因为这就是创造力。我这么做的时候，心怀着对这些伟大球员的感激，他们的经历激励了我。但我这么做的时候，同样毫不在乎。

毫不在乎你要裁定我。只有上帝可以裁定。其他人应该打开自己的心灵，深化自己的灵魂。

Zero Tolerance
零容忍

对仇恨。

对种族歧视。

对性别歧视。

对年龄歧视。

对任何形式的歧视。

对爱抱怨、呻吟和发牢骚的人。

对不付出努力。

对推卸责任。

对没有品行的人。

对扼杀创造力的人。

有天晚上，我做了一个梦。我来到美国的某座城市，被领进一个房间。房间里面，马尔科姆·X 在与休伊·牛顿聊天，马丁·路德·金与马库斯·加维交流。房间里每个人都是真实存在的，他在交换各种想法，说着同一件事：我们老前辈需要把自己的超能力拿出来，传播到整个美国。我们需要采取立场，保护那些拼命活着的人，促进他们生活、学习，给予和得到应得的回报。

我们需要继续关注这个问题，给所有人支持，尤其那些迷失方向、希望挽救自己生命的人。我们需要馈给这些人。我们需要为他们提供营养的食物，我们需要滋养他们的头脑、身体和精神。

我们需要从今天就开始。

致 谢

感谢凯文·加内特，他博大的胸怀和积极的精神；肖恩·曼宁，出色的编辑；大卫·维利亚诺，杰出的经纪人；丹尼尔·沃尔，伟大的朋友；迈克·马兰古，了不起的队友；感谢赫伯·鲍威尔、乔安娜·帕森斯、尼科·阿格尔，以及我的太太——罗伯塔；家人、朋友，是创造力和无限的爱的无尽源泉。

——大卫·瑞兹